SOUVENIRS

1785-1870

I

CALMANN LÉVY, ÉDITEUR

ŒUVRES DU FEU DUC DE BROGLIE

Le libre échange et l'impôt........................ 1 vol.
Vues sur le gouvernement de la France,............ 1 —

ŒUVRES DU DUC DE BROGLIE

Format in-8

Question de religion et d'histoire.................. 2 vol.
Le secret du roi, correspondance secrète de Louis XV
    avec ses agents diplomatiques...................... 2 —
Frédéric II et Marie-Thérèse...................... 2 —
Frédéric II et Louis XV........................... 2 —

Format in-18

La diplomatie et le droit nouveau................. 1 vol.
Question de religion et d'histoire.................. 2 —
Le secret du roi................................. 2 —

BOURLOTON. — Imprimeries réunies, B.

SOUVENIRS

— 1785-1870 —

DU FEU DUC DE BROGLIE
DE L'ACADÉMIE FRANÇAISE

I

Ecce enim breves anni transeunt
et semitam per quam non re-
vertar ambulo.
Job, XVI, 23.

PARIS
CALMANN LÉVY, ÉDITEUR
ANCIENNE MAISON MICHEL LÉVY FRÈRES
3, RUE AUBER, 3
—
1886
Droits de traduction et de reproduction réservés.

AVIS DE L'ÉDITEUR

Ces notes biographiques, auxquelles mon père ne consacrait que peu d'instants d'une journée employée à d'autres travaux, ont été commencées par lui dans un âge trop avancé pour qu'il ait eu le temps et même qu'il ait pu concevoir l'espérance de les achever. La mort l'a interrompu quand il allait raconter comment la révolution de 1830, en le faisant sortir des rangs de l'opposition constitutionnelle, le rapprocha du pouvoir. Son action sur la politique générale étant devenue dès lors plus grande et plus directe, il est regrettable que ses confidences nous manquent au moment même où il eût été le plus précieux pour nous de les recueillir. C'est pourtant parce que le récit s'arrête à cette date, qui nous paraît aujourd'hui très éloignée, qu'il m'a semblé possible de le livrer dès à présent à la publicité. S'il avait fallu toucher de plus près aux événements contemporains, j'aurais craint de réveiller des passions encore vivantes ou de blesser par des révélations indiscrètes des sentiments respectables. Après un demi-siècle écoulé, la postérité commence, et aucun ménagement ne commande plus de laisser dans l'ombre ce qui peut éclairer le jugement de l'histoire.

Cette impartialité du jugement historique, mon père, on le verra, en a donné l'exemple en se l'appliquant à lui-même. C'est lui qui se montre, en effet, très empressé à reconnaître d'abord l'entraînement de jeunesse qui lui avait fait adopter, à l'entrée de sa carrière politique, des théories d'un libéralisme irréfléchi dont il a bientôt reconnu l'excès. Puis, une fois rallié aux doctrines monarchiques et constitutionnelles qui ont été la foi politique du reste de sa vie, il qualifie sans ménagement les fautes de conduite que lui ont fait commettre l'inexpérience et l'ardeur des luttes parlementaires. Il est souvent plus sévère pour lui-même que pour autrui, et pour ses amis que pour ses adversaires. Je m'attends que la liberté d'appréciation dont il invite ainsi ses lecteurs à faire usage, plusieurs en profiteront dans des sens divers. Quelques-uns regretteront qu'il ne soit pas resté plus fidèle aux illusions de son premier âge : d'autres penseront que les faits douloureux dont nous sommes témoins depuis qu'il a cessé de vivre auraient modifié ses opinions dans une plus large mesure encore, en contristant bien des espérances généreuses qui lui sont restées toujours chères. Ce sont des points que je n'ai pas eu à examiner. Un devoir plus simple m'était imposé. S'il m'est arrivé, en effet, plus d'une fois, du vivant de mon père, dans l'intimité où nous vivions, de discuter avec lui et de le contredire, il est clair que je ne pouvais me permettre de rien retrancher du dépôt précieux qu'il nous avait laissé, et surtout que je ne pouvais avoir la présomption de rien rectifier. Avant tout, il fallait conserver à ces souvenirs le caractère de sincérité parfaite qui en est le trait le plus touchant. La moindre altération du texte

AVIS DE L'ÉDITEUR.

aurait enlevé quelque chose de son autorité à cette voix qui sort de la tombe; et je tenais, je l'avoue, à la laisser tout entière pour ajouter plus de poids à la profession de vérités bien plus hautes à mes yeux que tous les principes qui divisent les politiques : je veux dire ces fortes croyances philosophiques et religieuses, dont on retrouvera ici l'expression à toutes les pages, dont la possession était, pour mon père, le fruit des laborieuses recherches de toute sa vie, et qui ont été la consolation de ceux qui avaient la douleur de lui survivre.

DUC DE BROGLIE (ALBERT).

AVANT-PROPOS

Je ne donnerai point à cet humble récit le nom pompeux de *Mémoires*, moins encore le nom dangereux de *Confessions*. Il faut être saint Augustin pour édifier en révélant sa vie intérieure, ses erreurs et ses fautes, ses combats et ses misères; peut-être même est-il permis de penser que le livre d'un grand docteur n'est pas toujours lu selon l'esprit qui l'a dicté, et qu'on y cherche trop souvent ce qu'il y déplore. Il faut être Rousseau pour se complaire à raconter ce qu'il raconte et pour en tirer vanité; je crois, comme lui, plus que lui peut-être, que, même après l'avoir lu, nul homme, au jour du jugement, n'aura le droit de dire à Dieu : *Je fus meilleur que cet homme-là;* mais c'est chose dont il y a lieu de rougir à part soi, et non de faire étalage.

Quant aux Mémoires, pour peu qu'on ait mis la main aux affaires publiques, on ne peut guère, en écrivant les siens, ne pas écrire, à certain degré, ceux des autres; on ne peut guère échapper à l'alternative ou d'offenser les vivants, ou de juger les morts sans les entendre. J'éviterai ce double écueil en ne faisant point de l'histoire, en me bornant à recueillir pour moi-même, pour les miens, tout au plus pour une étroite intimité, les souvenirs que m'a laissés une longue et laborieuse carrière. Homme public pendant plus de quarante ans, je n'ai jamais évité ni recherché la publicité; homme privé, je n'ai plus rien désormais à démêler avec elle; et si, contre toute attente, cet écrit devait tomber quelque jour en des mains auxquelles il n'est point destiné, je préviens d'avance qu'on n'y trouvera rien de ce qui plaît aujourd'hui, rien de ce qui fait le succès des compositions de ce genre.

J'ai vécu plus de soixante et dix ans; j'ai traversé plus d'une époque de désordres, de malheurs, de crimes; Dieu ne m'a épargné ni les épreuves ni les revers; il m'a fait la grâce de ne jamais méconnaître ni la sagesse de ses voies, ni l'excellence de ses œuvres.

J'aime la vie, *je l'aime et la cultive*, comme Montaigne, *telle qu'il a plu à Dieu nous l'octroyer*; j'en ai joui dans mon enfance, dans ma jeunesse, dans mon âge mûr, j'en jouis encore dans ma vieillesse, avec douceur et reconnaissance. Je ne regrette rien de ce que le progrès des ans m'a successivement enlevé; j'éprouve, qu'à vivre longtemps, on gagne en définitive plus qu'on ne perd, et qu'en sachant être de son âge et de son temps, *à mesure que l'homme extérieur se détruit, l'homme intérieur se renouvelle*.

On ne trouvera donc ici ni misanthropie, ni

mélancolie; on n'y trouvera ni dégoût de l'existence, ni dédain des choses d'ici-bas; on n'y trouvera pas même cette teinte de tristesse contenue et de résignation virile qu'inspiraient à Gibbon *la fin de son œuvre et le soir de sa vie.* Je n'ai point élevé comme lui un monument durable et dont mon âme ait peine à se détacher.

On n'y trouvera, non plus, ni révélations malveillantes, ni récriminations.

Né dans le sein d'une famille justement honorée, entré par alliance dans une famille justement célèbre, appelé naturellement à faire nombre dans l'élite de la société, soit au dedans, soit au dehors de mon pays, je n'ai connu intimement que des personnes qui valaient mieux que moi, et à qui je dois le peu que je vaux. Tour à tour, l'un des chefs d'une opposition modérée, ministre, premier ministre, j'ai été comme tout autre, injurié, calomnié, outragé; je l'ai peut-être été moins que tout autre; ces injures, ces calomnies, ces outrages, n'ont jamais porté atteinte à ma considération personnelle ; on a toujours pensé de moi plus de bien que je n'en pense moi-même. J'ai rencontré des adversaires, je ne me sais point d'ennemis. J'ai eu des amis — j'en conserve encore, Dieu merci ! — des amis dont l'affection m'est chère, qui m'ont rendu de grands services, dont je n'ai jamais eu à me plaindre. Par tous ces motifs, je serais inexcusable, béni surtout comme je l'ai été dans mes relations domestiques, de mal penser des hommes, en général, et d'en médire en particulier.

L'intérêt que peut inspirer, s'il en peut inspirer toutefois, cet exposé des diverses circonstances de ma vie, ne saurait donc provenir que de sa simplicité même, de sa sincérité, je dirais presque de son ingénuité. Tout est fini pour moi ; ma cause, la cause des honnêtes gens et des gens sensés, a succombé pour longtemps selon toute apparence ; je n'en espère plus rien que pour mes enfants. Je n'ai, dans ma conduite, rien à défendre, rien à publier, rien à expliquer en ce qui touche à l'honneur, à la probité privée et politique; j'ai assez vécu, j'ai assez vu se tromper les plus clairvoyants et échouer les plus habiles, pour faire bon marché de tout le reste.

Je serai vrai.

Mais, pour être *vraiment* vrai, il ne suffit pas toujours d'en avoir l'intention; il faut avoir bonne et exacte mémoire; il faut surtout se tenir en garde contre l'instinct *tout françois* qui porte à se faire effet à soi-même, à disposer un peu les événements pour l'agrément même de la chose, lorsque, d'ailleurs, cela ne nuit à personne.

Je m'efforcerai d'éviter ce genre d'infidélité, tout esthétique, si l'on ose ainsi parler, en m'attachant sévèrement à l'ordre chronologique et personnel; je suivrai, pas à pas, c'est-à-dire d'année en année, mes souvenirs. Je ne parlerai que des faits auxquels j'ai pris part et des hommes que j'ai vus à l'œuvre. Je m'attacherai à reproduire, autant que possible, mes impressions du moment, en me bornant à les rectifier quand l'expérience et la réflexion m'en auront appris le faible ou le faux. En un mot, et ce sera tout mon pauvre mérite, *je dirai : j'étais là, telle chose m'advint;* il n'appartient qu'aux maîtres d'ajouter : *Vous y croirez être vous-mêmes.*

SOUVENIRS

LIVRE PREMIER

PREMIÈRE ÉPOQUE

1785-1809

I

1785-1791

Je suis né à Paris le 28 novembre 1785.

Mon grand'père était, à cette époque, maréchal de France, chevalier des ordres du roi, gouverneur de Metz et des trois évêchés. Il était en disgrâce depuis la fin de la guerre de sept ans.

« Honoré pour ses vertus, a dit un homme dont il ne partageait pas les opinions, le maréchal de

Broglie vivait toujours éloigné de la Cour, où il ne paraissait que deux fois par an et dont il ne craignait pas de blâmer constamment les erreurs et les fautes. C'était le Cincinnatus des temps modernes. »

Je ne suis pas bien sûr que mon grand'père ressemblât trait pour trait à Cincinnatus : il n'avait ni déposé les faisceaux consulaires, ni forgé son épée en soc de charrue, et l'envoyé du Sénat romain qui l'aurait trouvé en habit de chasse, galonné sur toutes les coutures, entouré des gentilshommes de la contrée — vêtus du même habit qu'ils tenaient respectueusement de sa munificence, — faisant retentir la forêt de Broglie des aboiements de cent chiens et du galop de cinquante chevaux, n'aurait été que médiocrement édifié de sa simplicité rustique. Ce qui est vrai, c'est qu'il avait été injustement disgracié, et qu'à l'exemple du fier patricien, il en était très justement irrité.

Mon père, à peine âgé de trente ans, était colonel du régiment de Bourbonnais, et chevalier de saint Louis.

Trois ans auparavant, en 1782, il avait rejoint le corps d'armée conduit par M. de Rochambeau au secours des États-Unis d'Amérique. Réembarqué bientôt avec ce corps qui devait tenter une expédition contre la Jamaïque, et forcé, par des contrariétés de mer, de relâcher à Porto-Cabello, sur la côte de l'Amérique du Sud, il avait fait, par occasion, une excursion dans la province de Caracas. Après la signature de la paix, il était revenu en France, en s'arrêtant à Saint-Domingue.

La relation de son voyage existe, en copie, à la Bibliothèque nationale ; M. le comte de Ségur, dans ses *Souvenirs*, M. de Rémusat dans la *Revue française*, en ont publié de nombreux extraits, j'en possède moi-même le manuscrit original, intitulé : *Journal de mon voyage, commencé en avril 1792 et qui finira ne sçais quand ni comment.*

Il s'arrête en effet à la moitié d'une phrase, bien qu'il soit plus complet que la copie. Le récit lui-même est original et curieux. A travers l'étourderie et l'enjouement d'un jeune officier, échappé aux salons de Versailles et à la dissipation de Paris, on entrevoit le coup d'œil d'un militaire instruit et d'un observateur judicieux. Mon père s'était préparé à cette expédition en étudiant, avec soin, les causes et les progrès des démêlés entre les États-Unis et la mère patrie. J'ai de lui, sur ce sujet, et sur les incidents de la guerre, un mémoire abrégé, mais très exact et très complet, suivi d'un exposé bien fait des états confédérés, tels qu'ils existaient en 1782.

Ma mère était l'unique héritière du nom et du bien de la famille de Rosen, considérable en Suède, établie en Alsace depuis la fin de la guerre de trente ans, et la conclusion du traité de Westphalie. C'était une femme d'une rare beauté, d'un esprit plus rare encore, d'un caractère et d'une vertu supérieurs à sa beauté et à son esprit.

Bien qu'il existât entre mon grand-père et mon père, depuis son retour d'Amérique, une très grande diversité de sentiments politiques, mes parents continuaient à habiter l'hôtel de Broglie, et c'est là que j'ai passé mes premières années.

Je n'ai conservé qu'un faible souvenir de l'hôtel de Broglie et de son grand jardin, du salon de Broglie et de ses meubles en tapisserie, de mon grand-père, de sa petite taille et de sa courte perruque. Je jurerais, néanmoins, que son portrait, tel qu'il existe à Broglie aujourd'hui, dans le premier salon, lui ressemble parfaitement. On m'a conté que, dans ce même salon, il m'avait suffi, âgé que j'étais de trois ou quatre ans, de grimper sur la traverse d'un écran, pour donner un soufflet au vainqueur de Berghen et de Corbach ; je ne garantis pas l'anecdote et j'espère qu'elle n'est pas vraie.

J'ai conservé en revanche un souvenir très distinct de nos voyages à Saint-Rémy en Franche-Comté. Ma mère nous y conduisait chaque année, mes sœurs et moi : notre arrière-grand'mère madame de Rosen nous y recevait avec bonté. J'ai également conservé un souvenir très distinct des deux voyages que j'ai faits à Strasbourg avec mon père. Son uniforme de colonel, blanc avec des revers violets est très présent à mon esprit. Au second voyage, devenu maréchal de camp, il portait un nouvel uniforme bleu et or.

Vers ce temps, ou à peu près, je fus inoculé. C'était au début de la méthode. Les esprits étaient fort partagés, et non peut-être sans quelque raison sur son utilité et sur son danger ; le parti que prirent à ce sujet mes parents fut considéré, ainsi que je l'ai appris depuis, comme une conséquence de leur inclination vers les idées nouvelles ; on les blâma fort, je suppose, d'avoir exposé dans ma personne l'héritier de la branche aînée.

En 1789, mon père ayant été député à l'Assemblée constituante par la noblesse du bailliage de Colmar, mes parents quittèrent l'hôtel de Broglie et s'établirent dans une petite maison, rue de Bourgogne. On trouvera dans mes papiers une collection assez complète de cahiers, notes et renseignements remis à mon père dans l'intérêt de la province d'Alsace.

Je n'ai conservé aucun souvenir des événements du 14 juillet, bien que j'aie encore devant les yeux une gravure coloriée de la prise de la Bastille que ma bonne m'avait donnée. Je n'ai par conséquent conservé aucun souvenir des divers événements qui ont déterminé l'appel de mon grand-père au commandement de l'armée rassemblée aux environs de Versailles, et son éloignement de France, son émigration si l'on veut, qui en fut la conséquence. « Le maréchal de Broglie, dit M. Alex. de Lameth, fut informé par son fils le Prince de Broglie et par moi que M. le Prince de Condé, alors directeur du conseil, et toujours fidèle à l'inimitié qui régnait entre eux depuis la guerre de sept ans, l'avait désigné pour ce commandement. Le calcul du Prince était simple. Si ces mesures présentaient du danger, elles retomberaient sur le maréchal, qui, seul alors restait compromis ; si au contraire elles obtenaient un succès conforme aux vœux du parti, c'était le Prince qui en recueillerait les avantages... Le maréchal jugea exacts les renseignements que nous lui transmettions sur la politique du Prince de Condé; mais il nous répondit que « l'obéissance au Roi était une loi qu'il avait respectée toute sa vie; qu'il désirait vivement ne point recevoir les ordres qu'on lui annonçait, mais que, s'ils lui étaient donnés par le Roi, il obéirait ».

C'est ce qu'il fit, comme chacun sait; mais ce qu'on ignore, c'est qu'il profita de la situation élevée où le plaça son obéissance pour donner au roi les conseils les plus sages et les plus modérés. Le roi lui-même lui rend ce témoignage dans la lettre par laquelle il l'autorise, après le 14 juillet, à quitter le commandement de l'armée et à s'éloigner de France; mon père, dans une circonstance mémorable, en réclamant contre une décision de l'Assemblée nationale qui frappait le maréchal de Broglie dans sa dignité militaire, est entré, à ce sujet, dans de grands détails, et a rapporté les propres paroles de son père, sans rencontrer de contradicteurs.

Après avoir quitté l'hôtel de Broglie et s'être établi dans la maison qu'ils avaient louée rue de Bourgogne, mes parents recevaient à dîner, et souvent le soir, les membres les plus importants de l'Assemblée constituante, ou, pour parler plus exactement les membres du côté gauche de cette assemblée. Mon père n'avait point fait partie des 47 députés qui se réunirent au tiers état le 25 juin 1789, mais il avait fait partie de ceux qui, trouvant dans les injonctions de leur mandat un obstacle insurmontable à cette réunion, en exprimèrent le regret.

Je n'ai assisté qu'une seule fois aux séances de l'Assemblée constituante.

On m'y conduisit le jour où mon père la présidait. La séance fut fort bruyante. Il ne m'en reste que le souvenir du tumulte, des cris, des appels à l'ordre. La sonnette que mon père agitait sans cesse tinte encore à mon oreille; mais ce souvenir, tout confus qu'il est, se présente vivement à mon esprit, chaque fois que je jette les yeux sur quatre gravures que j'ai placées, il y a bientôt trente ans, dans mon cabinet. On y voit, en regard l'un de l'autre, ici le Serment du Rutli, là les Barons d'Angleterre imposant la grande charte à Jean sans Terre; d'un côté la Déclaration d'indépendance des États-Unis, de l'autre le Serment du Jeu-de-Paume.

L'histoire des gouvernements libres chez les peuples modernes date de ces quatre grandes époques; le caractère de ces peuples, la fortune de ces gouvernements semblent écrits sur le front même de leurs fondateurs, dans leur attitude, dans leurs regards et dans leurs gestes : tous ont tenu parole, d'âge en âge, de père en fils, de révolution en révolution; et, par malheur, nous Français, nous ne sommes pas les moins fidèles à notre origine, puisque j'ai vu, de mes yeux d'enfant, la tempête du Jeu-de-Paume se reproduire à propos de rien; puisque je l'ai vue, homme fait, se reproduire sans cesse, à propos de tout.

Durant le cours des deux années qui suivirent, les circonstances qui m'ont le plus frappé, ce furent :

1° Le pillage de l'hôtel de Castries : nous entendions distinctement de notre maison les cris de la populace et la chute des meubles qu'elle jettait par les fenêtres.

2° Les grandes scènes de la fédération. Je vois encore, au milieu d'un peuple enivré, qui couvrait le Champ-de-Mars, les dames ornées de rubans tricolores, et faisant semblant de remuer des pelles et de pousser des brouettes. Ma mère en faisait partie.

3° La fuite de Varennes : ce fut le maître d'écriture de mes sœurs qui nous l'annonça ; ce qu'il en pensait au fond de l'âme, je l'ignore ; mais la consternation était peinte sur son visage.

II

1792-1800

L'Assemblée constituante ayant fait place à l'Assemblée législative, mon père rentra au service. Il devint chef d'état-major de l'armée du Rhin commandée par le maréchal Lückner. Desaix, alors simple lieutenant, était son aide de camp. Le maréchal Saint-Cyr, au début de sa glorieuse carrière, servait dans cette armée; il parle de mon père avec éloge, dans le premier volume de ses mémoires.

La position était triste.

Les frères de mon père, ses proches parents, avaient émigré. Son père le désavouait et ne voulait plus entendre prononcer son nom. Les jacobins l'attaquaient avec violence; ils entouraient, ils dominaient, à certain degré, le maréchal Lückner et travaillaient avec ardeur à détruire la discipline de l'armée. Mon père courut de grands dangers en s'efforçant de la maintenir et faillit être massacré par le régiment dont il avait été colonel; il ne trouvait d'appui que dans quelques amis, le maire de Strasbourg, Dietrich, Rouget de l'Isle, auteur de *la Marseillaise*, d'autres encore dont les noms sont moins connus.

Survint le 10 août. Mon père protesta contre les décrets de l'Assemblée législative. Il fut destitué, et se retira, pour cause de santé, à Bourbonne-les-Bains; son aide de camp, Desaix partagea son honorable disgrâce. Ces événements sont racontés fidèlement dans la vie de cet illustre officier, publiée par M. Martha-Becker; ils sont expliqués fort au long dans le mémoire que mon père avait préparé pour sa défense au tribunal révolutionnaire.

Le mémoire est appuyé sur des pièces justificatives nombreuses. Ces pièces font mention de plusieurs arrestations subies par mon père en 1792, et qui n'eurent aucune suite. Séparé de lui pendant toute la dernière partie de cette année, je n'en sais rien de plus. Ma mère en effet, d'après ses instructions, et sans doute par des motifs de sûreté, avait conduit sa famille en Angleterre, d'où elle ne tarda guère à la ramener, afin d'échapper aux lois que le nouveau gouvernement frappait, à coups redoublés, contre l'émigration. Je me souviens faiblement du peu de temps que nous passâmes dans le voisinage de Londres, avec madame de la Châtre, amie de ma mère, et son fils, jeune homme de grande espérance, qui depuis a péri glorieusement à l'attaque du Port-au-Prince ; mais je me rappelle très distinctement les précautions qu'il nous fallut prendre pour rentrer en France. Un paquebot anglais nous débarqua, de nuit et en grand mystère, sur la plage de Boulogne. Je me souviens aussi très distinctement de l'état d'effervescence où nous trouvâmes la population, et dont nos propres domestiques n'étaient point exempts. On me mena au théâtre à Boulogne, et j'y vis jouer *la Mort de César*.

Mes parents s'étant réunis à Lamotte, maison de campagne près d'Arras, où nous ne séjournâmes que peu de mois, mon père y fut encore arrêté, puis mis en liberté presque aussitôt. J'ignore sous quel prétexte un mandat avait été décerné contre lui ; mais je dois dire que les exécuteurs de ce mandat étaient bien vêtus et se comportèrent en hommes bien élevés, chose déjà rare à cette époque.

Bientôt après, nous partîmes pour Saint-Remy.

Mon arrière-grand'mère était morte; Saint-Remy appartenait à ma mère; c'est là que nous avons passé, mes sœurs et moi, toute l'année 1793, et la première moitié de 1794. C'est là que mon père a été arrêté, conduit dans la prison de Gray, puis enfin traîné à Paris, et livré au tribunal révolutionnaire. C'est là que ma mère a été arrêtée, conduite à la prison de Vesoul, d'où elle s'est heureusement échappée.

Je me souviens très distinctement des premiers temps passés à Saint-Remy par mes parents. Je me souviens de l'arrivée des ordres d'arrestation. Ces ordres ne furent point exécutés de vive force. Mon père et ma mère délibérèrent, en ma présence, dans un cabinet que je vois d'ici et qui leur servait de salle à manger, sur la question de savoir s'ils obéiraient, et prirent librement ce dernier parti.

Comment cela fut-il possible à pareille époque?

Je l'ignore. Mais, sur le fait lui-même, je n'ai aucun doute.

Mon père s'étant constitué prisonnier à Gray, et

ma mère à Vesoul, nous restâmes, mes sœurs et moi, confiés à des domestiques. Un homme excellent, M. Ali, habitant d'un bourg nommé Ormoy, et situé à quelques lieues de Saint-Remy, me prit chez lui pendant quelques mois ; il avait deux neveux, l'un homme fait, bien que jeune encore, ayant même déjà servi comme volontaire au siège de Luxembourg, l'autre à peine âgé de quinze ou seize ans. Par je ne sais quelle raison de famille, le premier se nommait Trémolière, et l'autre Saint-Jules. Trémolière était aimable et avait l'esprit cultivé ; Saint-Jules n'était encore qu'un grand enfant. J'ai passé de très bons moments dans le sein de cette famille dont le cours des événements m'a séparé de très bonne heure, et qui s'est éteinte, ainsi que je j'ai appris, cinquante ans après l'époque dont je parle, dans une modeste et paisible obscurité. Chose étrange, on ne se serait pas douté dans le bourg d'Ormoy que nous vivions sous le régime de la Terreur.

Durant les mois qui précédèrent la translation de mon père à Paris, on m'a conduit plusieurs fois à Gray. Je l'ai vu dans sa prison, quelques jours avant son départ. Je tiens de M. Clément du Doubs, qui le rencontra sur la route de Paris, conduit par la gendarmerie, qu'il lui offrit un moyen sûr et facile de s'échapper, moyen dont mon père ne voulut pas profiter.

Il fut enfermé à Paris dans la prison de la Bourbe, alors nommée Port-Libre apparemment par dérision.

Il périt le 9 messidor an II (27 juin 1794), un mois jour pour jour avant le 9 thermidor.

Ma mère, réservée au même sort, s'étant offerte pour travailler à la lingerie de la prison, réussit à prendre sur un morceau de cire l'empreinte de la clef qui ouvrait sur le grenier, le grenier lui-même communiquant avec le dehors. Un vieux domestique, attaché dès longtemps à la maison de Rosen, fit fabriquer une clef d'après cette empreinte, prit ses mesures seul, secrètement, à notre insu, attendit ma mère, de nuit, à la porte de la prison, et la conduisit en Suisse, en lui faisant traverser les gorges du Jura. Une famille de maître de poste, dont l'établissement était situé entre Vesoul et Saint-Cergues, la reçut et la cacha pendant quelques jours. Un habitant de Saint-Cergues nommé Trébout, qui faisait en quelque sorte métier de favoriser l'émigration de France en Suisse, s'employa dans cette occasion comme dans beaucoup d'autres:

J'ai connu ce Trébout; il m'a souvent vanté ses bons offices; c'était un honnête garçon, bien que, sous une écorce de familiarité grossière, il ne manquât point de vanité.

Pour mieux cacher son projet d'évasion, ma mère nous avait mandés à Vesoul, mes sœurs et moi. Nous arrivâmes précisément au moment où on la cherchait, sans la trouver, et je n'oublierai, de ma vie, la consternation du concierge, l'air effaré des gardiens, l'effroi des prisonniers qui tremblaient de voir s'aggraver leur captivité, en un mot tout le fracas d'un tel événement. Les domestiques qui nous conduisaient, jugeant, avec raison, qu'il ne faisait bon là pour personne, se hâtèrent de nous emmener. Je ne suis plus rentré, depuis ce moment, dans la prison de Vesoul, mais je ne traverse jamais cette ville, ce qui m'arrive assez souvent, sans être assailli de souvenirs dont j'ai peine à me défendre.

J'ai passé à Saint-Remy le temps qui s'est écoulé entre l'évasion de ma mère et son retour. Saint-Remy était séquestré; on mit le mobilier en vente. J'assistais à l'enchère, assis à côté du crieur public, et criant avec lui, sans doute par pur divertissement d'enfant; car il ne vint à personne l'idée de s'en étonner.

Je n'étais pas néanmoins plus ignorant qu'un enfant de mon âge; j'avais été élevé avec mes sœurs plus âgées que moi. Je lisais, avec passion, le peu de livres qui se trouvaient sous ma main, en particulier le *Voyage d'Anacharsis* et *les Mille et une Nuits*, et je réalisais, en imagination, dans les jardins et le parc de Saint-Remy, les scènes qui me frappaient le plus dans ces deux ouvrages, si différents l'un de l'autre.

Je n'étais pas, non plus, entièrement dépourvu de réflexion. Je vois encore, d'ici, près de la salle de bains, la place où, frappé, je ne sais pourquoi, de cette idée que *j'étais moi-même* et que je ne pouvais être un autre que moi, les idées d'*identité*, de *personnalité*, de *nécessité* m'apparurent sous leurs formes rigoureusement métaphysiques. Je n'y ai jamais pensé depuis sans que ce premier éveil de la méditation ne me revînt en mémoire.

Durant le temps qui s'est écoulé entre l'évasion de ma mère et son retour, nous restâmes dans le château de Saint-Remy, grâce à la tolérance des autorités locales; mais les domestiques auxquels nous étions confiés, n'ayant aucun moyen de nous faire honorablement subsister, imaginèrent de nous conduire à Vesoul, et de nous recommander à la charité du représentant du peuple en mission : c'était, je crois, Robespierre le jeune. On m'affubla du costume à la mode; on me mit sur la tête un bonnet rouge et des sabots aux pieds ; dans cet équipage, nous fîmes antichambre pendant près d'une heure, avant d'être admis devant notre futur bienfaiteur ; il nous reçut assez bien, et nous donna, pour vivre, sur les biens de ma mère qui étaient séquestrés, une provision de dix mille francs en assignats. Je ne sais pas au juste quelle était alors la valeur de ce chiffon.

Le 9 thermidor ouvrit les prisons, hélas ! trop tard pour mon père, et rappela les fugitifs dans leurs foyers. Ma mère rentra en France ; le séquestre fut levé sur Saint-Remy et sur ses biens d'Alsace, par les soins de M. d'Argenson, qui devint pour nous un second père.

Bientôt après, je partis avec lui pour Paris ; nous y précédâmes ma mère et mes sœurs.

J'étais dans cet atelier de révolution le jour même du 13 vendémiaire. Nous demeurions rue de la Chaise, en face de l'hôtel de Croix actuel. L'événement ne me parut pas avoir beaucoup de retentissement dans la population du quartier. Il n'y avait, dans les sections environnantes, ni ensemble ni entrain, et l'issue de la journée n'inspirait, à vrai dire, ni beaucoup d'étonnement ni beaucoup de regret.

Peu de jours après, M. d'Argenson me conduisit à Ormesson. C'était une maison de campagne à quelques lieues de Paris, alors habitée par M. Mathieu de Montmorency. Une société nombreuse et brillante pour cette époque s'y trouvait réunie. Je vis là, pour la première fois, madame de Staël et son fils, plus jeune que moi de quelques années; je cherche en vain à me rappeler le nom des personnes qui composaient cette réunion, je ne retrouve dans ma mémoire que celui de M. de Mézy et celui de M. de Lezay, depuis préfet de Strasbourg. Les conversations étaient animées; elles roulaient naturellement sur les événements du jour. Il ne m'est pas resté dans l'esprit que personne en fût très affligé.

Ma mère arriva. Nous occupâmes toute la maison de la rue de la Chaise. Ma mère loua, en outre, une petite maison de campagne à Boulogne. Nous passâmes l'hiver à Paris, et l'été suivant dans cette maison.

On m'avait mis entre les mains d'un précepteur.
Il se nommait M. Guillobé. Il avait élevé MM. de
Bondy et M. de Boulogne, fils du fermier général de ce nom. Il avait voyagé en Angleterre, en
Écosse et en Irlande avec M. de Boulogne, et de
compagnie avec un homme estimé de son temps,
M. Baert, auteur d'un livre sur l'Angleterre qui
conserve encore une certaine réputation. M. Guillobé était honnête, instruit, sensé. Je lui dois
beaucoup, et je conserve pour sa mémoire beaucoup d'affection et de respect.

M. Guillobé, né à Loches en Touraine, d'une
famille honnête et modeste, au sein de laquelle j'ai
passé des moments très agréables, était lié avec
plusieurs des députés d'Indre-et-Loire à la Convention nationale. J'ai assisté avec lui aux dernières séances de cette assemblée, qui touchait aux
derniers moments de sa triste carrière, et ne travaillait plus qu'à régler les conséquences de son
triste testament.

Durant le cours des dix-huit mois que ma mère
passa tant à Paris qu'à Boulogne, sa maison était fréquentée par tout ce qui restait de la société qu'elle
avait connue autrefois, c'est-à-dire il y avait trois
ou quatre ans, et par un certain mélange de ce

qu'on a depuis nommé la société du Directoire. Madame de Staël et madame de Valence, fille de madame de Genlis, en faisaient partie, et c'était par elles que cette société nouvelle pénétrait dans notre intérieur.

Pour donner quelque idée de l'état des mœurs à cette époque, il suffirait de rappeler que, parmi les hommes qui figuraient avec le plus de succès dans le grand monde d'alors, se trouvait un Suédois, le comte de Ribbing, dont le principal, ou, pour mieux dire, l'unique mérite était d'avoir ouvertement concouru à l'assassinat du roi de Suède. Il était exilé par cet unique motif; mais, dans un pays comme la France, où le gouvernement était exclusivement exercé par des régicides, et où les plus honnêtes gens, voire même les victimes de la Terreur, vivaient familièrement avec eux, l'assassin du roi de Suède pouvait très bien être accueilli, fêté, considéré.

Ceci m'est bien souvent revenu à la mémoire, en 1848, lorsque les meilleurs amis du général Cavaignac s'efforçaient en vain, au nom de son plus pressant intérêt, d'obtenir de lui qu'il qualifiât d'assassins les scélérats qui avaient tiré sur le roi Louis-Philippe.

M. de Ribbing, après avoir brillé quelque temps sur un théâtre, après tout, digne de lui, a, si j'ai été bien informé, contracté un mariage peu honorable et fini dans une position voisine de la misère.

J'étais, comme on doit bien le penser, fort étranger à la société qui posait et passait ainsi devant moi. J'apprenais le latin et le grec, aussi passablement qu'on peut l'apprendre dans une éducation privée, — privée, c'est le mot et le jeu de mots, car Dieu sait tout ce qui lui manquait! J'assistais aux fêtes patriotiques du Champ-de-Mars et aux fêtes champêtres des environs de Paris ; j'y voyais, comme bien d'autres, la belle madame Tallien, arrivant au Ranelagh, habillée en Diane, le buste demi-nu, chaussée de cothurnes, et vêtue, si l'on peut employer ce mot, d'une tunique qui ne dépassait pas le genou.

Mon précepteur me conduisait souvent, à cette époque, chez ses parents, ses amis, chez les personnes avec lesquelles il était lié par un concours de circonstances quelconques. J'ai passé par exemple, à plusieurs reprises, plusieurs semaines dans la petite ville de Dourdan, chez deux de ses cousines, mesdemoiselles Talibon. C'étaient deux vieilles filles, bonnes, pieuses et assez aimables. J'entendais dans cette société paisible et bourgeoise un tout autre langage que celui que j'entendais à la table de ma mère; les événements du jour y étaient envisagés sous un point de vue très différent. Je n'y ai jamais entendu regretter l'ancien régime, ni même la monarchie; on ne désirait qu'un peu de repos, on ne désespérait pas de l'obtenir du gouvernement directorial; l'imprévoyance était égale à l'insouciance, même en présence de la conspiration de Babœuf; les scandales du jour n'y faisaient pas grand effet; la multiplicité et la facilité des divorces étaient le plus fréquent et presque l'unique sujet de plainte.

Après avoir passé dix-huit mois, tant à Paris qu'à Boulogne, ma mère s'établit aux Ormes. C'était alors un singulier château, construit par le père de M. d'Argenson, pendant son exil, et qui a été démoli aux trois quarts par M. d'Argenson lui-même dans la dernière année de sa vie. Beaucoup de voyageurs se souviennent encore sans doute, d'avoir vu, entre Tours et Poitiers, à cinq lieues de Châtellerault, ce château au milieu duquel était implantée une tour où l'on montait extérieurement par un escalier circulaire. Il n'avait point été achevé, mais la partie habitable était commode, et la partie simplement préparée conçue dans des proportions magnifiques.

Nous trouvâmes, aux Ormes, la sœur de M. d'Argenson, restée fille jusqu'à cette époque, et qui, depuis, a épousé M. de Murat. C'était une personne contrefaite, mais d'un esprit remarquable et d'une grande bonté. Ma mère la connaissait depuis longtemps, et, durant notre séjour à Saint-Remy, la dernière de mes sœurs lui avait été confiée. Nous y trouvâmes aussi, mais vivant séparément, dans une dépendance extérieure du château, deux enfants naturels de M. de Voyer : l'un, M. Bertenot, abbé avant la Révolution, l'autre madame de Rullecourt, veuve d'un officier général, tué à l'attaque de l'île de Jersey. M. de Voyer, leur père, et père de M. d'Argenson, leur avait assuré une petite existence dont, à l'époque dont je parle, ils réunissaient les débris pour finir ensemble leurs jours, dans le lieu même où ils étaient nés. M. Bertenot était aimable, bien élevé, gai et de très bonne compagnie. Sa sœur ne le valait pas, mais elle avait deux filles pleines de douceur et de bonté. Toutes deux se sont mariées, et je crois que la cadette, madame Mahuer, existe encore, au moment où j'écris ces lignes.

Durant le cours des trois années qui terminent le dernier siècle, années que nous passâmes aux Ormes, en été, et en hiver à Paris, deux événements, l'un privé, l'autre public, sont principalement restés dans ma mémoire.

Le premier, c'est mon voyage à Broglie.

Broglie avait été confisqué; sur mon grand-père, comme émigré, et sur mon père comme condamné; c'est à ce dernier titre qu'il nous fut restitué, grâce à la proposition courageuse de M. de Pontécoulant, l'un des hommes qui, dans le cours de nos troubles civils, ont le plus honoré le nom d'homme et le nom de Français.

Il nous fut restitué intégralement, à mes sœurs et à moi, bien que mon père, par son contrat de mariage, n'y eût droit que jusqu'à concurrence de huit cent mille francs. Mais la valeur des propriétés foncières était tombée si bas en 1794, que le domaine tout entier ne fut pas évalué au delà de cette somme; nous avons depuis tenu compte de la plus-value aux enfants de mon grand-père.

Je fis mon entrée seigneuriale à Broglie, dans une cariole que, mon précepteur et moi, nous conduisions alternativement. Le château dont le mobilier avait été vendu, pendant la confiscation, étant

inhabitable, à ce point qu'il n'y restait plus même
de croisées, et tout au plus des volets, j'allai loger
chez le notaire du bourg, M. Auzoux, qui m'y avait
invité avec autant de bienveillance que d'empressement. C'était du reste à qui me ferait fête, c'était
à qui s'en ferait honneur; c'était à qui me racon-
terait les prouesses révolutionnaires dont notre
pauvre manoir avait, naguère, été le théâtre;
comment on avait enlevé, en triomphe, pour en
faire des gros sous, les canons qui décoraient la
terrasse, ces canons que mon grand-père avait
lui-même enlevés à l'ennemi; comment la bibliothèque qui, d'ailleurs, n'était ni riche ni rare,
avait été empilée, pêle-mêle dans des malles, et
transportée, en pompe, dans les greniers de l'hôtel
de ville de Bernay, où, si je suis bien informé, ce
qu'en ont laissé subsister les vers et les souris
se retrouve encore précisément au même état;
comment celui-ci avait fait ceci; et celui-là cela;
comment enfin l'intendant, M. Mérimée, avait été
réduit à se sauver par la fenêtre, en livrant au
pillage les papiers terriers du domaine, accident de
métier, en temps de révolution, et que j'ai presque
vu se reproduire en 1848. Vanité des choses
humaines! Le nom de Mérimée s'est acquis depuis

un certain renom dans les arts, et dans les lettres, une véritable illustration; mais les habitants de Broglie, qui se souviennent encore du grand-père et sa déconvenue, n'ont peut-être jamais entendu parler ni du fils ni du petit-fils; et ce n'est pas merveille, puisqu'ils semblent ignorer, à quarante lieues de Paris, que leur modeste bourgade, a, de nos jours, vu naître Fresnel, l'une des gloires de la France et de la science. Qu'après cela, M. de Lamartine s'étonne, en rencontrant dans un couvent de Syrie une vieille Anglaise à moitié folle, d'être obligé de lui décliner son nom et de lui révéler son génie[1] !

Je ne restai que peu de jours à Broglie. C'était plutôt une prise de possession qu'un règlement d'affaires. J'étais trop jeune et mon précepteur trop étranger à ce genre d'occupations pour que nous eussions à nous en mêler. La gestion de la terre, à cette époque, était sinon officiellement, du moins officieusement confiée à M. Lemonnier, alors commissaire du gouvernement près l'administration cantonale, homme très honnête, très intelli-

---

[1]. Depuis que mon père écrivait ces lignes, un monument a été élevé à Fresnel dans sa ville natale. L'inauguration a eu lieu au mois de septembre 1884. (*Note de l'éditeur.*)

gent, et qui avait beaucoup contribué à nous faire restituer la terre en entier, et sans retenue au profit du fisc.

M. Lemonnier, dont j'aurai peut-être occasion de dire quelques mots un peu plus tard, avait, dit-on, dans sa jeunesse appartenu à je ne sais quel ordre du clergé régulier; mais c'est un point qui n'a jamais été bien éclairci, et sur lequel je conserve des doutes.

Le second événement, l'événement public, ce fut le 18 fructidor, suivi bientôt après de la loi des otages, de l'emprunt forcé, et de la proposition d'expulser tous les *ci-devant nobles* du territoire français.

Nous vîmes passer aux Ormes les députés fructidorisés, transportés comme des malfaiteurs, dans des voitures grillées, vers le port où ils devaient être embarqués. Ils s'arrêtèrent, ou plutôt le commissaire qui les conduisait, et dont les instructions, à leur égard, sont restées fort suspectes, les fit arrêter devant l'avenue du château; on alla chercher à l'auberge le frugal repas qui leur avait été préparé. Il ne leur fut point permis de descendre de voiture.

Nous allâmes, ma mère, mes sœurs et moi,

leur porter des fruits et des rafraîchissements qu'on ne nous défendit point de leur offrir.

Le spectacle était douloureux, l'indignation grande, mais la consternation plus grande encore. Chacun voyait recommencer le règne de la Terreur, et s'y préparait avec résignation.

Nous étions bien avec la famille de M. de Menou, frère du général Menou, connu par la vivacité de ses opinions à l'Assemblée constituante, et par le rôle qu'il a joué depuis, soit dans la guerre de la Vendée, soit au 13 vendémiaire, soit enfin dans l'expédition d'Égypte. Cette famille bonne, aimable, et dont le fils aîné a, plus tard, épousé l'une de mes sœurs, se disposait comme nous à l'exil. Entre le château de Boussay qu'elle habitait et les Ormes, les communications étaient continuelles; personne n'osait se flatter d'échapper à la proscription, personne ne savait où précisément chercher asile, ni comment réaliser les débris d'une fortune à peine recouvrée.

Les plus effrayés, c'étaient les membres du clergé, et c'était à juste titre. Je venais d'achever mon instruction religieuse, et de faire ma première communion. Mon instruction avait été confiée à un curé du voisinage, le culte n'étant point encore rétabli dans la paroisse des Ormes. Ce curé était un bon prêtre qui, ne joignant pas, néanmoins, aux vertus de son état, une ardeur insatiable pour le martyre, ne laissait pas d'être un peu troublé, en entendant de nouveau les menaces et les blasphèmes qui, deux ou trois ans auparavant, avaient frappé ses oreilles, en voyant se rouvrir devant lui la carrière de périls qu'il avait parcourue sans faiblir. La cérémonie de ma première communion fut cependant solennelle; nous étions environ vingt enfants entourés de nos familles; les autorités ne nous inquiétèrent point, et les patriotes du lieu se contentèrent de sourire sans faire entendre aucune parole inconvenante.

Ceux qui n'ont point vécu à l'époque dont je parle ne sauraient se faire aucune idée du profond découragement où la France était tombée dans l'intervalle qui s'est écoulé entre le 18 fructidor et le 18 brumaire. En rentrant à pleines voiles sous le régime de la Terreur, elle y rentrait sans consolation et sans espérance. La gloire de ses armes était flétrie, ses conquêtes perdues, son territoire menacé. Le régime de la Terreur ne lui apparaissait plus comme une crise effroyable mais passagère, comme un épouvantable paroxysme conduisant nécessairement et prochainement à une réaction salutaire, et, par là même, à un ordre de choses régulier. La réaction avait échoué ; le gouvernemen qu'elle avait fondé envoyait ses fondateurs périr à Sinnamari. Tous les efforts des honnêtes gens pour user régulièrement de leurs droits avaient été écrasés par la violence. On n'avait devant soi que le retour d'une anarchie sanglante, dont il était impossible de prévoir ni la durée, ni le terme, ni le remède.

Le remède ce fut le 18 brumaire, mais le 18 brumaire n'y suffisait pas. Ce n'était pas de coups d'État qu'on avait manqué depuis dix ans, mais de ce qui rend les coups d'État excusables, le génie, la sagesse, la vigueur qui les fait tourner au profit de la société, et les rend inutiles à l'avenir.

Le 18 brumaire fut, dans ses conséquences, aussi bien que dans les intentions de son auteur, précisément le contraire du 18 fructidor. C'est là sa gloire. Il fonda ce que le 18 fructidor détruisait. Il fonda l'ordre qui dure encore, malgré tant d'événements divers qui se sont succédé en France depuis plus d'un demi-siècle, et dont il n'a point à répondre.

Le 18 brumaire fut une délivrance, et les quatre années qui le suivirent furent une série de triomphes au dehors sur les ennemis ; au dedans sur les principes du désordre et sur l'anarchie. Ces quatre années sont avec les dix années du règne d'Henri IV la meilleure, la plus noble partie de l'histoire de France.

III

1800-1804

Nous passâmes ces quatre années alternativement à Paris et aux Ormes.

J'étais à Paris au moment de l'explosion de la machine infernale, le 3 nivôse. Je l'entendis de la maison que nous habitions alors : c'était le pavillon de la rue Saint-Dominique, où madame de Genlis avait élevé les princes de la maison d'Orléans. Cette tentative abominable n'inspira pas autant d'horreur et d'effroi qu'on aurait pu le penser, tant il y avait alors de légèreté et d'insouciance dans les esprits blasés sur les émotions et dépravés par les habitudes révolutionnaires.

Je dois convenir, d'ailleurs, en toute humilité, que les représailles iniques, auxquelles se livrait sans scrupule le gouvernement consulaire, les emprisonnements arbitraires, les suppressions de journaux, les déportations, pêle-mêle, tantôt les jacobins payant pour les chouans, et tantôt les chouans pour les jacobins, n'excitaient pas, non plus, chez les plus honnêtes gens, une bien vive indignation. La société qui se reformait comme à vue d'œil, sous une main puissante, et, tout compte fait, réparatrice, n'y regardait pas de si près. Les exilés de toute époque et de toute opinion rentraient en foule, recouvraient une partie de leurs biens, sollicitaient pour le reste, et ne contestaient pas grand'chose au pouvoir qui le leur laissait espérer. Les révolutionnaires convertis ou soi-disant tels, qui mettaient dans leur poche leur bonnet rouge, en attendant qu'ils le découpassent en cordons rouges et en talons rouges, comme le figurait ingénieusement une caricature anglaise de cette époque, n'étaient pas à cela près d'un acte de violence de plus ou de moins. Les amis de la liberté, de la vraie liberté, les héritiers de 1789, innocents de tous les crimes commis par l'Assemblée législative et par la Convention, s'étaient malheureusement divisés au 18 fructidor. Les uns, par un ressentiment très légitime à coup sûr, mais imprudent peut-être, contre les terroristes et les régicides, s'étaient alliés plus ou moins avec les partisans de la contre-révolution dont Pichegru était le chef; les autres, par une appréhension justifiable peut-être des conséquences de cette alliance, ne s'étaient pas ouvertement séparés du Directoire, même après le coup d'État détestable qui l'avait momentanément remis sur pied. En défiance les uns des autres, ils étaient plus portés à se reprocher mutuellement les torts du passé qu'à faire cause commune contre les excès du moment présent. Siméon, au Tribunat, se serait bien gardé de prêter appui à Benjamin Constant. Leurs divisions laissaient le champ libre à l'ascendant du génie et de la sagesse, de la gloire et de la fortune. Le code civil et le Concordat, la paix de Lunéville et la paix d'Amiens répondaient à tout et à tous.

J'étais bien jeune à cette époque : élevé dans les principes de mon père et de mon beau-père, j'inclinais fort, à part moi, du côté de ceux qui redoutaient plus les progrès de la dictature qu'ils n'en appréciaient les bienfaits; ce qui me choquait le plus, c'était toute apparence de retour à l'ancien régime, et l'établissement de la Légion d'honneur, en particulier, m'inspirait une aversion très peu raisonnable, j'en conviens, mais que je n'ai jamais pu surmonter entièrement. En revanche, je prenais vivement part au succès de nos armes. Nos revers, durant la campagne de l'an VII, m'avaient causé un profond chagrin; ce fut ma première préoccupation patriotique; les victoires d'Hohenlinden et de Marengo me ravissaient d'enthousiasme. Enfin, je prenais, s'il se peut, un intérêt plus vif encore, bien que réservé et silencieux, aux querelles littéraires dont on voyait poindre l'aurore, et dont la politique aiguisait en quelque sorte l'activité. *Delphine* et *Atala* paraissaient presque en même temps, et ces deux brillants ouvrages, conçus sous des inspirations presque opposées, étaient, dans le salon de ma mère, le sujet d'interminables conversations. Madame de Staël en était l'âme. Je ne me rappelle pas avoir vu M. de Chateaubriand chez ma mère; mais plusieurs des coryphées de cette coterie, dont il était déjà le chef, ou plutôt l'idole, entre autres madame de Beaumont, y venaient assez fréquemment.

Je ne sais pas trop si ce fut dans l'été qui précéda ou dans celui qui suivit le 3 nivôse que je fis, avec mon précepteur, un voyage dans la Vendée et dans la Bretagne.

Il avait des parents dans une petite ville, située en pleine Vendée, sur le bord de la mer, par delà Machecoul, et nommée l'Isle-de-Bouin. Nous y allâmes en partant des Ormes, et en traversant Angers, Saumur et Nantes. C'était peu après la seconde pacification, celle qui suivit l'avènement du premier consul, et qui fut l'ouvrage des généraux Hédouville et Brune. La contrée dont je parle n'avait point participé aux nouveaux troubles; mais elle portait encore de toutes parts l'empreinte des ravages qu'elle avait subis quelques années auparavant. Les villages étaient encore à moitié détruits, les bois incendiés, les champs en friche. La paisible famille au sein de laquelle nous fûmes reçus, les voisins qui la fréquentaient, les habitants du lieu et des localités environnantes nous racontaient les scènes d'horreur dont ils avaient été témoins, comme les bourgeois de Paris racontaient, après le 9 thermidor, les massacres du 2 septembre : simplement, familièrement, par forme de conversation. Ils interrompaient leurs récits pour vaquer à leurs affaires domestiques; les caquets de petite ville allaient leur train. Étrange nation dont on peut dire ce que disait du génie de la Grèce l'auteur des *Martyrs : qu'elle ne peut faire, de la* mort et des malheurs mêmes, une chose sérieuse.

De Bouin nous retournâmes à Nantes, et de Nantes nous allâmes à Brest par Lorient et Quimper. Ces contrées désolées offraient partout le même spectacle. Brest, en revanche, était brillant et animé. Jamais peut-être la rade n'avait réuni, jamais peut-être elle ne réunira un aussi grand nombre de vaisseaux de ligne, de frégates, de bâtiments de tout genre et de toutes dimensions. Presque toute la marine française, sous les ordres de l'amiral Latouche-Tréville; presque toute la marine espagnole, sous les ordres de l'amiral Gravina, y déployaient leurs pavillons : on y comptait plus de soixante vaisseaux de ligne.

M. de Latouche-Tréville avait été l'ami de mon père; il commandait la frégate *la Gloire*, qui le porta en Amérique, et soutint dans la traversée un combat digne de son nom, contre un vaisseau de ligne anglais. Il m'accueillit avec amitié, me donna le moyen et l'occasion de tout voir. Le jour de la fête du roi d'Espagne, je dînai à bord du vaisseau amiral espagnol, *la Concépcion*, avec l'état-major des deux flottes, au bruit des bordées d'artillerie qui partaient d'instant en instant de tous les points de la rade et de toutes les batteries de la ville. C'était un spectacle imposant et magnifique qui peut-être ne se reverra plus dans toute sa grandeur. Il fallait un concours de circonstances très singulières pour amonceler sur un même point de nos côtes cette immensité de forces navales.

Après avoir passé à Brest huit ou dix jours, très instructifs et très amusants, nous revînmes aux Ormes, par Saint-Malo, Rennes et Laval.

Chose singulière, je ne sais si, passant à Laval, j'ai été ou n'ai pas été visiter les Rochers. Je me souviens confusément d'y avoir été; j'ai tout à fait oublié les lieux.

De retour aux Ormes, et bientôt après à Paris, mon précepteur me fit suivre les cours de l'École centrale des Quatre-Nations. Je suivis le cours d'humanité (classe supérieure) de M. l'abbé Guéroult; le cours de belles-lettres de M. Dumas, depuis proviseur du collège Charlemagne; le cours de mathématiques de M. Lacroix; le cours de physique du vieux M. Brisson; et le cours d'histoire naturelle de M. Brongniart.

Ce dernier était fils d'un architecte de quelque renom, ami intime de mon précepteur.

En même temps je fréquentais l'École des mines. Je suivais le cours de chimie de M. Vauquelin, le cours de géologie de M. Faujas de Saint-Fonds, et le cours de minéralogie de l'abbé Haüy.

On le voit, je n'étais pas oisif.

Les trois années que j'ai passées ainsi, ne quittant Paris qu'à l'époque des vacances, sont au nombre des meilleurs souvenirs de ma vie.

Les écoles centrales étaient alors des écoles parfaitement libres. Chaque professeur enseignait selon la méthode qu'il préférait, et sans aucun contrôle quant au choix de son sujet, pourvu qu'il ne s'écartât pas absolument du titre même de sa chaire. Entrait qui voulait, à chaque cours; le professeur avait la police de la salle pendant la leçon, mais il n'exerçait sur les élèves aucune autorité quelconque; la leçon finie, le garçon de salle balayait, et tout était dit. Les études classiques partagées en deux divisions étaient faibles; les études mathématiques et physiques médiocres; le cours de belles-lettres de M. Dumas était brillant et animé; le cours d'histoire naturelle de M. Brongniart était très suivi et très instructif. J'ai conservé les leçons qu'il nous dictait, et, bien que depuis cette époque, la science soit devenue plus savante, et moi-même plus ignorant, je les parcours encore quelquefois avec plaisir.

La même liberté régnait à l'École des mines, où les élèves sortis de l'École polythecnique devaient être, rigoureusement parlant, les seuls élèves. Entrait aussi qui voulait aux cours; et chacun en profitait selon son intelligence et son assiduité.

Les professeurs étaient, non seulement des hommes du premier mérite, mais des hommes d'une rare bonté et d'une complaisance inépuisable. M. Haüy surtout était l'un des savants les plus aimables que j'aie rencontrés durant le cours de ma longue carrière. Sa voix était faible mais claire et flexible; son enseignement était d'une lucidité merveilleuse; il se laissait interrompre volontiers, non seulement par les élèves, mais par les simples assistants. Que de fois, après la leçon, n'ayant pas bien compris l'ordre et l'enchaînement de ses idées, je me suis approché de lui pour lui adresser une ou deux questions, et je l'ai vu recommencer pour moi seul la leçon tout entière! Souvent il m'invitait à venir le trouver, avant la leçon, dans son humble cabinet, dont tout l'ameublement se composait de quelques chaises de paille, d'un bureau en bois de sapin, surmonté d'un crucifix, et voisin d'un petit oratoire, où il disait la messe chaque matin. Il me donnait ses cahiers à copier; j'ai longtemps conservé cette copie.

IV

1804-1809

Ainsi s'écoulèrent les dernières années de mon éducation ; les aînées de mes sœurs se marièrent ; et c'est dans les deux maisons où elles entrèrent que je vis, pour la première fois, la société à titre non plus d'enfant, mais de jeune homme.

Mon frère, René d'Argenson, avait pour précepteur le fils d'un homme dont le nom n'est pas sans célébrité dans les lettres et dans la philologie, M. Schweighaüser, de Strasbourg, éditeur d'Hérodote et d'Athénée. Je fus conduit par lui dans plusieurs maisons où se réunissaient les gens de lettres les plus connus de cette époque, et en particulier dans la maison de M. Suard. J'y vis les restes de la société du XVIII° siècle, l'abbé Morellet, Garat, Daunou,

Ginguené, plusieurs autres dont le nom m'échappe, M. Villers, arrivant d'Allemagne et inaugurant la philosophie de Kant, au très grand scandale de ses auditeurs; M. Vanderbourg autre émigré français, frotté de germanisme, et préparant alors la publication des poésies de Clotilde de Surville dans toute la fureur et la sincérité de son naïf enthousiasme.

C'était l'époque où commençait à se prononcer avec vigueur la croisade contre la philosophie du XVIIIe siècle, où M. de Chateaubriand et M. de Fontanes, M. Joubert et toute la petite coterie dont j'ai déjà parlé ouvraient l'ère de la littérature du XIXe siècle sous l'étendard du Concordat.

Rien n'était plus curieux sous ce point de vue que le salon de M. et de madame Suard. Des influences un peu contradictoires y couvaient à petit bruit. Il y régnait tout ensemble un certain esprit de contre-révolution et un dernier retentissement de l'esprit philosophique dont la Révolution n'avait été, à certains égards, que le triste produit et la fatale conséquence.

M. Suard était un très aimable vieillard, d'un esprit fin, délicat; il était libéral et modéré, accessible aux idées nouvelles que la réaction propageait mais principalement préoccupé de reproduire dans sa maison l'un de ces brillants salons où s'était formée sa jeunesse, un de ces salons où la liberté indéfinie des idées et du langage s'alliait à l'élégance et à la politesse. Madame Suard l'y aidait de son mieux, mais y nuisait plus qu'elle n'y servait; elle était pédante et solennelle : le gros de la société qui se réunissait le soir chez elle paraissait plus irrité contre le *Génie du Christianisme* et l'école nouvelle que le maître de la maison.

Le journal intitulé *le Publiciste* était l'organe de cette société. C'était en quelque sorte un intermédiaire discret et ingénieux qui tempérait la rudesse de *la Décade*, organe des défenseurs du xviiie siècle, et l'ardeur du *Journal des Débats*, organe de la réaction.

M. Suard dirigeait *le Publiciste;* mademoiselle de Meulan, depuis madame Guizot, en était l'un des plus spirituels rédacteurs ; M. de Barante, tout jeune alors, mais déjà auditeur au Conseil d'État, y faisait ses premières armes. Il n'y travailla pas longtemps. L'excellent ouvrage qu'il publia, à cette époque, sur la littérature du xviiie siècle, ouvrage envoyé au concours proposé par l'Institut, et qui excita le courroux de la docte assemblée, le rendait, pour le *Publiciste,* un collaborateur trop compromettant.

Je fréquentais en même temps une autre société de beaux esprits; celle-ci se réunissait chez M. Legouvé; elle était principalement composée de poètes et d'auteurs dramatiques. MM. Say, Jouy, Arnaud, etc., y tenaient le dé; on y médisait des critiques et des journalistes. M. Legouvé, alors à la fin de sa carrière, était d'un esprit aimable, sage et doux. Madame Legouvé avait, si je ne me trompe, épousé, en premières noces, le célèbre chirurgien Sue. M. Eugène Sue était son fils.

J'entrai, à la même époque, dans le monde, dans le vrai monde, dans la société proprement dite. Bien que ma mère passât désormais son année entière aux Ormes, uniquement consacrée, après le mariage de mes sœurs, à l'éducation de sa nouvelle famille, ses amis, les personnes avec lesquelles elle avait été liée en d'autres temps ne l'oubliaient pas. Son souvenir et le nom que je portais m'ouvraient facilement l'accès des maisons où les débris de l'ancien régime se ralliaient et donnaient le ton à la société d'abord consulaire et bientôt impériale. L'hôtel de Luynes était au premier rang; là régnait, en souveraine de la mode, madame de Chevreuse, destinée plus tard à payer de l'exil, et peut-être de la vie, l'indépendance de son langage et de sa conduite à l'égard du maître de l'Europe. Je fus présenté à M. de Talleyrand qui m'accueillit avec bienveillance et conduit par M. et madame de Jaucourt, les amis intimes de ma mère, chez madame de Laval, où se réunissaient, dans sa très petite maison de la rue Roquépine, toute l'ancienne société dont la direction se partageait entre M. de Talleyrand et M. de Narbonne. C'est là que j'ai connu M. de Narbonne, ami de mes parents, et dont l'affection a fait pendant un temps trop court l'honneur et le charme de ma vie.

Dans tout le cours de l'année 1806, je passai l'été en Belgique dans le château de Francvarey, près de Namur, chez M. de Croix, qui avait épousé l'une de mes cousines, mademoiselle de Vassé, et je fis, avec la famille de M. de Croix, un voyage en Hollande. M. de Croix y possédait de grandes propriétés, et ce fut pour moi l'occasion d'étudier un peu ce singulier pays. En traversant Anvers, j'y fis connaissance avec un homme qui a laissé, dans notre première Révolution, une réputation honorable, M. Malouet, alors préfet maritime, rallié à l'Empire après une longue émigration, mais conservant dans un âge avancé tout le feu de la jeunesse et toute la vivacité de ses premières opinions, aussi libérales en 1806 qu'elles étaient sages en 1789.

Rien de plus mélancolique que le spectacle de la Hollande à cette époque. Les ports étaient déserts; on ne voyait plus à Amsterdam ni à Rotterdam que quelques carcasses de bâtiments désemparés. Les magasins étaient fermés, les boutiques vides; l'herbe croissait dans les rues. La ville de La Haye offrait seule, en temps ordinaire, un aspect un peu plus animé : le roi Louis, sa cour, son gouvernement, un corps diplomatique tel quel y répandaient un peu de mouvement; mais, à l'époque où j'y arrivai, le roi était absent, le corps diplomatique dispersé, le gouvernement en vacances; nous n'y vîmes que quelques familles de négociants considérables, restés riches à petit bruit, malgré la ruine universelle, et conservant, sous main, avec l'Angleterre, des relations dont le gouvernement impérial seul pouvait leur faire un crime. J'étais étranger, novice, sans expérience : ni la brièveté de notre séjour, ni les circonstances ne me permettaient, avec les bourgeois de haute volée, les relations intimes où l'homme tout entier se donne à juger. Je ne pouvais néanmoins me défendre d'être frappé de tout ce qu'il perçait de gravité et de solidité, de mesure et d'indomptable résolution, de patience et de prévoyance dans les entretiens auxquels j'assistais à la suite d'interminables dîners. Il me semblait voir se détacher de la toile et entendre parler ces admirables figures de bourgmestres dont Rembrandt et Van Dyck ont peuplé les salles de la maison pénitentiaire d'Amsterdam. Grande et singulière nation, si différente de la nation allemande dont elle n'est originairement qu'une simple fraction, comme son langage n'est qu'un dialecte germanique; si différente de la nation anglaise, dont la rapprochent tant d'années d'alliance, tant d'habitudes commerciales, tant de rapports continuels; si différente de la nation française, et même de la nation belge, sa compagne dans les plus cruels et les plus pénibles moments de son existence : nation sérieuse et sensée, économe et persévérante, qui a payé la liberté civile et religieuse de tout le prix que les hommes y peuvent mettre, de quatre-vingts ans de ruines, de combats, d'échafauds, de bûchers, et qui, sachant conserver les mœurs, les goûts simples, l'énergie tranquille et insurmontable, sous la domination française, sachant en faire emploi sous la monarchie comme sous la République, et passer de l'une à l'autre, selon le temps, avec une sorte d'indifférence magnanime, n'a jamais ou du moins presque jamais promis la liberté par la turbulence, et l'ordre par la servitude!

Durant mon séjour à Amsterdam, j'ai visité Sardam, la Nord-Hollande et le singulier village de Broeck, où se trouvaient déposées, dit-on, ou plutôt enfouies les richesses matérielles, produit de l'ancien commerce hollandais : diamants, dentelles, bois des Iles, etc. J'ignore, après tant d'années, ce qu'est devenu ce village; mais, en 1806, il offrait, à coup sûr le coup d'œil le plus extraordinaire. Les rues étaient dessinées par des haies de buis, à hauteur d'appui, représentant des figures humaines ou autres : ici une partie de whist, là un concert composé de musiciens et d'instruments de musique; on arrivait à la place centrale par le manche du violon. Le sol des rues était recouvert en sable fin de diverses couleurs; ce sable était distribué en compartiments réguliers, qui se maintenaient en cet état presque sans efforts, parce que personne ne traversait ces rues artificielles. Les maisons du village, entourées de petits jardins, communiquaient entre elles par des sentiers; le derrière de chaque maison était invariablement tourné du côté de la rue et percé d'une porte qui ne s'ouvrait pour chaque habitant que dans trois grandes circonstances, la naissance, le mariage et la mort. C'est dans l'intérieur de ces maisons que reposaient toutes les merveilles dont on parlait tant; les maisons appartenaient presque toutes aux membres de la Compagnie d'assurances d'Amsterdam; personne n'y était admis qui ne fût de la famille de chaque propriétaire. On m'a dit que la reine Hortense, ayant insisté pour entrer, au moins une fois, dans l'une de ces maisons, n'a pu triompher de la résistance qui lui était opposée, et a fini très sagement par s'y résigner.

D'Amsterdam nous nous rendîmes à Utrecht dont les établissements universitaires étaient fermés à cette époque de l'année, et d'Utrecht à Soreusse où M. de Croix avait ses principales propriétés. Nous y restâmes quelque temps, et c'est là que, tout ignorant que j'étais, et que je suis encore en agriculture, j'entendis avec grand plaisir et quelque profit l'intendant de la terre et les voisins s'expliquer à fond sur l'économie rurale du pays. Je regrette d'avoir perdu mon journal de voyage que j'ai conservé très longtemps, et où se trouvaient consignées des observations curieuses sur ce sujet. Je n'oserais me fier à ma mémoire, après un demi-siècle et plus, pour y suppléer, mais qui n'a pas été frappé, comme moi, de ces campagnes découpées en compartiments symétriques, de ces champs, de ces prairies encaissées, pour ainsi dire, entre des digues; de ces récoltes transportées dans des chariots courant au grand galop sur ces digues, de ces énormes chevaux s'élançant avec un bruit formidable et faisant trembler sous leurs pieds le sol mouvant des routes exhaussées de main d'homme, puis mangeant dans des auges de la bière et du pain exactement comme leurs conducteurs; de tout cet aspect *étoffé*, pour employer une expression toute anglaise, des hommes et des choses?

Rien ne ressemble moins que la campagne hollandaise à toute autre campagne; tandis qu'en passant de France en Allemagne, en Italie, en Espagne, voire même en Angleterre, les yeux bandés, on aurait quelque peine, le bandeau tombant, de dire si l'on a changé de pays, en Hollande, dès qu'on y a mis le pied, on est entièrement dépaysé, on a passé non seulement d'un lieu, mais d'une région dans une autre.

De retour en Belgique, je fus bientôt rappelé à Paris pour une affaire déjà entamée, mais suivie jusque-là avec peu de vivacité.

Je n'avais guère que vingt et un ans; réformé de la conscription pour cause de myopie, je désirais entrer dans l'administration, la grande carrière de cette époque après la carrière militaire. La demande en avait été faite à l'empereur par mon oncle, alors évê... .e d'Acqui et aumônier impérial; pour le dire en passant, ce n'était pas une médiocre preuve de l'esprit dont, en France, on était alors animé, que la facilité avec laquelle mon oncle, qui depuis lors a fait, au concile national de 1811, preuve d'un véritable courage, avait accepté cette place, sans aucun blâme de sa famille, qui rentrait comme lui d'émigration, et cela, deux ans à peine après le meurtre du duc d'Enghien.

Quoi qu'il en soit, à l'époque dont je parle, c'est-à-dire en 1806, mon oncle renouvela ses démarches; je fis avec lui quelques visites; je fus présenté à M. de Bassano et à l'archichancelier. On me promit que je serais porté sur la plus prochaine liste d'auditeurs; mais l'exécution de cette promesse se fit attendre plus de deux ans; je continuai à employer et à perdre mon temps alternativement.

Je passais l'été aux Ormes, quelquefois chez mes sœurs, le plus souvent à Boussay chez madame de Menou; je passais l'hiver à Paris; j'allais dans le monde sans l'aimer beaucoup; je lisais plus que je n'étudiais. Je pouvais dire comme le poëte Bernard : j'avais vingt ans, et j'avais fait ma tragédie; j'en avais fait deux que j'ai de bonne heure jetées au feu, Dieu merci.

Ce fut vers ce temps que je fis connaissance avec deux hommes très distingués, dont l'un, beaucoup plus âgé que moi, m'a témoigné jusqu'à sa mort une affection sincère; et l'autre, un peu plus jeune, est devenu mon ami et l'est resté, à travers toutes les vicissitudes de la carrière publique.

M. Desrenaudes, ancien grand vicaire de M. de Talleyrand, quand M. de Talleyrand était évêque d'Autun, le même qui servit la messe à la Fédération et qui depuis fut, avec Vicq d'Azyr, le principal auteur du grand rapport sur l'instruction publique présenté à l'Assemblée constituante, était très dévoué à M. de Narbonne; il me prit en vive amitié, et, comme il occupait dans l'Université une position éminente et très méritée, il me fit connaître plusieurs des membres de ce corps. C'est chez lui que je vis pour la première fois M. Villemain, presque sortant des bancs de l'école, mais déjà couronné, néanmoins, par l'Institut, pour son charmant éloge de Montaigne. J'assistai à sa présentation chez M. de Narbonne, et l'entrevue fut, entre les deux interlocuteurs, un feu d'artifice d'esprit, de bons mots, de réparties, d'allusions, qui aurait ébloui madame de Staël elle-même. M. Villemain a raconté ces premiers moments de sa vie et de notre liaison, avec sa vivacité et sa grâce accoutumées. Ce qu'il n'a pas dit, c'est qu'il était, dès ce moment, ce qu'il n'a jamais cessé d'être depuis, un des esprits les plus délicats, les plus souples, les plus fins, un des caractères les plus élevés et les plus droits qu'ait produits notre temps et notre pays.

Ce fut également vers ce temps et pendant l'un de mes séjours à la campagne, qu'on vit naître, se poursuivre et s'accomplir l'œuvre de ténèbres qui conserve, dans le langage officiel des historiens de l'Empire, le nom inoffensif de transaction de Bayonne.

Nous étions, aux Ormes, sur la route des nouvelles; en fait d'allées et venues, rien ne nous pouvait échapper.

Je vis passer l'empereur, qui se rendait à Bayonne.

il s'arrêta, comme un simple voyageur, pour déjeuner à l'auberge des Ormes. Ce n'était déjà plus ce jeune premier consul que j'avais rencontré, pour la première fois, arpentant lestement les Tuileries, donnant son bras droit à Bourrienne, tenant sous le gauche un petit sabre turc, svelte, dégagé, le teint olivâtre et le regard fauve. Même à l'extérieur tout était changé ; le buste était court et épais, les petites jambes charnues ; le teint plombé, le front chauve, la figure affectant la médaille romaine. Je ne dirai point, comme la servante de notre auberge, que, dans tout ce qu'il fit, il avait la couronne sur la tête et le sceptre à la main. Je n'ai, quant à moi, rien vu de pareil ; mais, faisant nombre, comme un autre, parmi les badauds qui se pressaient à son entrée et à sa sortie, il me parut qu'en lui tout sentait l'empereur, et l'empereur des plus mauvais jours.

Quelques jours plus tard, je vis passer l'impératrice en grande pompe, mise à peindre, quant à toute la partie de sa personne qu'on ne voyait pas, et peinte, quant à toute celle qu'on voyait. La cohue splendide des dames d'honneur, d'atours et de palais marchait à sa suite et, à sa suite aussi, le cortège des lectrices qui formaient le harem de notre sultan, et l'aidaient à prendre en patience encore pendant quelque temps la vieillesse plâtrée de la sultane émérite. Il paraît néanmoins qu'entre le couple impérial, le marché n'était pas sans conditions; car, peu de jours après, nous vîmes repasser tout éplorée l'une de ces odalisques, et les curieux apprirent du valet qui l'accompagnait qu'elle venait d'être chassée pour avoir pris de trop grands airs.

Personne, en ce moment, ne voyait clair dans les événements d'Espagne. On ignorait plus ou moins ce qui se brassait à Bayonne, et j'incline à croire, pour l'honneur de la nature humaine, que l'empereur lui-même y allait un peu en aveugle. Il avait, à coup sûr, préparé le guet-apens; mais peut-être n'avait-il pas exactement prévu ce qu'il lui faudrait de prépotence, de noirceur et de perfidie pour en venir à ses fins.

Nous en vîmes bientôt de nos yeux l'un des plus tristes fruits.

Un matin, M. d'Argenson fut averti par un courrier impérial que, le lendemain, le roi d'Espagne, la reine et le prince de la Paix, passeraient la journée aux Ormes. Ils étaient expédiés, c'est le mot propre, de Bayonne à Fontainebleau, sous la garde (hélas ! c'est aussi le mot propre) de l'un des plus brillants et des plus justement honorés parmi les aides de camp de l'empereur, le général Reille. Nous étions l'une de leurs étapes; leur maison, leurs cuisiniers les précédaient fort heureusement, car le nôtre aurait été fort en peine de les servir à leur goût.

Partis de Poitiers, de très bonne heure, ils arrivèrent à midi; ils arrivèrent, je crois, dans les voitures mêmes qui avaient conduit Philippe V en Espagne; du moins n'ai-je vu de voitures pareilles que dans les tableaux contemporains du règne de Louis XIV. C'étaient d'énormes caisses dorées, garnies de glaces en avant, en arrière et sur les portières, de telle sorte que les voyageurs étaient condamnés à se tenir droits sur leurs sièges, sans pouvoir s'appuyer d'aucun côté. Ces caisses étaient suspendues par des courroies de cuir blanc dans un cadre de quatre énormes madriers dorés, auxquels il avait été très difficile d'ajuster un attelage de chevaux de poste. Huit domestiques à la livrée de Bourbon venaient de Bayonne debout derrière les caisses, comme s'il se fût agi de faire un tour au Prado en équipage de gala. Tout cet attirail, moitié somptueux, moitié grotesque, qui sentait l'imprévoyance et la précipitation, ce mélange d'antiquité sans prestige, de faste sans élégance, cet étalage de dorure et de misère, faisaient venir les larmes aux yeux et le sourire sur les lèvres.

C'était l'Espagne elle-même; c'était la branche de Bourbon d'Espagne elle-même; c'était le couple royal lui-même!

Nous reçûmes respectueusement ce couple royal, à la portière de son carrosse royal. Le roi descendit le premier. C'était un homme grand, sec, chauve, mais nerveux et vert quant à ses facultés corporelles; je douterais presque qu'il en ait eu jamais d'autres, et que ce ne soit lui faire trop d'honneur que d'attribuer à la sénilité l'état de distraction criarde où il fut durant toute la journée. La reine descendit ensuite, c'était une petite vieille, ou, si l'on veut, une petite fée, proprette, tirée à quatre épingles, digne et réservée. Puis venait le prince de la Paix, tel que nous l'avons vu à Paris pendant tant d'années, sorte d'intermédiaire entre le maître d'hôtel et le chasseur; puis enfin sa fille, la petite duchesse de la Alcudia, née du sang royal, pauvre enfant que la reine tenait derrière elle, et gardait comme à vue d'œil.

Le roi ne se tint pas un instant dans l'appartement qui lui avait été préparé; il parcourut à grands pas le château et les jardins, criant à tue-tête : « Godoy ! Godoy ! » ne pouvant perdre de vue son favori, et finit par s'établir avec lui dans le billard, où il resta jusqu'à son coucher, sauf l'intervalle du repas, sans cesser de parler de sujets différents, avec une ardeur bruyante et une volubilité intarissable, mais sans la moindre allusion aux circonstances du moment. Il avait parfaitement l'air du roi Lear, mais ce n'était qu'un faux air.

La reine, au contraire, s'établit dans son appartement, sans en sortir, quelque invitation que le roi lui fît. Elle y reçut ma mère avec dignité, gravité, prévenance; lui tint force propos royaux : « Combien avez-vous d'enfants? Combien de garçons? Quel âge ont-ils? Depuis quand ce château est-il construit? etc. » et la congédia sans avoir prononcé un mot sur sa situation personnelle. Le nom de l'empereur ne fut pas même prononcé dans la conversation.

A huit heures, tout était couché; le lendemain à six heures, tout était parti, et l'équipage royal emportait, en croupe, la fortune de l'Empire.

Six mois après, en effet, survint le désastre de

Baylen. Un an après, toute la grande armée passait devant nous, en charrette de poste, en grande hâte et grand fracas, étincelante d'or et d'acier, pleine de joie et d'espérance. Je vois encore entrer, le matin, dans ma chambre, le brillant Auguste de Colbert, et son état-major, me tirant par les pieds, et se moquant de ma paresse. Quel élan, quel entrain, quelle confiance dans le succès, quel mépris pour l'ennemi! Hélas! de cet essaim gai, animé, tapageur, un seul, si je ne me trompe, un seul, Adrien d'Astorg, a repassé les Pyrénées; la grande armée presque tout entière y a laissé ses os!

Le général Auguste de Colbert a été tué en Galice. Il était l'aîné de quatre frères qui se sont élevés, par leur épée, aux premiers rangs de l'armée, et dont la détresse avait été telle, au début de leur carrière, qu'entre eux quatre, ils n'avaient qu'un seul habit de ville qu'ils se prêtaient tour à tour. Jamais nom plus glorieux n'a été plus glorieusement porté.

LIVRE II

DEUXIÈME ÉPOQUE

1809-1813

I

1809

Vers le commencement de 1809, je fus enfin nommé auditeur au conseil d'État. J'avais demandé à être attaché à la section de l'intérieur, je fus attaché, je ne sais pourquoi, à la section de la guerre.

Cette section était alors composée de M. de Cessac, qui la présidait, de M. Daru et du général Gassendi. Nous étions quatre auditeurs placés sous leurs ordres, MM. Pelet (de la Lozère), Canouville, Trémont et moi. M. Pelet (de la Lozère) était administrateur des forêts de la Couronne, M. de Canouville était maréchal des logis du palais.

Il y avait à cette époque fort peu de travail à la section de la guerre. En rangeant mes papiers que j'ai toujours conservés soigneusement depuis mon entrée dans les affaires, je n'y retrouve que quelques rapports écourtés sur des pensions ou des effets d'habillement.

Ce peu de travail nous était distribué par M. de Cessac. C'était un grand homme froid, sec, pour ne rien dire de plus, uniquement préoccupé des affaires de conscription dont il était chargé en titre d'office, ce qui ne concourait pas, sans doute, à lui rendre le cœur sensible, écrivant médiocrement l'orthographe, bien qu'il fût de l'Académie française, mais bonhomme au fond, et plus indulgent pour les jeunes gens en réalité qu'en apparence.

Nous lisions nos rapports à la commission tout entière.

M. Daru était bon, aimable, ouvert, et prenant intérêt à tout ; M. Gassendi, vieux, un peu bourru, vivant solitaire et ne disant mot.

Nous prenions, ou moi, du moins, je prenais peu d'intérêt au détail des affaires, très petites d'ailleurs, qui nous tombaient en partage ; mais j'en prenais beaucoup aux séances du conseil d'État lui-même.

Le conseil d'État, si j'ai bonne mémoire, siégeait alors trois fois par semaine, dans la galerie des Tuileries qui sépare le grand escalier de l'aile connue depuis sous le nom de pavillon Marsan. Au fond de cette galerie, en face de l'escalier, sur une estrade élevée de deux marches, étaient placés trois bureaux : celui de l'empereur au milieu, à sa droite celui de l'archichancelier, celui de l'architrésorier à gauche. Le long des fenêtres qui donnaient, d'un côté, sur le Carrousel, de l'autre, sur la chapelle, étaient placées de petites tables pour les conseillers d'État, à commencer par les présidents de section; au bout et faisant face au bureau de l'empereur, d'autres petites tables pour les maîtres des requêtes. Enfin, derrière les tables des conseillers d'État, dans l'embrasure des fenêtres, étaient placées d'autres petites tables pour nous, humbles auditeurs.

En général, sur les trois séances hebdomadaires l'empereur en présidait deux. Il arrivait, une heure environ après l'ouverture de la séance, c'est-à-dire vers une heure et demie, interrompait la discussion, l'ordre du jour étant déposé sur son bureau, il appelait l'affaire qu'il lui convenait de faire discuter.

Il écoutait patiemment et attentivement; il interrogeait volontiers et souvent, principalement Regnault de Saint-Jean d'Angely, Defermon et Treilhard, mais surtout l'archichancelier; quand la discussion avait duré quelque temps, il prenait la parole. Il parlait longtemps, sans beaucoup de suite dans les idées, très incorrectement, revenant, sans cesse, sur les mêmes tours de phrase, et, je dois l'avouer, en toute humilité, je n'ai jamais remarqué, dans son élocution décousue et souvent triviale, ces qualités éminentes dont il a fait preuve dans les mémoires dictés par lui aux généraux Bertrand et Montholon.

Ces mémoires restent, pour moi, une véritable énigme. S'il est un écrivain doué du talent qui s'y révèle, de cet ordre lumineux dans la distribution des idées, de cette clarté, de cette fermeté simple dans le langage, de ce ton d'autorité fier et naturel, de cette précision, enfin de cette correction dans l'habitude même du style, que cet écrivain-là se montre et se nomme.

Si, comme il n'y a pas lieu d'en douter, Napoléon est le véritable auteur des mémoires qui portent son nom, s'il a été, comme ces mémoires en rendent, à mon avis, témoignage, l'un des maîtres de notre langue, le talent de parler, chez lui, comme chez beaucoup d'autres, d'ailleurs, n'égalait pas, tant s'en faut, celui d'écrire. Au reste, je dois convenir qu'à l'époque dont je parle, parvenu au comble de la puissance, objet d'adoration, et presque d'idolâtrie, il était loin de porter dans les affaires, cette activité vigilante et puissante qui avait signalé les premiers temps de son règne. Les procès-verbaux de la discussion du Code civil lui font plus d'honneur que les séances auxquelles j'ai assisté, et l'abjection servile de cette admiration qu'excitaient ses moindres paroles, me rend peut-être injuste à son égard.

Dans le court intervalle qui sépara mon entrée au conseil d'État du départ de l'empereur pour la campagne de 1809, deux sujets ont occupé principalement ce corps, le seul, à cette époque, où régnait quelque activité : c'étaient le Code pénal et la loi sur les mines. Treilhard était rapporteur du code pénal, l'empereur prenait peu de part à la discussion, et semblait y porter peu d'intérêt ; la loi sur les mines éveillait davantage son attention ; il y avait là une question de propriété ardue et délicate que

M. Fourcroy rapporteur de la loi s'efforçait en vain de résoudre, et devant laquelle le reste du conseil échouait également. Il s'agissait de savoir si la mine appartenait de plein droit de propriété au propriétaire du sol, c'est-à-dire si le droit de propriété était indéfini et pouvait aller jusqu'au centre de la terre. On finit par prendre sagement un terme moyen, et par reconnaître que le droit de propriété, au sens absolu, ne dépassait pas la couche du sol cultivable ; que la mine nouvellement découverte était une *propriété nouvelle;* qu'à ce titre, l'État demeurait libre de la concéder, sauf toutefois le droit du propriétaire de la superficie à obtenir cette concession par privilège. Ce mot de *propriété nouvelle*, rencontré par l'empereur à la fin de la discussion, la termina aux cris d'admiration de tout le conseil : ce n'était cependant que l'expression d'une idée autour de laquelle chacun tournait depuis plusieurs séances ; mais l'expression était vive et frappante ; il n'en fallait pas davantage pour exciter l'enthousiasme.

Cette première époque de mon existence au conseil d'État fut marquée par une séance mémorable. Le développement rapide qu'avait pris depuis quelque temps l'institution des petits séminaires avait inspiré quelque inquiétude à l'empereur. Il avait fait convoquer le conseil de l'Université au conseil d'État; tout annonçait de l'orage. L'empereur entra, comme à son ordinaire, vers une heure et demie. Voyant M. de Fontanes, et les conseillers de l'Université placés au même rang que les conseillers d'État, il en manifesta beaucoup d'humeur et traita très brutalement M. de Ségur, conseiller d'État lui-même, et grand maître des cérémonies. Il fit évacuer par les maîtres des requêtes, la place qu'ils occupaient au bout de la salle, en face de son bureau. Les conseillers de l'Université furent installés à la place des maîtres de requêtes, et ceux-ci relégués au rang des auditeurs. Alors la séance commença.

L'empereur adressa quelques questions à M. de Fontanes, d'un ton qui annonçait un mécontentement très prononcé. Il parut néanmoins écouter attentivement les réponses; mais bientôt après il éclata. Il parla près de trois heures, sans être interrompu par personne, sur les prétentions et les empiétements du clergé; il s'exprima contre lui en termes très injurieux, et qui consternaient plutôt qu'ils ne satisfaisaient le conseil, quelque peu dévote que fût, en général, la disposition intérieure de ses membres; il nous répéta jusqu'à satiété cette phrase : *Vous vivez sous le règne de Charlemagne et non sous celui de Louis le Débonnaire;* puis vers la fin de sa triste harangue, se tournant vers les auditeurs, il leur dit en propres termes : *Vous verrez, vous verrez, jeunes gens, ce qui vous arrivera, quand vous aurez un empereur qui ira à confesse.*

S'il se proposait de faire effet sur nous, l'effet fut manqué, du moins sur moi. La grossièreté me parut naturelle, et la colère simulée. Je crois qu'en général l'impression fut la même sur tous les assistants, bien que la plupart fissent effort pour s'exciter en sens contraire. Je crois même que ce fut le scandale produit à petit bruit par cette explosion de brutalité qui détermina une mesure dont les nouveaux auditeurs furent victimes : on sépara la dernière nomination des nominations précédentes; nous ne fûmes plus admis aux séances présidées par l'empereur, apparemment parce qu'on ne nous jugea pas assez aguerris dans notre impérialisme. Il fut décidé qu'à l'avenir l'admission à ces séances deviendrait une récompense, et, chaque fois que l'empereur arrivait, on faisait sortir les auditeurs de la dernière nomination. Bientôt après, d'ailleurs, l'empereur partit pour l'armée d'Allemagne.

Je restai à Paris durant la première moitié de la campagne de 1809. Quelques jours après la bataille de Wagram, je fus envoyé à Vienne. C'était l'usage, depuis les dernières campagnes, que chaque semaine un auditeur fût envoyé au quartier général; il remettait à M. de Bassano le portefeuille où se trouvaient réunies les diverses communications, ministérielles ou autres, que l'archichancelier adressait à l'empereur, et, lorsque l'auditeur choisi pour ce service était bien vu de l'archichancelier, celui-ci le chargeait de répondre aux questions qui lui seraient adressées par l'empereur, et ne lui épargnait pas les conseils. Je n'étais point dans ce cas : sans avoir à me plaindre de mes chefs en général, et en particulier de l'archichancelier, j'en étais peu connu. Je partis donc ignorant ce que contenait le portefeuille, sauf les décisions du conseil d'État sur certains points spéciaux, et au risque d'être pris au dépourvu si l'empereur m'interrogeait.

Arrivé à Vienne, M. de Bassano, à qui je remis le portefeuille, me conduisit, vers onze heures du matin, à Schœnbrunn, résidence de l'empereur d'Autriche, alors occupée par son vainqueur. J'attendis de onze heures à sept heures du soir, le moment où l'empereur me ferait appeler. Je passai ces huit heures d'attente à causer, en me promenant sur la terrasse, avec les personnes que leur service ou d'autres circonstances plaçaient à peu près dans la même position. Entre ces personnes, se trouvait M. Denon, qui me raconta l'anecdote suivante.

« J'avais accompagné, me dit-il, le général Bonaparte en Égypte. Un soir, c'était le jour même de la bataille des Pyramides, au moment où, très fatigué, j'allais prendre un peu de repos, le général, me montrant du doigt les Pyramides, dont nous étions séparés par un intervalle assez court, me dit : — « *Il y faut aller demain matin.* — Oh! non, lui répondis-je, nous avons du temps devant nous, qui sait même si jamais nous retournerons en France ? — *Il y faut aller demain matin*, reprit le général d'un ton sévère ; qui sait s'il se présentera jamais une autre occasion ? » Un tel conseil était un ordre ; j'allai le lendemain visiter les pyramides, et bien m'en prit ; car, depuis ce jour-là, je n'y suis pas retourné, quelque envie que j'en eusse, et quelque effort que j'aie fait pour m'en rapprocher. »

Après avoir attendu environ huit heures, je vis

l'empereur sortir de son cabinet pour aller dîner ; il passa devant moi, me dit quelques mots d'un ton bourru, et s'éloigna.

Ce fut là toute mon entrevue. Je retournai à Vienne, moitié fâché, moitié content; fâché de n'avoir point été appelé, et content de n'avoir pas été mis peut-être à trop rude épreuve.

Je restai trois semaines à Vienne, attendant ce qu'on ferait de moi. Les auditeurs en expectative étaient logés à la chancellerie d'État, bâtiment attenant au palais impérial, le même où, depuis, j'ai vu résider le prince de Metternich. L'établissement était vide, et complètement démeublé; chacun de nous avait, pour sa part, une petite chambre, avec un méchant lit, deux chaises de paille et une table en bois de sapin. M. de Bassano et M. Daru, intendant général de l'armée tenaient table ouverte pour nous.

Je trouvai, en très grand nombre, à Vienne, des généraux, des officiers, que j'avais connus à Paris. Tous, et je dois ajouter même les maréchaux, même les grands personnages que je voyais chez M. de Bassano, souhaitaient la paix avec ardeur, sans trop oser l'espérer, maudissant tout bas leur maître, et, comparant l'armée qu'ils voyaient à celle qu'ils avaient connue, manifestaient, pour l'avenir, de grandes appréhensions.

Je parcourus, avec quelques-uns de ces officiers, les champs de bataille d'Essling et de Wagram, l'île de Lobau, et les principales positions militaires qui tapissaient en quelque sorte les bords du Danube. Toutes les traces de la guerre y étaient encore vivantes et saignantes. Le beau village d'Essling, tant de fois pris et repris, se réparait lentement; les pauvres habitants rentraient timidement dans leurs maisons en ruine. On voyait sur le champ de bataille de Wagram l'attaque du maréchal Macdonald, encore dessinée par les cadavres à demi ensevelis. On voyait toute la plaine qui borde le Danube couverte de moissons à demi incendiées par les obus, et les cadavres des blessés victimes de cet incendie épars et livrés au soleil, qui achevait de les griller; c'était un spectacle douloureux, et que ne ranimaient plus, comme autrefois, la joie de la victoire, l'orgueil de la domination, l'esprit et l'entraînement de la conquête. L'aspect du pays, l'aspect même de la ville de Vienne, toute étincelante de casques et de cuirasses, était triste et morne; les vainqueurs, dans la brutalité de leurs procédés, n'avaient pas l'air plus joyeux que les vaincus ; les uns comme les autres parlaient de leurs misères, de leurs souffrances, avec amertume, et, s'il faut en croire ceux qui approchaient le maître, lui-même n'était ni plus satisfait ni plus confiant.

Je commençais à trouver le séjour de Vienne assez insipide, lorsqu'enfin je reçus une destination. Ce fut à peu près au moment où mon collègue, M. de Tournon, fut envoyé à Rome comme préfet ; et je dois dire, en passant, que cette mission ne parut extraordinaire ni à lui ni à personne. La réunion de Rome à l'empire français, l'emprisonnement du pape, avaient paru chose simple et sans conséquence à tous les serviteurs de l'Empire. Il leur paraissait également simple et sans conséquence d'être excommuniés, et de prendre en main l'administration du patrimoine de saint Pierre. Camille de Tournon, que nous appelions en plaisantant *Furius Camillus Capitolinus*, partageait cette indifférence qui nous était commune. Il est douteux qu'aujourd'hui on trouvât facilement, parmi les hommes honnêtes et sensés, une humeur aussi complaisante.

On m'envoya en Hongrie, comme intendant du comitat de Raab-Eisenbourg. Jusqu'alors, toute la partie de la Hongrie qu'occupait l'armée française, n'avait formé qu'une seule intendance. Elle était confiée à M. de Ricci, ami de M. de Jaucourt et de ma famille.

Ce ne fut point, j'ai lieu de le croire, par mécontentement de l'administration de M. de Ricci qu'on la démembra; ce fut par un motif plus général. L'empereur aimait mieux employer, dans les intendances d'armée, des jeunes gens que des hommes faits; il les trouvait plus actifs, plus entreprenants, plus ardents à s'opposer aux dilapidations des commissions de guerre, plus résolus à protéger les habitants contre les exigences des généraux et des officiers; il les excitait lui-même à la résistance; et, dans les conflits qui naissaient du zèle des auditeurs et des besoins de l'armée en général, c'était aux auditeurs qu'il donnait raison. M. Daru, ayant sous la main deux jeunes gens qu'il voyait oisifs et de bonne volonté, partagea en trois l'intendance de M. de Ricci, sans le moindre scrupule, et sans l'apparence même d'un grief.

M. de Ricci, que je connaissais depuis longtemps, me reçut très amicalement, quand je passai à Presbourg pour me rendre à Raab; il me donna de fort bons conseils et me remit les travaux statistiques qu'il avait préparés sur le comitat de Raab et d'Eisenbourg. Ces travaux ont servi d'éléments au grand mémoire que j'ai rédigé sur l'état économique et administratif de ces deux comitats, mémoire que l'on trouvera dans mes papiers, et qui me dispense d'entrer ici dans aucun détail; mon dessein dans cette notice est de reproduire les impressions que m'ont laissées les événements dont j'ai été témoin et les personnes que j'ai connues, en renvoyant aux documents que j'ai recueillis et classés soigneusement pour toute exposition raisonnée des faits et des choses, pour tous renseignements positifs sur l'état des affaires et la conduite des personnes.

M. de Narbonne commandait à Raab.

M. de Bassano, sachant quelle était son amitié pour moi, nous avait rapprochés avec une obligeance délicate dont je lui ai toujours su gré. La parfaite intelligence qui n'a pas cessé, et ne pouvait cesser entre nous, rendait agréables et faciles les rapports entre l'administration civile et l'administration militaire. J'étais toujours soutenu par M. de Narbonne dans tous mes débats avec les généraux de l'armée d'Italie, et, lorsque le prince Eugène ou ses familiers parlaient, avec toute l'aménité de langage soldatesque de cette époque, de faire fusiller l'intendant qui ne se montrait pas assez complaisant envers eux, je n'éprouvais aucune inquiétude.

Mon devoir était de prendre en main l'administration civile du pays, de me placer à la tête des autorités diverses préposées à cette administration et de m'entendre avec elle sur la gestion de chaque partie du service public ; je devais faire rentrer toutes les contributions ordinaires ou extraordinaires, en verser le produit dans la caisse de l'armée, sauf à retenir la somme indispensablement nécessaire à la marche des affaires ; correspondre enfin régulièrement avec l'intendant général de l'armée et l'administrateur général des finances. C'était beaucoup de responsabilité pour un jeune homme aussi inexpérimenté que je l'étais à cette époque, mais c'était aussi un exercice salutaire des qualités viriles : l'activité, la prévoyance, la décision, la fermeté, l'attention de chaque jour à chaque chose.

Je ne crois pas m'en être absolument mal tiré ; je n'ai, du moins, eu qu'une très faible part dans les réprimandes que M. Daru n'épargnait pas à ses jeunes collaborateurs. Il est vrai qu'elles n'atteignaient d'ordinaire que ceux qui venaient les chercher à Vienne, par un motif quelconque, ennui, contrariété, goût de dissipation ou autre; je m'étais proposé d'éviter avec soin cet écueil, et je me suis tenu parole. Durant tout le cours de mon séjour à Raab, je ne sortis point des limites du territoire dont l'administration m'était confiée, et, moyennant cette précaution, j'évitais les reproches que j'aurais reçus, sans doute, bien ou mal à propos, si j'avais montré mon visage, et donné occasion de penser à moi.

Ma prudence en ceci avait peu de mérite. La société de M. de Narbonne était pleine de charme, il réussissait à captiver, par sa bonne humeur, les habitants de Raab et des environs, autant qu'à les désarmer par sa justice et sa bonté.

La population soumise à l'armée française, en Hongrie, n'avait rien d'original, rien même de remarquable; la noblesse s'était retirée à Bude sous la protection de la cour et de l'armée autrichienne; l'évêque de Raab avait pris le même parti. La bourgeoisie de cette ville ne différait guère de la bourgeoisie des autres villes d'Europe que par un peu plus de culture intellectuelle; elle parlait couramment un latin défectueux entremêlé de germanisme; elle parlait habituellement en hongrois également corrompu, s'il en faut croire les habiles; mais, somme toute, il reste dans mon esprit qu'on ne trouverait pas en France, même aujourd'hui, une ville de quatrième ordre qui renfermât autant d'hommes intelligents, d'une instruction générale, et au fait des affaires courantes dans leur pays.

La bourgeoisie de la ville d'Adimbourg, chef-lieu du comitat d'Eisenbourg, était supérieure encore à celle du Raab : elle avait plus de dignité, de fierté, de résolution ; il fallait lutter contre le conseil de cette ville, il y fallait du discernement et de la persévérance ; ce n'était qu'à grand'peine qu'on en obtenait ce que le *droit du plus fort*, c'est ici le mot propre, en devait obtenir. J'ai conservé des membres de ce conseil une opinion très honorable, et je voudrais être sûr que les conseils municipaux des principales villes de France, lors des deux invasions que nous avons subies, aient montré autant de fermeté et de mesure.

Quant aux paysans des deux comitats, encore à peu près serfs, malgré leur uniforme de hussard, ils obéissaient sans murmure, et fournissaient des grains, des fourrages et des moyens de transport, avec une entière soumission. Il est, au reste, bon de se souvenir que cet uniforme n'était autre chose que le costume même des Hongrois, emprunté à la vie civile, et importé dans les régiments de cavalerie.

Durant le cours de mon séjour à Raab, j'allais souvent à Altenbourg avec M. de Narbonne.

C'était à Altenbourg, petite ville située entre Raab et la forteresse de Comorn, que la paix se négociait. Les négociateurs étaient, de notre côté, M. de Champagny, ministre des affaires étrangères; du côté des Autrichiens, M. de Metternich, ambassadeur d'Autriche à Paris avant la guerre de 1809, et destiné à remplacer M. de Stadion, alors ministre des affaires étrangères. M. de Nugent était adjoint à M. de Metternich. L'empereur d'Autriche avait quitté son armée et était venu s'établir au château de Dotie, à quelques lieues d'Altenbourg.

Tous les grands personnages de la cour d'Autriche, tous ceux, du moins, qui vivaient dans la familiarité de l'empereur, s'empressaient vers ce centre de négociations, avec un désir ardent de là paix, et une espérance très médiocre d'y parvenir. C'était également l'état d'esprit des négociateurs français, de M. de Champagny et des employés supérieurs de son ministère. L'événement a prouvé, néanmoins, qu'à cet égard M. de Champagny ne connaissait qu'à moitié les intentions de son maître, qui voulait la paix en se réservant de la faire payer à l'Autriche aussi cher que possible. Au total, l'aspect de cette conférence était mélancolique, bien que les grands personnages qui la composaient ou la fréquentaient affectassent une grande liberté d'esprit et une insouciante légèreté.

On sait comment ont fini ces négociations. L'empereur de France et celui d'Autriche étant convenus de s'entendre directement, sans autre intermédiaire que M. de Bubna, porteur des paroles de l'un à l'autre, la conférence d'Altenbourg finit de sa belle mort, après beaucoup de paroles et de paperasses perdues.

Dans ses voyages continuels entre Schœnbrunn et Dotie, M. de Bubna s'arrêtait habituellement à Raab, et venait déjeuner ou dîner chez M. de Narbonne, qu'il avait connu à Paris. C'était, sous l'aspect extérieur d'un militaire, franc, ouvert, voire même un peu brutal, un esprit singulièrement fin, délié, rusé et plein de malice. Je prenais grand plaisir à l'entendre et à m'entretenir, après son départ, avec M. de Narbonne du sens véritable des demi-confidences qu'il nous prodiguait, supposant apparemment à M. de Narbonne une influence qu'il n'avait pas encore acquise, et qui ne fut jamais très grande.

La paix mit fin à ces allées et venues; elle réjouit d'autant plus les armées qu'on l'avait moins espérée. Dans l'intervalle qui s'écoula entre la signature du traité de Vienne et l'évacuation de Raab, je vis passer, retournant de Vienne, le vieux prince de Ligne, ancien ami de M. de Narbonne et de madame de Staël, exactement tel que ses lettres et ses écrits le dépeignent, gai, plaisant, jovial conteur, *laudator temporis acti*, admirateur du temps présent, fort moqueur à l'égard de la cour d'Autriche; mais, à mon sens, bien léger pour un vieillard de quatre-vingts ans, feld-maréchal, couvert de cheveux blancs et de cicatrices.

Nous quittâmes Raab, en faisant sauter les fortifications de cette place, tristes adieux, tout au plus conformes aux règles du droit des gens. Ce fut le général Bertrand qui vint présider à cette œuvre de destruction. J'en suivis de l'œil toutes les phases : on perçait au pied des murailles de chaque bastion et de chaque courtine des fourneaux qu'on chargeait de poudre, chaque fourneau communiquait au dehors par un saucisson de poudre dont l'extrémité extérieure s'ouvrait sur une petite palette de bois; quand tous les fourneaux étaient ainsi chargés et disposés, un artilleur parcourait à toute course la longueur de la muraille, jetant sur chaque palette une étoile de feu d'artifice, et, dès qu'il avait tourné l'angle et qu'il était à l'abri de l'explosion, on voyait, tant la durée de l'effet de la poudre avait été mise en rapport exact avec la course de l'artilleur, on voyait, dis-je, la muraille s'ébranler par le pied, osciller quelques instants, puis enfin s'affaisser sur elle-même, le sommet croulant sur la base, au milieu d'un nuage de poussière, mais presque sans détonation.

Avant de quitter Raab, j'appris, non sans quelque consternation, qu'au lieu de rentrer en France, et peut-être d'y recevoir quelque avancement, j'étais destiné à devenir intendant de l'un des régiments croates, cédé à la France par le traité de paix; on sait qu'il faut entendre, sous ce nom, un district militairement constitué; ma résidence devait être à l'avenir Pétrinia, sur les bords de l'Unna, qui sépare la Croatie de la Bosnie.

Je revins à Vienne, et j'y passai environ trois semaines. Comme l'armée française l'occupait encore au moment de mon arrivée, je fus logé par l'autorité militaire dans la maison du comte Nickle

Esterhazy, qui me reçut avec politesse, et bientôt après m'admit dans l'intérieur de sa famille.

Il insista pour m'y garder après le départ de l'armée française et me combla d'égards, de soins, de prévenances. Les trois semaines de séjour que je fis dans cette maison hospitalière furent pleines d'agréments. Je partageais mon temps entre mes excellents hôtes et la maison du prince de Ligne.

Cette maison, située sur le rempart, était à la lettre une cage de perroquets. Elle se composait d'une salle à manger au rez-de-chaussée, d'un salon au premier, d'une chambre à coucher au second; on montait de l'un à l'autre par une échelle de moulin. Chaque pièce était meublée de quelques chaises de paille, d'une table en bois de sapin, et de quelques autres petits objets d'une même magnificence. C'était là que le prince de Ligne recevait chaque soir, et même, au besoin, chaque matin, un petit nombre de personnes, pour qui le plaisir de la conversation tenait lieu de tout. Il y donnait régulièrement à souper chaque jour; son souper consistait dans un maigre poulet, des épinards et des œufs durs. La soirée, souvent même la matinée se passait en interminables conversations, où tous les événements de la cour de France, sous

Louis XV et Louis XVI, étaient racontés sur un ton conforme à la nature de ce temps frivole, où le prince de Ligne comparait les batailles de la guerre de Sept ans aux batailles de la Révolution et de l'Empire, où chacun, même un très jeune homme comme moi, était incessamment provoqué à prendre part, et à dire son mot, bien ou mal.

La famille du prince était très aimable; elle se composait de ses trois filles : la princesse Clary, la comtesse Palfy, et la princesse Flore, depuis madame de Spiegel, et de sa petite-fille, la princesse Christine, depuis madame O'Donnell, fille naturelle de son fils.

Le temps que je passai dans cette douce et paisible société me parut court, surtout en pensant à l'étrange solitude à laquelle j'étais destiné. Je vis, avant mon départ, un spectacle touchant; ce fut la rentrée de l'empereur d'Autriche dans sa capitale, après les douloureux événements de la campagne précédente et la triste paix de Vienne. L'accueil que lui fit son peuple fut tendre et respectueux; c'était une vraie famille recevant son père à la suite de longs malheurs, et lui épargnant des reproches, qu'au reste, s'ils étaient fondés (ce dont il est permis de douter) son peuple méritait autant que lui.

Ce fut certainement l'Autriche qui, profitant du séjour de l'empereur Napoléon en Espagne, et des embarras qui l'y retenaient, lui déclara la guerre; mais, en prenant ainsi le rôle d'agresseur, le peuple autrichien l'était-il véritablement? Y avait-il une autre chance, un autre moyen d'échapper à l'épouvantable oppression que la France faisait alors peser sur le continent?

Je partis enfin de Vienne, non sans regret, comblé d'amitiés, d'égards et d'attentions de la part de tous ceux qui m'avaient accueilli en ami au lieu de me traiter en ennemi, et, parmi ces nouveaux et très indulgents amis, je dois compter le prince d'Arenberg, l'ami de Mirabeau, de la reine Marie-Antoinette, celui-là même dont M. de Bacourt a publié récemment les *Mémoires*. Je ne me fais aucune illusion sur la cause du bienveillant accueil que je reçus de tant de personnes distinguées à divers titres; mon propre mérite y entrait pour fort peu de chose, et l'affection que M. de Narbonne me témoignait en fit tous les frais.

En quittant Vienne, je traversai la Carinthie et la Carniole; j'arrivai au commencement de la mauvaise saison à Laybach, chef-lieu des provinces illyriennes. J'y trouvai M. Dauchy, intendant général, sous les ordres duquel j'étais désormais placé.

Je ne restai que peu de jours à Laybach, et je me rendis à Pétrinia, en faisant un long détour, passant par Trieste, Fiume, Carlstadt; traversant ainsi presque toute la Croatie, par un temps détestable et des chemins affreux; à Fiume, je fis connaissance avec le général Bachelu, qui commandait dans cette ville, et j'y retrouvai le général Bertrand, qui venait, par ordre de l'empereur, inspecter tout l'état de défense des provinces illyriennes. Ce fut dans le cabinet même du général Bachelu qu'il me raconta, avec une naïveté mêlée de finesse, l'anecdote suivante qui m'est très souvent revenue à l'esprit.

« J'étais, me disait-il, dans une petite ville qu'il me nomma, et dont le nom m'échappe en ce moment. L'empereur m'avait chargé d'examiner l'état de la place, et les moyens de défense qu'elle présentait. Je lui fis observer que, pour la mettre sur un bon pied, il serait nécessaire de détruire une foule de petites habitations entourées de jardins qui encombraient les fossés et les ouvrages extérieurs. J'ajoutai que la place étant de peu d'importance et la mesure très rigoureuse, il me paraissait dur de l'employer, et je m'efforçai d'indiquer d'autres points où quelques travaux suffiraient pour atteindre le seul but qu'il fût raisonnable de se proposer. L'empereur m'écouta sans m'interrompre, en lançant sur moi un regard sévère. Quand je lui demandai ses ordres, il se leva sans me répondre, et me dit : *Quand on est ingénieur, il faut être ingénieur ;* puis il se mit à marcher rapidement, arpentant la chambre dans le sens de sa longueur, et répétant : *Quand on est ingénieur, il faut être ingénieur. Ce n'est pas la peine d'être ingénieur, si l'on n'est pas ingénieur ;* puis, lorsqu'il se fut ainsi promené pendant un quart d'heure environ, il ouvrit la porte de sa chambre, sortit et me dit en la fermant avec violence : *et un ingénieur doit être sans pitié.* Il ne me donna aucun ordre, et rien ne se fit. »

De Fiume, je me mis en route pour Carlstadt, capitale de la Croatie proprement dite, où commandait le général Carra Saint-Cyr, que je connaissais depuis longtemps, et j'arrivai enfin à Pétrinia, vers le commencement du carnaval, qui, sans doute, n'y devait pas être fort gai. Je n'en fis pas l'épreuve, car à peine commençais-je à m'y installer et à déballer mon modeste équipage, que je reçus du duc de Raguse, gouverneur général des provinces illyriennes, l'ordre de revenir à Trieste.

Le duc de Raguse avait très sagement compris qu'il était absurde de prétendre transformer jamais un régiment croate en commune française; il entendait, et en cela il avait pleine raison, que l'organisation de ce régiment mi-partie civile et militaire demeurât indéfiniment ce qu'elle était. Œuvre du prince Eugène, dans le plus beau temps de la monarchie autrichienne, cette organisation, en lui servant de boulevard contre les Turcs, lui fournissait d'excellents régiments d'infanterie qui ne lui coûtaient rien en temps de paix, puisque chaque famille entretenait le soldat laboureur qu'elle fournissait au contingent; redoutées des Turcs, ces familles de soldats protégeaient toute la frontière méridionale de la monarchie et tenaient en respect toutes les populations limitrophes.

Je revins à Trieste.

J'y trouvai M. de Narbonne, qui commandait la division; il me présenta au duc de Raguse, qui m'accueillit avec bienveillance.

Le duc de Raguse, à cette époque, âgé d'environ quarante ans, était de moyenne taille, mais robuste et bien pris dans toute sa personne, le teint brun, presque noir, l'air tout à fait martial. Il était né gentilhomme et, sans affectation, ne le laissait pas oublier. Entré de bonne heure à l'École d'artillerie, son éducation scientifique était supérieure à son éducation littéraire, il avait néanmoins l'esprit cultivé. Orgueilleux, qui ne l'était pas en ce temps? qui ne l'aurait pas été à sa place? un peu fastueux dans son abord et dans l'ensemble de ses habitudes, il était au fond bien indulgent et serviable. Il se piquait, non sans raison, d'être bon administrateur: il était éclairé, vigilant, laborieux, attentif, prenait grand soin du soldat, et traitait les habitants avec équité. Il était très aimé de sa famille militaire, honoré et respecté des généraux qui servaient sous ses ordres. Le malheur et les injustices des hommes l'ont aigri vers la fin de sa vie, et lui ont dicté dans ses mémoires posthumes des pages très regrettables; mais il était digne d'un meilleur sort; il était digne de ne point faire ce qu'il a fait, et de ne point écrire ce qu'il a écrit.

Son rêve, à cette époque, rêve qui, d'ailleurs, était assez sensé, c'était d'établir dans les provinces illyriennes une vice-royauté, réglée sur des conditions très différentes de l'organisation française, que l'intendant général, M. Dauchy, avait pour mission d'inoculer, trait pour trait, aux pays conquis. Les idées de ce dernier n'ayant pu prévaloir auprès du duc de Raguse, il avait demandé et obtenu son propre rappel. Le duc de Raguse avait soumis la sienne à l'empereur et attendait sa réponse.

En attendant, il me proposa de remplir auprès de son gouvernement les fonctions de secrétaire général, et j'acceptai avec plaisir.

Il avait placé et très bien placé sa confiance dans l'un de ses aides de camp, le colonel Jardet, homme d'un jugement sûr et d'un caractère plus sûr encore, intelligent, instruit, laborieux, uniquement mais non aveuglément dévoué à son chef.

Tout le travail se partagea entre lui et moi, mais dans des proportions inégales. Jardet continua de veiller à toutes les parties de l'administration de l'armée; tous les rapports confidentiels entre le duc de Raguse et le gouvernement impérial étaient de son ressort; j'étais simplement chargé de la correspondance et des rapports officiels avec les autorités civiles.

Nous travaillâmes en commun au mémoire que le duc de Raguse soumit à l'empereur sur l'organisation de la Croatie militaire, et sur la nécessité de la conserver intégralement, sauf à placer à la tête de chaque régiment un colonel français.

J'avais rapporté, sur ce sujet, quelques renseignements de Pétrinia, qui servirent à compléter ceux que le duc de Raguse avait déjà réunis. On les trouvera dans mes papiers. Le principal mérite de ce mémoire très bien fait, sur un sujet très curieux, appartient au duc de Raguse lui-même, la rédaction appartient principalement à Jardet. Il n'a jamais été, je crois, officiellement publié, mais il a été imprimé et distribué au conseil d'État; je n'étais point à Paris quand la distribution en fut faite, et je n'ai pu m'en procurer un exemplaire; mais le recueil intitulé : *Bibliothèque universelle*, imprimé à Genève, et faisant suite à la *Bibliothèque britannique*, a été plus heureux que moi; le mémoire s'y trouve, sinon intégralement, du moins dans ses parties essentielles.

Le très court séjour que je fis à Trieste fut de nature à tempérer mon désir de rentrer en France. Je vivais en famille avec M. de Narbonne et son état-major; je vivais en grande intimité avec l'état-major du gouverneur général.

M. de Narbonne avait retrouvé à Trieste sa mère, la duchesse de Narbonne, sortie de France avec Mesdames royales, leur fidèle compagne sur la terre d'exil, et fidèle à leur mémoire, quand il ne lui resta plus rien à sacrifier à leur malheur. C'était une grande dame, et une grande âme. Je n'ai rien vu de ma vie qui m'ait fait une telle impression, rien de si imposant, de si fier et de si doux. Elle vivait de peu, dans une solitude absolue, ne recevait aucun étranger, aucun habitant de Trieste, personne, en un mot, qui n'eût approché ou servi Mesdames royales; elle tenait à distance tous ceux à qui sa porte n'était pas fermée, son fils aussi bien que moi, qu'elle n'avait admis que par exception. Une égalité d'âme admirable; pas un mot de plainte, de récrimination, pas un retour sur le passé; l'air d'une reine qui a pleuré son époux sans regretter le rang suprême.

M. de Narbonne avait également retrouvé à Trieste l'un de ses amis, le comte de Pontgibaud, devenu banquier durant l'émigration, exerçant cette profession avec beaucoup de probité, d'intelligence et de succès, mais avec trop de générosité et d'habitude de gentilhomme pour y faire une grande fortune.

La duchesse de Raguse vint bientôt ouvrir et tenir la maison de son mari. C'était la fille du célèbre banquier Perregaux, et la sœur d'un de mes collègues au Conseil d'État. Je l'avais beaucoup vue à Paris. J'avais passé chez elle, à Viry, des jours et même des semaines. Telle que je l'ai connue, c'était une personne gaie, vive, aimant le monde, la conversation et les fêtes dont elle faisait fort bien les honneurs. Pendant son séjour à Trieste, bien qu'elle regrettât Paris, elle paraissait vivre avec son mari en très bonne intelligence, et je n'ai jamais rien su personnellement qui justifie les reproches, qu'en tout cas il aurait mieux fait de lui épargner.

Je n'étais pas destiné à jouir longtemps d'une position que les circonstances rendaient aussi conforme à mes goûts que favorable à mon avancement. M. de Narbonne nous quitta, il fut nommé ministre plénipotentiaire en Bavière, et ne resta point étranger aux négociations qui préparaient le mariage de l'empereur Napoléon. Le duc de Raguse reçut l'ordre de renvoyer en France les auditeurs dont l'intendance se trouvait supprimée par le maintien de la Croatie militaire dans son état primitif. Je le quittai avec un véritable regret, et j'ai lieu de croire que ce regret était partagé. Je ne me séparai pas non plus, sans quelque chagrin, de plusieurs personnes qui m'avaient bien accueilli à Trieste, et surtout de deux aides de camp du duc de Raguse, Jardet et Denis, devenu, plus tard, célèbre sous le nom de Damrémont, tous deux depuis morts glorieusement au champ d'honneur, enfin du jeune Aubernon, fils de l'ordonnateur en chef de l'armée, l'un des amis que j'ai retrouvés le plus souvent, et conservés le plus longtemps durant le cours de ma carrière publique.

Les camarades que je laissais en Illyrie, et avec qui j'avais fait amitié, Rougier Labergerie, fils du préfet de ce nom, Arnaud, fils du poète Arnaud, Cochelet, frère de la dame d'honneur de la reine Hortense, Létardi, gendre de M. de Corvetto enviaient mon sort, et je n'étais pas éloigné de leur rendre la pareille.

Je retournai en France par Venise, Milan et Turin.

Je ne passai que quelques jours dans chacune de ces villes célèbres; je ne connaissais personne à Milan. J'aurais pu voir à Venise le général Menou, qui y commandait; mais je ne lui avais jamais été présenté, et j'avais peu d'envie de me rapprocher de lui. Sa conversion, si l'on peut employer ce mot, du christianisme à l'islamisme, et le mariage qu'il avait contracté à la suite de ces combles de scandale et de ridicule, m'inspiraient une insurmontable répugnance. J'avais peut-être tort ; car, au fond, c'était un bon homme, et l'oncle de ma sœur. J'ai eu occasion de rencontrer, depuis sa mort, cette femme qu'il avait achetée pour l'épouser ; elle était devenue chrétienne, mais restée énorme, vieille et sotte ; elle aurait parfaitement rempli le rôle d'une servante de cabaret. Ce n'était pas la peine de changer de religion pour épouser sa cuisinière.

La ville de Venise était, à cette époque, déserte, et tombait en ruines ; toute la population noble et riche l'avait désertée ; les fenêtres des palais, quand il y restait des fenêtres, étaient fermées ; les magnifiques tableaux répandus à profusion dans les églises se couvraient de fumée et de moisissure ; le théâtre de la Fénice était clos ; la place Saint-Marc triste et sombre ; il ne restait que quelques vieux ciceroni pour vous expliquer l'intérieur du palais et les monuments. C'était un spectacle de désolation.

Milan était, au contraire, gai et brillant ; c'était une capitale ; le vice-roi et la vice-reine y menaient grand train, la cour était animée, de beaux chevaux, de somptueux équipages, rien n'y manquait.

J'y suis retourné depuis, et je ne l'ai pas trouvé dans un pareil état de splendeur.

En traversant Turin, j'allai voir mon cousin, M. Alexandre de Lameth, qui y était alors préfet, et je revins à Paris par le mont Cenis et Lyon vers le printemps de 1810.

II

1810

De retour en France, après dix mois d'absence, je demandai à rentrer au Conseil d'État, avec faculté d'assister aux séances impériales. Ce n'était que juste; on me le promit; mais il fallait attendre le renouvellement de la liste trimestrielle. Je profitai de cet intervalle pour revoir un peu ma famille.

Elle avait, depuis plusieurs années, subi de singulières vicissitudes.

M. d'Argenson, à l'époque du couronnement, était venu à Paris comme président de son canton. Il avait, comme tous ses pareils, bien que fort à contre-cœur, reçu la croix de la Légion d'honneur; mais il avait échappé à cette sorte de conscription civile que l'empereur, sous prétexte de fusion entre les partis, levait sur toutes les existences honorables et indépendantes.

Le répit ne fut pas long.

Rappelé, plus tard, à Paris, pour figurer, toujours à titre de président de canton, dans l'une de ces parades constitutionnelles qu'il plaisait à l'empereur de jouer, de temps à autre, devant le public, il fut nommé, tout à coup, et sans que rien le lui fît pressentir, préfet des Deux-Nèthes (Anvers) et placé ainsi entre l'exil suivi d'une persécution continue, et la plus importante des préfectures de France, celle où se poursuivaient avec le plus d'activité les plus grands travaux civils, militaires et maritimes.

Je puis parler librement sur M. d'Argenson. Je lui dois tout; jamais la diversité de nos principes en philosophie religieuse, et de nos sentiments en philosophie sociale ou politique n'a porté la moindre atteinte à la tendre affection qu'il avait pour moi, moins encore s'il se peut à la tendre reconnaissance que je lui ai toujours témoignée.

Il y avait en lui deux hommes bien distincts : un rêveur sincère et désintéressé, un homme d'affaires, au besoin même un homme d'État de premier ordre.

Entré dans le monde, au plus fort de l'effervescence des idées de 1789, il les avait poussées, de bonne heure, fort au delà de leur portée légitime. Il était socialiste de cœur et de conviction. Il croyait et professait, dès qu'il avait chance d'être compris, que, la répartition des biens de ce monde étant l'œuvre de la violence et de la fraude, il y avait lieu à la régulariser par une transaction équitable. Il croyait que, ce serait, le cas échéant, un devoir pour l'homme de bien de se dévouer à la poursuite d'une telle entreprise; et, toutes les fois qu'une crise politique s'annonçait ou se consommait, il était cet homme de bien; il était prêt à risquer, pour sa cause (c'était bien la sienne, car lui seul y était de bonne foi, et sans retour personnel), sa fortune et sa vie.

Hors de là, et dans le cours régulier des choses, M. d'Argenson était un homme d'une sagacité rare, d'un esprit droit et ferme, d'un cœur élevé; laborieux, appliqué, rigoureux dans l'exercice de ses droits, très clairvoyant sur les hommes, qu'il estimait en masse au delà de toute mesure, et méprisait individuellement plus que de raison; d'une délicatesse à toute épreuve, résolu, intrépide; dans les relations de famille et de société, réservé, silencieux, un peu morose, mais plein de grâce et de charme pour ceux qu'il aimait et en qui il plaçait sa confiance.

Tel que je le dépeins et qu'il restera dans ma mémoire tant que je vivrai, il éprouvait une extrême répugnance à s'engager au service du gouvernement impérial. Ce n'était pas que, en son cœur, il en préférât un autre ; ses spéculations politiques ne s'arrêtaient pas à telle ou telle forme d'organisation tangible et durable. Renouveler la société avant de penser à la gouverner, tel était l'objet de ses vœux. Mais il n'aimait pas l'empereur, et il détestait le pouvoir absolu. Pressé, néanmoins, par ses amis et par sa famille, il consentit à la proposition qui lui était faite, mais en avertissant ceux qui le pressaient que leur prudence n'y gagnerait rien, que le divorce pour incompatibilité d'humeur ne se ferait pas attendre, et que la persécution qui le suivait ne se ferait pas attendre non plus.

Il fut préfet d'Anvers environ trois ans.

Son administration active, éclairée, vigilante, lui fit grand honneur; il était craint, respecté, aimé même, grâce à ma mère, des habitants d'une contrée qui portait à regret le joug de la France; mais la liberté de son langage, son attitude fière et résolue, l'impossibilité d'obtenir de lui ce qui lui paraissait contraire à la justice et à la raison, le plaçaient constamment en chair vive vis-à-vis de l'autorité supérieure et des autorités collatérales. Il nous racontait quelquefois, à ce sujet, des anecdotes curieuses; je n'en citerai qu'une seule, parce qu'elle caractérise parfaitement le régime impérial.

M. Réal était à Anvers.

M. Réal était l'un de ces jacobins convertis, sans effort, au pouvoir absolu, et qui portaient gaillardement la livrée de leur nouveau maître. Il était conseiller d'État, et chargé de l'une des divisions de la police de l'Empire, celle dans laquelle Anvers se trouvait compris, plus heureux, en cela, que son camarade Barrère, devenu simple espion.

C'était un samedi soir, veille d'une fête solennelle.

M. Réal ayant demandé au préfet s'il assisterait à la procession et à la grand'messe, et celui-ci s'en étant excusé, il le prit à part, lui fit des reproches, d'abord tendres, puis sérieux, et l'exhorta au bien et au bon exemple dans un langage tout à fait édifiant. Si quelque chose pouvait engager M. d'Argenson à persister, c'était précisément ce langage. Il détestait l'hypocrisie plus encore que l'exhibition publique; mais il promit à M. Réal que sa piété serait satisfaite, qu'un siège, conforme en hauteur, à sa dignité lui serait préparé dans la cathédrale, et, le lendemain de bonne heure, il l'y conduisit, en effet, pour lui montrer que tout était à souhait. M. Réal trouva tout fort bien estradé, grand fauteuil, coussin de velours cramoisi et le reste; puis, en sortant, passant devant la chaire, il la montra du doigt, et dit en souriant malicieusement. *C'est pourtant là, qu'il y a dix ans, nous prêchions la théophilanthropie.*

M. d'Argenson haussa les épaules et lui tourna le dos.

Ce qui rendait la position précaire était précisément ce qui la rendait durable, ou, si l'on veut, ce qui la faisait durer. Mettant chaque jour le marché à la main, on hésitait à le prendre au mot. Deux circonstances précipitèrent l'événement.

La disgrâce de M. de Talleyrand survenue à la suite des affaires d'Espagne (je ne décide point), avait entraîné l'exil d'un de ses amis, M. de Montrond, bien connu à Paris et en Angleterre, pour la vivacité de son esprit et le bonheur de ses réparties, homme singulier en qui certaines qualités élevées rachetaient, à quelques égards, ce qu'il y avait d'équivoque dans son existence, et de reprochable dans ses mœurs.

M. d'Argenson et lui avaient été amis de jeunesse, et leur liaison ne s'était jamais ressentie de la diversité de leur genre de vie. Il choisit Anvers pour sa résidence. M. d'Argenson l'accueillit en ami, lui ouvrit sa maison, le présenta partout, ne négligea rien pour lui rendre le séjour d'Anvers agréable et reçut, à ce sujet, des avertissements réitérés dont il ne tenait aucun compte.

Ceci constituait déjà, comme on dit en langage diplomatique, une situation fort tendue.

Survint l'affaire de l'octroi d'Anvers. Des malversations avaient été commises dans la gestion de cet octroi. On en accusait, avec raison, les employés; on en accusait, non sans raison, la négligence du corps municipal, et principalement du maire. M. d'Argenson, après avoir signalé ces désordres, avait demandé la poursuite des concussionnaires, et le remplacement des administrateurs compromis; mais il avait insisté pour que ce remplacement eût lieu sans bruit, sans éclat, d'abord parce qu'il lui paraissait injuste de faire peser sur eux un soupçon d'improbité, ensuite parce qu'ils appartenaient à la haute société d'Anvers et qu'il avait été très difficile de les rallier au régime impérial. Les poursuivre à outrance, c'était donner des armes à la malveillance. Le gouvernement impérial fut d'un autre avis. Sous prétexte d'éclaircir l'affaire, il ne fut pas fâché de se venger un peu des mécontents. M. d'Argenson s'étant refusé à tout ce qu'on exigeait de lui à ce sujet, la goutte d'eau fit déborder le vase, et, à sa grande satisfaction, il fut révoqué.

On sait ce qu'il en advint.

Les employés de l'octroi et les fonctionnaires municipaux furent mis en cause pêle-mêle. L'opinion publique prit feu ; le jury acquitta à l'unanimité tous les accusés ; l'empereur, furieux, fit casser par le Sénat la déclaration du jury, et poursuivre les jurés eux-mêmes, acte de prépotence inouï, même sous son règne, mais qui rendu *in extremis*, c'est-à-dire la veille de sa chute, n'eut d'autre effet que de précipiter le soulèvement de la Belgique, et d'en ouvrir la porte aux alliés.

Pour en finir avec cette digression, je dirai tout

de suite ce qu'il advint de tout ceci à M. de Montrond en particulier.

Exilé de Paris, il fut exilé d'Anvers, et relégué à Châtillon-sur-Seine, avec défense d'en sortir. Ennuyé de ce triste séjour, il se procura un passeport pour l'Espagne, sous un nom supposé, fit atteler quatre chevaux de poste à sa voiture de voyage et traversa la France à toute bride, en se donnant pour un grand personnage, chargé d'une mission secrète. Arrivé à Barcelone, où il n'était pas plus en sûreté qu'en France, il s'embarqua de nuit, sur un bateau pêcheur, et chercha un refuge sur la flotte anglaise commandée par l'amiral Keith.

Là, de nouvelles tribulations l'attendaient. Le bruit de son voyage mystérieux était parvenu à l'amiral. On le prit pour le général Mouton, aide de camp de l'empereur, et, dans l'incertitude de ce qu'il venait faire sur la flotte anglaise, on le garda à vue, jusqu'au moment où on aurait reçu de Londres des instructions et pris des renseignements sur sa personne auprès de ses amis en Angleterre. En peu de jours, son esprit, sa bonne humeur gagnèrent le cœur de tous les officiers qui composaient l'état-major du vaisseau amiral et l'équipage entier fit cause commune avec lui contre l'amiral lui-même, si bien qu'un jour, étant à table au dessert, et lorsque la bouteille avait déjà circulé pendant quelque temps, l'amiral, ayant, dans son langage un peu grossier, dit en le regardant : *Je tiens que tous les Français sont des coquins sans exception*, M. de Montrond répliqua en le regardant en face : *Et moi je tiens que tous les Anglais sont des gens comme il faut ; mais je fais des exceptions.* L'amiral se le tint pour dit et n'y revint pas.

J'ai parlé du bonheur de ses réparties. Celle-là peut compter au nombre des meilleures et des plus hardies. Les renseignements venus de Londres lui ayant été favorables, il partit pour l'Angleterre, où il est resté jusqu'à la Restauration.

Je reviens à moi-même.

Je passai à Anvers tout le temps que j'eus de libre.

J'y retrouvai M. d'Argenson tout entier à ses occupations ordinaires, mais plus dégoûté que jamais du régime impérial, se préparant à la retraite, et se demandant s'il ne vaudrait pas mieux prévenir un exil forcé par un exil volontaire.

J'y retrouvai ma mère, tout entière à ses préoccupations domestiques, à ses livres, à ses correspondances charmantes, toujours la même, toujours bonne, vive, gaie, d'une égalité d'humeur incomparable, d'une inépuisable conversation, s'intéressant à tout, et renonçant à tout sans le moindre effort. Dans ma première jeunesse, j'ai passé plusieurs hivers seul avec elle, sans un seul instant de vide ni d'ennui. Dans les moments les plus difficiles de ma vie, sa prudence m'a toujours été d'un grand secours. Nous l'appelions, entre nous, madame de Sévigné, et, pour qui l'a connue, il n'y avait là rien de trop.

Je fus bientôt rappelé à Paris.

Je rentrai au conseil d'État avec faculté d'assister aux séances impériales, et je fus, sur ma demande, attaché à l'administration des ponts et chaussées.

M. Molé venait d'être placé à la tête de cette administration. Né en 1780, il n'avait que cinq ans de plus que moi. Sa carrière avait été rapide. Plusieurs causes avaient concouru à le placer promptement hors de pair : son nom d'abord, l'empereur aimait les noms historiques ; la petite société à laquelle il appartenait : j'ai déjà parlé de la petite coterie de M. de Chateaubriand, de M. Joubert, de M. de

Fontanes, etc., M. Molé, tout jeune encore, en était l'espérance ; enfin un livre qu'il publia, sous le nom d'*Essais de morale et de politique,* livre conçu dans l'esprit de réaction ultra-monarchique, qui prédominait à cette époque, mais écrit dans un langage grave et sobre, qui sentait le xviie siècle. Il y avait là beaucoup à reprendre, sans doute, et lui-même a fait, plus tard, très bon marché de son ouvrage. Rien n'y était cependant d'une main vulgaire, et je l'ai fait lire à plus d'un des détracteurs de M. Molé, qui n'ont pu, à leur très grand regret, se défendre de lui rendre quelque justice.

Ce fut M. de Fontanes qui fit connaître à l'empereur le livre et l'auteur ; mais ce fut l'auteur lui-même qui fit, auprès du maître, sa propre fortune.

L'empereur était un grand génie, il était le plus grand des capitaines ; mais il était aussi le plus grand des *causeurs.* Rien n'égalait, quand il voulait plaire, au dire des connaisseurs qui l'ont approché, la grâce, la variété, la fécondité de sa conversation sur tous les sujets. Le rang suprême n'y gâtait rien sans doute, et donnait du prix aux moindres choses ; mais il y avait là tout autre chose que les moindres choses.

M. Molé était le premier des *écouteurs.* Il entrait,

à ravir, dans la pensée qu'on lui exprimait, l'achevait au besoin, y plaçait son mot à propos. Ses grands yeux pénétrants la saisissaient au passage. Sa figure noble et fine la reflétait dans ses moindres nuances. L'empereur trouvait en lui *à qui parler* et à qui parler de tout; il trouvait un approbateur sincère et éclairé de ses vues, qui non seulement les comprenait, mais les reproduisait dans un langage élevé et délicat; un adversaire naturel de ce qu'il détestait le plus à cette époque, les jacobins et les idéologues; son génie se trouvait là, pour la première fois peut-être, *en bonne compagnie*, s'il est permis de parler ainsi, et s'y plaisait ne fût-ce que pour la nouveauté même de la chose.

Aussi M. Molé franchit-il au pas de course tous les degrés : il devint, coup sur coup, auditeur, maître des requêtes, préfet de Dijon, conseiller d'État, directeur général des ponts et chaussées, le tout en moins de trois ans.

Son mérite n'était peut-être pas au niveau de cet avancement sans exemple, mais son mérite était réel. Surpris par la Révolution, s'il n'avait pas fait de fortes études, son esprit était cultivé, il avait lu nos bons auteurs avec goût et avec profit. Sans être laborieux, il était apte aux affaires; son jugement était sain, son discernement prompt et sûr. Bien qu'il eût à peine trente ans, il imposait au conseil des ponts et chaussées, composé de savants qui ne manquaient pas de bonne opinion d'eux-mêmes. Cette fois encore, la faveur du maître y concourait quelque peu, mais le respect était sincère ; jeunes et vieux, il tenait tous ses subordonnés à distance et répondait parfaitement au dessein, d'ailleurs très sage de l'empereur, de soumettre, dans les services spéciaux, la science appliquée au contrôle du bon sens général. Tout en laissant, dans les pures questions d'art, liberté aux hommes de l'art, il se réservait tout le reste ; transactions, marchés, rapports avec les autorités civiles, avec la propriété privée, etc., etc.; il chargeait les auditeurs placés près de lui de préparer les travaux sur toutes ces questions mixtes, et de proposer les décisions.

Cela nous donnait une importance réelle, et, à tout prendre, bien méritée.

M. Molé, qui m'avait accueilli avec beaucoup de politesse et de grâce, ne tarda pas à me charger d'une mission délicate. Il existait un différend très vif et très prolongé entre le préfet du département de la Sarthe et l'ingénieur en chef appuyé de l'ingénieur ordinaire. L'un était vivement soutenu par le ministre de l'intérieur, l'autre par le conseil des ponts et chaussées ; tous les efforts faits, soit pour éclaircir, soit pour apaiser le différend avaient été vains. M. Molé me donna pour intructions, en m'envoyant sur les lieux, de visiter avec soin l'état des travaux dans tout le département, comme si c'eût été là l'unique but de ma mission, et d'instituer, à l'insu des deux parties *contendantes*, une enquête confidentielle, en ne m'adressant qu'à des personnes sûres et bien placées pour savoir le fond des choses.

Ces personnes-là, il fallait les trouver moi-même, et ne pas me laisser pénétrer par elles.

Je passai plusieurs semaines dans le département de la Sarthe. Je parcourus les routes en tous sens, je fréquentai la société du Mans, et ne revins à Paris qu'après avoir recueilli toutes les informations désirables, et préparé la solution de la difficulté en remontant à son origine.

On trouvera dans mes papiers la minute de ma correspondance avec M. Molé, qui m'a plus d'une fois reparlé de cet affaire, durant le cours des événements qui nous ont plus tard, et tour à tour, rapprochés et séparés.

Revenu à Paris, je suivis avec assiduité les

séances du conseil d'État. L'empereur le convoquait à Saint-Cloud ; il fallait quelque attention pour n'y point manquer : tantôt la convocation était à sept heures du matin, tantôt à une heure après-midi et les séances duraient quelquefois jusqu'à la nuit.

Les principales discussions dont j'ai gardé le souvenir avaient pour objet, à cette époque, l'organisation de la Hollande en départements français. Après avoir cédé à son frère le Brabant hollandais, la Zélande et la Gueldre, le roi Louis avait enfin pris son parti ; il avait abdiqué en faveur de son fils ; et la Hollande avait été d'abord occupée par les armées françaises, puis réunie à la France.

Appelés à siéger au conseil d'État, et à prendre part à la métamorphose de leur pays, les personnages les plus considérables de la Hollande portaient, dans ces discussions, le bon sens, la fermeté et le sang-froid de leur caractère national ; ils résistaient, par d'excellentes raisons, à la pédanterie bureaucratique et tracassière qu'on s'efforçait de substituer à leurs habitudes locales ; ils opposaient le fond à la forme, la probité traditionnelle aux précautions compliquées, l'appréciation sensée aux chiffres et aux colonnes de la statistique. L'empereur leur donnait habituellement gain de cause et n'épargnait pas les sarcasmes à ses conseillers ordinaires. Il ne se lassait pas de leur répéter que, dans l'administration hollandaise, tout était fondé sur la présomption d'honnêteté et de bon sens, et tout, dans la nôtre, sur la présomption de sottise et de fraude.

Néanmoins, et malgré le poids de l'approbation impériale, ce fut, de guerre lasse, notre administration qui l'emporta.

Ces graves discussions n'étaient point interrompues par les *faustissimæ nuptiæ* de l'empereur. Il faisait face à tout. Nous marchions de fête en fête, comme d'affaire en affaire. Étranger, par l'infériorité de ma position, à l'événement dont ces fêtes célébraient la bienvenue, je n'y figurais qu'en simple spectateur; mais, jeune, curieux, lancé dans le monde officiel, j'étais à peu près de toutes.

Un matin, c'était, je crois, à Compiègne, la foule se pressait dans la galerie; l'empereur la traversait, tantôt en se dandinant comme un prince de vieille roche, tantôt à pas brusques et saccadés; chacun se rangeait et faisait la haie; par un concours de circonstances tout à fait involontaire, je me trouvai bon gré mal gré au premier rang. Il remarqua mon humble uniforme, au milieu de tant de cordons et d'habits brodés, vint droit à moi, et me demanda mon nom; je le lui dis; il m'adressa alors quelques mots avec un sourire bienveillant sur mon séjour dans les provinces illyriennes, et s'éloigna, content je le suppose, d'avoir fait, *in anima vili*, preuve d'omniscience et d'ubiquité. Cela fut fort admiré.

J'assistai, comme tant d'autres, au bal de sinistre augure que le prince Schwartzenberg donna à l'empereur fraîchement divorcé et à la nouvelle impératrice. Je les vois encore assis, côte à côte, sur deux petits trônes contigus, au fond d'une salle en bois, construite à la hâte, mais splendidement décorée, et adossée, tant bien que mal, au salon du pavillon Montesson faisant le coin des rues du Mont-Blanc et de Provence. L'empereur était radieux; encore plus l'impératrice, princesse un peu épaisse, de bonne mine, haute en couleur, et, selon toute apparence, *bien constituée* : c'est du moins l'éloge que lui donne, à plusieurs reprises, l'illustre et national historien de cette époque encore illustre, mais déjà fort peu nationale, si le bonheur de notre pays et son avenir sont comptés pour quelque chose.

On sait quelle part avait eu l'orgueil dans le choix impérial; la fille des Césars était de meilleure maison qu'une princesse de Russie; on sait quelle part avait eu la vanité dans l'ordre et la pompe des cérémonies; on s'était réglé trait pour trait sur le cérémonial suivi au mariage de Louis XVI, que l'empereur appelait souvent son prédécesseur, et quelquefois son pauvre oncle; on avait transcrit mot pour mot le contrat de mariage de l'infortunée Marie-Antoinette; afin que rien n'y manquât, on avait consulté gravement M. de Dreux-Brézé, le grand-maître de 1789, le Dreux-Brezé de Mirabeau, lequel avait répondu gravement et de point en point. La Providence, hélas! se chargea de pousser jusqu'au bout la contrefaçon, et, catastrophe pour catastrophe, d'égaler pleinement la copie à l'original.

Il était onze heures et demie, j'avais pris poste près de la porte principale, dans un angle de la salle; je regardais vaguement le bal, comptant, je ne sais pourquoi, le nombre des issues ménagées de trois côtés, me rappelant, je ne sais non plus pourquoi, que, l'avant-veille, au bal de l'hôtel des Invalides, toute la compagnie était renfermée dans une cage de bois, bien close de toutes parts, en sorte que, si le feu y avait pris, personne n'eut échappé, lorsque, levant les yeux au plafond, je vis une guirlande qui le décorait s'enflammer tout à coup ; je vis, je vois encore Castellane, mon compagnon d'enfance, hissé sur ses grandes jambes, étendant ses grands bras pour arracher le brandon fumant; je vis, je vois encore l'empereur, avec le coup d'œil et la décision des champs de bataille, saisissant le bras de l'impératrice, l'entraînant d'un pas rapide mais égal et mesuré, indiquant de la main qui lui restait libre les différentes issues aux effarés, qui criaient sans bouger de place, et descendant, en se retournant pour contempler l'étendue du mal, le petit escalier qui conduisait au jardin.

Bien lui en prit, de n'avoir pas hésité; car à peine son pied avait-il touché le gazon, que tous les lustres tombaient avec un fracas épouvantable du plafond sur le plancher; à peine avait-il franchi le dernier jardin que l'escalier lui-même croulait sous le poids des fuyards.

Je vis, je vois encore le pauvre prince Kourakin, perclus de goutte, couvert de diamants, rouler son énormité sous les décombres, et le général Hulot, le frère de la maréchale Moreau, employant à l'en dégager le bras qui lui restait. J'entends encore les cris déchirants des victimes, et les cris non moins déchirants peut-être des amis, des parents qui s'appelaient mutuellement, et se cherchaient dans l'obscurité des bosquets, à la lueur des lampions. Je vois encore, ce à quoi je ne me serais pas attendu, M. de Chauvelin se frappant la tête contre les arbres, et poussant des gémissements lamentables, de désespoir de ne pas retrouver madame de Chauvelin, qui ne paraissait pas d'ordinaire lui tenir tant au cœur.

Trois quarts d'heure se passèrent dans cette mêlée, tant à transporter les personnes à demi brûlées dans l'hôtel de M. Regnault de Saint-Jean d'Angely, situé rue de Provence, en face du jardin, qu'à remettre les têtes perdues, et à consoler les affligés, lorsque nous vîmes revenir l'empereur, serré dans sa redingote grise, le petit chapeau droit sur la tête, suivi si j'ai bonne mémoire du grand maréchal Duroc et du duc de Rovigo.

Il avait conduit l'impératrice jusqu'à l'extrémité des Champs-Élysées; arrivé là, il l'avait laissée s'acheminer seule vers Saint-Cloud.

Il se dirigea, sans regarder ni à droite ni à gauche, et sans proférer un seul mot, vers les décombres fumantes de la salle, et, là, je le perdis de vue, beaucoup d'autres étant plus pressés que moi de voir et de se montrer. On m'a conté, sur place, que ce fut sous ses yeux que le cadavre de la pauvre princesse de Schwartzenberg fut retrouvé, calciné, réduit à la taille d'un enfant de six ans, et reconnu au collier de diamants qui avait résisté à l'incendie. Elle était, selon toute apparence, entrée ou rentrée dans la salle embrasée pour y chercher sa fille, et le plancher qui couvrait un petit bassin mis à sec pour établir la salle s'était enfoncé sous ses pieds. Cette fille qui lui coûta la vie, nous l'avons tous connue, soit à Paris, soit à Londres ou à Vienne; c'était une personne aimable et instruite, mais qui n'a brillé que peu de temps dans la société dont elle était l'ornement.

L'empereur ne resta guère plus d'une heure à parcourir le théâtre de cet effroyable désastre, donnant, selon l'occasion, des instructions, des consolations et des conseils. On a souvent répété qu'après son départ, et lorsque la foule des invités, tant éclopés que sains et saufs, se fut écoulée, les attachés de l'ambassade et leurs amis se mirent à table, et passèrent gaiement le reste de la nuit à se régaler du souper. Resté fort tard en ce lieu de désolation, je n'ai rien vu de pareil, et je suis convaincu que c'est l'un de ces embellissements obligés des grandes catastrophes, dont se repaît, faute de mieux, la malignité publique.

Je rentrai chez moi vers trois heures du matin. Je demeurais alors rue de la Madeleine, au coin de la rue de la Ville-l'Évêque, dans une maison adossée à un chantier qui n'existe plus. Les scènes terribles auxquelles je venais d'assister me poursuivaient dans mon sommeil, ou plutôt dans cet assoupissement nerveux qui suit les grandes agitations, et qui n'est ni le sommeil ni la veille; au point du jour, je m'endormis tout à fait, et ne tardai pas à me réveiller en sursaut : je rêvais ce que j'avais vu, quelques heures auparavant, sauf la différence du rêve à la réalité; il me semblait que le plafond de la salle de bal s'écroulait sur ma tête ; c'était une des piles de bois du chantier voisin qui dégringolait à grand bruit; je me jettai hors de mon lit, tout trempé d'une sueur glacée.

Ce triste événement mit un terme aux réjouissances publiques, et livra, sans aucun mélange d'illusions, les esprits clairvoyants aux inquiétudes que faisait naître l'approche d'une guerre avec la Russie, dont le mariage autrichien était le prélude, et celle plus inévitable encore d'un schisme au sein de l'Église.

On sait, en effet, qu'à six ans de distance du Concordat, l'un des deux auteurs de ce monument de haute sagesse tenait l'autre en prison et au secret. Le pape, à Savone, ne voyait que ses geôliers ; on lui avait retiré papier, plumes, encre et crayons. On sait que le pape, usant à bon droit de représailles, refusait d'instituer vingt-deux évêques nommés par l'empereur, et défendait aux chapitres des diocèses d'admettre ces évêques, ne fût-ce qu'à titre de simples vicaires capitulaires.

L'orage qui grondait de ce côté ne tarda pas à fondre sur la tête de M. Portalis.

Son crime était de n'avoir point ignoré ce que personne n'ignorait, à savoir qu'il existait un bref, lequel interdisait au chapitre de Paris de recevoir le cardinal Maury, et de n'avoir pas ignoré non plus ce qu'il n'était pas difficile de deviner, à savoir que ce bref était entre les mains de l'abbé d'Astros, premier vicaire capitulaire. M. Portalis, en sa qualité de directeur général de l'imprimerie et de la librairie, n'avait ni à rechercher ni à poursuivre un écrit qui n'était pas destiné à l'imprimerie ; mais, comme il était proche parent de l'abbé d'Astros, ce fut lui qui devint le bouc émissaire de la colère impériale.

Cette colère jugea à propos d'éclater le 2 ou le 3 janvier 1811. Elle n'avait rien d'imprévu. On s'y attendait, le Conseil d'État en devait être le théâtre; aussi, en se réunissant, chacun parlait bas à son voisin; on faisait, tout au plus, semblant de discuter. L'empereur entra, à l'heure accoutumée. Je ne dirai point que son visage était sévère, je dirai plutôt qu'il portait sur son visage un masque de sévérité; tout était joué dans la scène qu'il préparait.

Il s'assit, prit son binocle, et en dirigea les deux branches sur M. Portalis. Cela fait, il appela sur l'ordre du jour une première affaire, et la mit en discussion, interrogeant pour qu'on lui répondît.

Après avoir renouvelé ce jeu plusieurs fois, comme un chat qui guette une souris avant de lancer sur elle sa griffe, il se tourna vers l'archichancelier, et lui demanda si M. Portalis était là. Celui-ci s'étant incliné affirmativement, il s'élança sur sa victime, comme un oiseau de proie, et la secoua, pour ainsi dire, pendant plus d'une heure et demie, sans lui laisser ni le temps de répondre, ni presque celui de respirer. Enfin, quand son vocabulaire d'invectives fut épuisé, et que l'haleine lui fit défaut, il termina par cette apostrophe foudroyante :

— Sortez de mon conseil, que je ne vous revoie plus ; retirez-vous à quarante lieues de Paris.

Le pauvre M. Portalis, qui n'avait pu saisir un intervalle pour placer deux mots, ne se le fit pas dire deux fois ; il sortit, à pas pressés, laissant sur sa petite table un portefeuille à demi-ouvert et son chapeau.

Durant le cours de l'allocution impériale, tout le conseil resta muet et consterné. Deux de ses membres, je le rappelle à leur honneur, eurent le courage, et il en fallait pour cela, d'intervenir dans cette fable du loup et de l'agneau. Ce furent M. Pasquier et M. Regnault de Saint-Jean d'Angely.

M. Pasquier, récemment nommé préfet de police, aurait été le vrai coupable, s'il y avait eu le moindre tort de la part de personne ; il ne craignit point de le rappeler ; M. Regnault se porta au secours du faible par esprit de justice et par bonté naturelle. Cela lui arrivait assez souvent.

M. Pasquier, que j'ai connu dès cette époque (il m'avait offert très obligeamment, lors de ma mission dans le département de la Sarthe, une lettre pour son frère, sous-préfet à La Flèche), était alors dans la force de l'âge. Né en 1767, il avait environ quarante-quatre ans. Héritier d'un nom illustre dans la magistrature, nom qu'il a dignement soutenu, il était entré au Parlement au moment où la turbulence de M. l'abbé Sabathier et de M. d'Esprémesnil préludait aux orages de la Révolution ; mais il n'avait figuré ni dans l'Assemblée constituante, ni dans l'Assemblée législative. Poursuivi pendant la Terreur, il échappa grâce à la protection discrète d'un conventionnel de quelque renom, Levasseur (de la Sarthe), chirurgien de sa famille, et, s'il finit par être arrêté, ce fut assez tard pour trouver son salut dans l'événement du 9 thermidor. Il m'a conté plus d'une fois que, durant ces temps effroyables, il avait assisté volontairement et malgré lui tout ensemble au supplice de Louis XVI.

— Je demeurais obscurément, m'a-t-il dit, à l'extrémité du boulevard, tout près de l'emplacement qu'occupe aujourd'hui l'église de la Madeleine. Je vis s'avancer lentement la fatale charrette ; j'entendis les vociférations de la populace qui l'accompagnait. C'était un bruit généralement répandu, qu'avant l'exécution, un effort serait tenté pour délivrer l'auguste victime. Je n'y croyais pas ; mais, à tout hasard, je descendis et je me mêlai à la foule.

Une fois entré dans le torrent, il ne me fut plus possible de m'en dégager. Je fus entraîné d'abord, puis porté en quelque sorte, très près de l'échafaud dressé à l'entrée des Champs-Élysées. Je n'entendis ni les paroles prononcées par le roi, ni son dialogue avec l'abbé Edgeworth ; mais, en promenant mes regards sur la foule qui poussait des clameurs féroces, je crus remarquer sur les visages plus de terreur que de fureur. Quand l'exécuteur des hautes-œuvres leur montra la tête sanglante, toute cette foule qui couvrait la place depuis la rivière jusqu'au Garde-Meuble, fit entendre comme un seul homme un seul cri : *Vive la nation !* et se dispersa à toutes jambes. Quelques minutes après, il n'y avait plus sur la place, que le bourreau et son cortège.

Resté simple particulier sous la République conventionnelle et sous la République directoriale, M. Pasquier était sur le point d'entrer au conseil d'État dans la dernière année du Consulat, lorsque le meurtre du duc d'Enghien le détourna de tout effort pour y parvenir. Quelques années plus tard, il fut nommé maître des requêtes, et bientôt, comme M. Molé, il s'éleva, grâce à son nom et à son mérite personnel, au rang de conseiller d'État ;

l'empereur à cette époque ayant eu l'heureuse idée de changer le caractère de la préfecture de police, d'en faire une institution toute politique, une institution municipale, il insista pour confier cette réforme à M. Pasquier, et certes, il ne pouvait mieux choisir.

Plus âgé que M. Pasquier, M. Regnault était, comme lui, bon et obligeant pour moi. Issu d'une famille pauvre, mais honorable, dans la très petite magistrature, il avait été élevé, dans la maison du président de Saint-Fargeau, avec le trop fameux Michel Lepeletier. Devenu, d'avocat, membre de l'Assemblée constituante, s'il avait pris rang dans le parti libéral, il n'avait donné dans aucun excès. Au 10 août, il avait figuré parmi les défenseurs du roi, au 13 vendémiaire, parmi les adversaires de la Convention; rapproché, par le cours des événements du général Bonaparte durant la campagne d'Italie, et au début de celle d'Égypte, il avait activement concouru au 18 brumaire. Entré au conseil d'État, sa rare capacité, son instruction variée et sa facilité d'élocution, l'avaient porté rapidement à la présidence de la section de l'intérieur et aux fonctions de secrétaire d'État de la famille impériale. L'empereur, qui l'aimait et en faisait grand cas, l'aurait nommé certainement ministre de l'intérieur, s'il ne s'était défié de la société dont M. Regnault se laissait entourer.

Je n'ai connu de cette société que la partie *esotérique*, si j'ose ainsi parler, celle qui se réunissait le soir chez madame Regnault, personne bien née, belle, élégante, et fort de la cour. C'était une réunion très mêlée, où se rencontraient familièrement des hommes publics, des hommes d'affaires, des gens du monde, des gens de lettres, des femmes à la mode comme madame Regnault elle-même, spirituelles comme madame Hamelin et madame Gay, mais où, il faut bien en convenir, on voyait, selon la remarque malicieuse d'un écrivain très moderne, *plus d'hommes que de maris*.

Je fréquentais cette maison, comme tous mes collègues du Conseil d'État; je fréquentais également la société de madame Hamelin et de madame Gay, dont on peut dire, sans rien exagérer, qu'elles ressemblaient de tous points à celle de madame Regnault; j'y voyais habituellement beaucoup d'hommes dignes d'être connus, entre autres Népomucène Lemercier, avec lequel je suis resté lié. C'était un des caractères les plus honorables et des esprits les plus originaux de son temps.

III

1811

Je passai les premiers mois de 1811 à Paris, travaillant un peu, moins que je ne l'aurais désiré, étudiant un peu, moins que je n'aurais dû, livré modérément aux distractions du monde officiel et du monde proprement dit, préférant, néanmoins, les causeries de tous les jours, dans les mêmes maisons, avec les mêmes personnes.

Les deux maisons où je terminais habituellement mes soirées étaient celle de madame de la Grange, et celle de madame Esménard.

Madame de la Grange était fort âgée, amie intime de madame de Menou, belle-mère d'une de mes sœurs; je lui avais été présenté dès mon entrée dans le monde. J'étais presque un enfant de la maison.

Sa famille était nombreuse.

Son fils aîné était général de division; il avait eu le bras gauche emporté à la bataille d'Essling. Il avait épousé la veuve de l'infortuné Suleau, massacré au 10 août; elle était fille d'un peintre assez connu en son temps. C'était une personne belle, aimable et bonne. Le cours des événements et la diversité des sentiments politiques nous ont, à mon grand regret, séparés sous la Restauration.

Le second fils de madame de la Grange était colonel. Il a épousé la fille du prince de Beauvau. C'est moi qu'il chargea de la demander pour lui en mariage.

Son troisième fils, alors aide de camp du prince de Neufchâtel, est devenu depuis général de division. Il est aujourd'hui sénateur.

Son quatrième fils, parvenu au grade de colonel, avait quitté la carrière militaire pour devenir secrétaire d'ambassade, et s'était marié à Vienne.

Madame de la Grange, enfin, avait une fille très aimable et d'un esprit très cultivé; elle était, à cette époque, dame d'honneur de la reine de Naples, et a épousé depuis le colonel Carrière, l'un de mes bons amis.

J'avais connu, de bonne heure, madame Esménard. C'était son mari qui m'avait conduit chez elle, et j'avais fréquemment rencontré celui-ci dans le monde littéraire; il avait de l'instruction, un talent réel en poésie, un esprit distingué, quoique un peu lourd. J'ignore à quelle famille appartenait madame Esménard, mais c'était une personne d'un caractère élevé, d'une grande égalité d'âme et d'humeur, et d'un commerce sûr; elle avait alors trois filles, très jeunes : la dernière est aujourd'hui chanoinesse en Bavière; elle recevait une société assez limitée de gens d'esprit et de gens de lettres. J'y ai connu M. de Rossel, le compagnon de voyage d'Entrecasteaux. Je note ici, en passant, que j'y ai rencontré un homme qui, depuis, a presque joué un rôle dans les premiers moments de la révolution de Juillet, sous le nom, emprunté je crois, de général Dubourg.

Je me serais assez bien trouvé de mon séjour à Paris et de ma position expectante, si je n'avais pensé qu'à mon agrément personnel, mais je voyais mes camarades avancer, les uns après les autres, sans qu'il fût question de moi, dont cependant on s'accordait à dire quelque bien, lorsqu'un soir, entrant dans le salon de M. de Bassano, où j'étais admis par exception, je vis le maître du logis venir à moi d'un air à la fois embarrassé et impérieux; il m'annonça que j'avais été nommé, le matin même, pour faire partie d'une escouade d'auditeurs que M. le baron Dudon, nouveau maître des requêtes, emmenait à l'armée du Nord, en Espagne : puis il s'éloigna sans attendre ma réponse.

Je restai sous le coup.

Ce n'était point une disgrâce; je n'étais point de taille à me dire disgracié, mais c'était un vrai dégoût.

Mes compagnons d'exil étaient tous ou presque tous mes cadets. Notre chef, la veille encore, était notre égal. L'Espagne était une mission de rebut, odieuse par le métier qu'on y faisait, périlleuse très souvent, détestée de tout le monde, abandonnée à son mauvais sort dans la pensée impériale, mission dont il n'y avait ni retour à prévoir, ni avancement à espérer.

Je trouvai ma nomination en rentrant chez moi, et je passai la nuit à délibérer sur le parti que j'avais à prendre.

Je pouvais réclamer, je pouvais faire valoir mon ancienneté et mes services, mais j'étais irrité; il me répugnait de rien demander, de rien laisser demander pour moi.

Je pouvais donner ma démission, mais la mission étant laborieuse et périlleuse, je craignais qu'on ne se méprît sur mes motifs.

Tout balancé, je trouvai plus digne et plus sage de partir sur-le-champ, sans même attendre mon ordre de départ, sans prendre congé de mes chefs, sans me plaindre de rien, de payer de ma personne, autant qu'il me paraîtrait nécessaire pour mettre mon bon renom à couvert, puis de donner ma démission, si l'on persistait à refuser de me rendre justice.

Je fis mes préparatifs à la hâte, et sans mot dire. Je partis sans revoir M. de Bassano, sans revoir M. l'archichancelier, ni M. Molé, sans même aller voir M. Dudon ; je m'arrêtai aux Ormes pour dire adieu à ma mère, et j'en repartis dès que je sus M. Dudon en route pour notre destination commune.

J'étais, en passant, au théâtre de Bordeaux, le jour où l'on vint annoncer, entre les deux pièces, la naissance du roi de Rome, et je remarquai, non sans quelque satisfaction maligne, qu'en dépit des efforts et des précautions de la préfecture, l'événement était froidement accueilli par quelques rares applaudissements. Mes sentiments personnels étaient à l'unisson.

Arrivé à Bayonne, j'appris que M. Dudon était déjà reparti en se faisant donner une escorte de poste en poste. N'ayant aucun droit d'en exiger autant, je fus réduit à séjourner jusqu'à la plus prochaine formation d'un convoi.

Je restai à Bayonne environ quinze jours. Durant ce temps, mes camarades d'exil arrivèrent, et nous fîmes connaissance.

Le plus distingué d'entre eux était Pépin de Bellisle. C'était un esprit rare et un noble cœur. Il était, au vrai, bien plus à plaindre et bien plus maltraité que moi; son frère aîné, auditeur comme lui, avait été scié, entre deux planches, à Santarem près de Lisbonne. Il était plus que dur, assurément, de ne s'en être pas souvenu, en dressant la liste des jeunes gens qu'on envoyait à pareille fête.

Après lui, venait Frochot, le fils unique du préfet de Paris, jeune homme de grande espérance, riche en qualités brillantes et en sentiments élevés, mais un peu enfant gâté, prompt à la colère et d'un caractère assez méfiant.

Je me liai intimement avec l'un et l'autre. Je fis amitié avec tous. O'Donnell, l'élève chéri de mon cousin Alexandre de Lameth; Dutilleul, beau-frère de M. Mollien, ministre du trésor; Duval de Beaulieu, jeune Belge qui, depuis, a joué dans les affaires de son pays, le rôle le plus honorable; Fargues, fils du sénateur de ce nom; Saint-Chamans, frère du général connu par sa noble conduite aux journées de Juillet, me témoignèrent, dès l'abord, une bienveillance que je leur rendis, et qui ne s'est jamais démentie.

Montléar ne nous resta qu'un instant; il était, dès cette époque, marié, de la main gauche, à la princesse de Carignan, mère du futur roi de Sardaigne, et ce mariage, rendu public, lui valut un prompt retour.

Lorsque le moment fut venu d'expédier un convoi, pour lequel il était de règle de préparer une escorte de poste en poste, nous nous mîmes en route, à cheval, au petit pas, suivant une longue file de voitures, et disputant au reste du convoi les très mauvais gîtes qu'offrait un pays dévasté depuis cinq ans.

Je ne dirai rien de l'aspect de ce pays, sinon que la Biscaye me parut riante, et les deux Castilles bien arides; mais, comme il nous était interdit de nous écarter de la route bordée par notre escorte, sous peine d'être enlevés par les insurgés et livrés à la torture, je ne vis pas grand'chose, en supposant qu'il restât quelque chose à voir, à travers les décombres de tant de villages incendiés. Nous cheminâmes environ quinze jours, y compris un séjour de vingt-quatre heures à Vittoria, et un autre séjour de pareille durée à Burgos ; nous atteignîmes enfin Valladolid ; c'était là que le maréchal Bessières avait établi son quartier général. M. Dudon nous y avait précédés et nous y attendait.

Le maréchal Bessières, tué depuis (en 1813) à la bataille de Lutzen, était grand, sec, un peu voûté, les cheveux plats et poudrés, l'abord froid et poli. Comme tous les militaires, il ne voyait pas de trop bon œil les auxiliaires civils qu'on lui envoyait, et préférait ses commissaires des guerres ; il nous reçut pourtant assez bien.

M. Dudon, alors âgé de trente-cinq ans, tout au moins, appartenait à une bonne famille du parlement de Bordeaux ; il avait commencé sa carrière dans la magistrature, comme substitut ; au Conseil d'État, comme auditeur. Il lui était arrivé, dans ces deux fonctions, deux malheurs de genres différents. Portant la parole dans un procès en séparation célèbre et scandaleux, il avait conclu en faveur de la femme, et l'avait épousée plus tard; elle était plus âgée et plus riche que lui. Chargé, commé auditeur, du portefeuille, en 1806, il l'avait perdu en route, et, pour ne pas se présenter au quartier général les mains vides, il était venu à Paris, conter à l'archichancelier, qui lui voulait du bien, sa triste aventure.

Ces deux événements l'avaient perdu de réputation, le premier dans la magistrature, le second dans le Conseil; de telle sorte qu'après sept ou huit ans de travaux, il en était toujours au même point. Ce ne fut qu'à grand'peine, et en accceptant avec empressement une mission dont personne ne voulait, qu'il obtint d'être nommé maître des requêtes. C'était néanmoins un homme instruit, intelligent, actif, décidé, et d'un commerce agréable. Je ne sais s'il a mérité les reproches qui lui furent adressés plus tard, et dans des circontances très différentes. Tout le temps où j'ai servi sous ses ordres, je puis rendre témoignage à l'intégrité de son administration.

Dès le lendemain de notre arrivée, il s'entendit avec le maréchal Bessières pour répartir entre nous les emplois vacants.

Le territoire occupé par l'armée du Nord était

divisé en cinq gouvernements, portant les numéros 3-4-5-6-7.

Le troisième comprenait la province de Navarre;

Le quatrième, les provinces de Biscaye, d'Alava, de Guipuscoa et de Santander;

Le cinquième, les provinces de Burgos et de Soria;

Le sixième, les provinces de Valencia, de Valladolid, de Léon, de Toro et de Zamora;

Le septième, les provinces de Salamanque et de Ciudad-Rodrigo.

Ce vaste démembrement de la monarchie espagnole était, si je ne me trompe, réservé *in petto imperiale* à devenir partie intégrante de la monarchie française; on se proposait de le diviser bientôt en départements.

C'était par ce motif qu'un décret du 15 janvier 1811, développé dans une série d'instructions détaillées, avait placé à la tête des cinq gouvernements, sous les ordres du maréchal Bessières, un intendant général, assisté d'un nombre indéterminé d'auditeurs, et donné à cet intendant général la haute main même sur l'administration militaire; les cinq gouvernements étaient également soumis (sur le papier, à la vérité) aux formes de l'administration française.

Nous fûmes distribués sur le territoire ainsi qu'il suit :

Pépin de Bellisle envoyé comme intendant à Santander ;

O'Donnell, à Vittoria ;

Fargues, à Burgos, où il fut depuis remplacé par Feutrier ;

Patry, dans les Asturies ;

Saint-Chamans, à Palencia ;

Mahé de Villeneuve, à Léon ;

Gaultier, à Soria ;

Gossuin, à Toro.

Nous restâmes à Valladolid, savoir :

Duval de Beaulieu, comme intendant ;

Moi, comme secrétaire général ;

Dutilleul, comme chef de la comptabilité sous son frère, alors receveur général ;

Frochot, comme attaché à l'intendance générale.

M. Bessières, parent du maréchal, conserva l'intendance de Navarre.

Les logements n'étaient pas rares à Valladolid, car la ville était abandonnée de ses principaux habitants. Je m'établis d'abord dans un appartement très vaste, très convenable et très peu dispendieux; situé sur la grande place de la ville; mais je n'y restai pas longtemps. Deux jours après mon installation, en me levant de bon matin et en mettant la tête à la fenêtre, j'eus pour premier coup d'œil un pauvre prêtre que l'on pendait à la façon du pays, c'est-à-dire en l'asseyant sur une chaise et en lui passant autour du cou une corde que l'on serrait à l'aide d'une manivelle. Il y en avait huit autres au pied de l'échafaud, disant leurs prières et attendant leur tour. Je me reculai avec horreur, et, dans la journée même, j'avais fait mon déménagement.

Nous nous établîmes, Frochot et moi, dans une maison entièrement abandonnée; nous y fîmes réparer les portes et les fenêtres, construire des cheminées, installer un mobilier suffisant, de telle sorte que les propriétaires, lorsqu'ils sont rentrés, ont dû la trouver en bien meilleur état qu'à leur départ.

Il n'existait à Valladolid aucune société; nulle maison ne nous était ouverte; point de spectacle; personne aux promenades. Nous vivions entre Français. Heureusement l'état-major du maréchal était composé d'hommes distingués et dont plusieurs m'étaient connus : le général César Delaville, Piémontais, d'un esprit cultivé et d'un noble caractère ; Adrien d'Astorg, Auguste de Forbin, connu par son talent pour la peinture et ses succès dans le monde. Au moment dont je parle, il était détaché à l'armée de Portugal.

Le maréchal avait toujours aimé à s'entourer de gens de condition ; il les traitait avec politesse, mais sans se départir en rien de sa dignité. Je tiens de M. de Montrond qu'un jour, dînant chez lui à Anvers, il lui demanda la permission de faire asseoir au bout de sa table un de ses officiers d'ordonnance. Cet officier, c'était le duc de la Force, alors âgé de cinquante ans et n'ayant conservé d'autre bien que son épée.

Tous nos divertissements se réduisaient à quelques excursions à portée de fusil de la ville, quand notre gouverneur, le général Kellermann, nous le permettait, ce qui était rare et pour cause ; à quelques promenades à cheval sur les remparts ; enfin à quelques promenades à pied le long des rives du Duero, dans l'intérieur même de la ville. Encore n'était-ce pas tout à fait un plaisir sans risques ; car, un soir, étant couchés sur l'herbe, nous entendîmes tout à coup siffler des balles à nos oreilles ; c'était un petit groupe d'insurgés qui tiraillait sur nous de l'autre bord.

Restait le travail.

Il n'était pas excessif, mais il n'avait rien d'attrayant.

Nous étions dans l'une des régions les moins maltraitées de l'Espagne, à quelque distance du théâtre de la guerre ; le territoire était placé sous un régime mixte, où les rigueurs de l'administration militaire étaient tempérées par le concours et le contrôle d'une administration civile ; dans le dessein occulte de le réunir à la France, nos chefs avaient pour instructions de le ménager. Le maréchal Bessières était froid sans être dur, et sévère sans être cruel ; M. Dudon, et nous tous ses auxiliaires, nous mettions notre point d'honneur à protéger, autant qu'il dépendait de nous, les habitants ; à leur assurer, autant qu'il dépendait de nous, les garanties inhérentes aux formes de l'administration française. Quelques efforts que nous fissions, néanmoins, il ne nous était guère possible d'échapper aux funestes nécessités de l'époque et du pays.

J'ouvre, au hasard, le registre des arrêtés rendus par le maréchal Bessières, du 11 avril, date de notre installation, au 15 juillet, date de son départ, registre dont j'ai gardé copie, et j'y trouve pêle-mêle, des actes tels que ceux-ci :

« 1º Considérant que la présence des brigands dans les partidos de Cevica del Torre et de Peñafiel est favorisée par la plus grande partie des habitants :

» Il sera frappé une contribution extraordinaire de 400 000 réaux sur le partido de Cevica del Torre, province de Palencia, et de 300 000 réaux sur le partido de Peñafiel, province de Valladolid.

» Ces contributions seront payées sans délai.

» 2º Considérant que le refus des habitants de Valladolid de fournir les denrées dont nous avons ordonné la réquisition par notre ordre du 26 mars, compromet le salut de l'armée ;

» Que ce refus n'est pas occasionné par la rareté des grains, mais par la malveillance des habitants ;

» Que, dans de telles circonstances, il devient nécessaire de rendre responsables ceux qui, par leur position, leur fortune et la considération dont ils jouissent parmi le peuple, ont le plus d'influence sur leur esprit (*sic*) ;

» Il est frappé une contribution extraordinaire

d'un million de réaux sur la ville de Valladolid.

» Cette contribution sera répartie ainsi qu'il suit :

» 500 000 réaux sur le commerce.

» 250 000 réaux sur le clergé.

» 250 000 réaux sur les habitants.

» Ces sommes seront payées dans les cinq jours du présent arrêté;

» L'intendant général nous présentera une liste des cinquante personnes, prises parmi les plus aisées de toutes les classes, lesquelles seront obligées de faire l'avance de la contribution, sauf leur recours contre qui il appartiendra, sous peine d'y être contraintes par voie d'exécution militaire. »

Suit un autre arrêté du 27, qui dresse la liste des cinquante.

« 3° Vu les différents rapports sur la conduite du clergé de la province d'Alava ;

» Tous les chanoines de l'église cathédrale de Vittoria, tous les ex-moines résidant dans la province d'Alava et tous les ecclésiastiques dont la conduite ne peut être un sûr garant de la pureté de leurs principes, et de leur attachement au gouvernement, seront mis, sur-le-champ, en état d'arrestation.

» 4° Considérant que les mesures de clémence par lesquelles nous nous étions flattés de ramener le peuple à la soumission n'ont eu pour résultat que d'accroître le nombre des insurgés et des partisans (*sic*);

» Il sera formé, par les soins des municipalités dans les villes, et des chefs de justice dans les villages, une liste de tous les individus qui ont quitté leur domicile, et qui n'habitent pas dans les lieux occupés par les troupes françaises.

» Tous ces individus seront obligés de rentrer dans le délai d'un mois; passé lequel ils seront réputés faire partie des bandes d'insurgés et tous leurs biens seront confisqués. Il est défendu à tous les fermiers ou débiteurs, à quelque titre que ce soit, de se libérer ailleurs qu'entre les mains des administrateurs des domaines nationaux.

» Les pères, mères, frères, enfants et neveux de ces individus, sont déclarés responsables, tant sur leurs biens que sur leurs personnes, de tout acte de brigandage commis par les insurgés.

» Si quelque habitant est enlevé de son domicile, on arrêtera, sur-le-champ, trois des parents les plus proches d'un brigand, pour servir d'otages; si cet individu est mis à mort par les bandes, les otages seront fusillés, sur-le-champ, sans autre forme de procès.

» Tout individu qui s'absentera de sa commune pendant plus de trois jours, à dater de la publication du présent arrêté, sans permission, sera considéré comme ayant passé aux brigands ; ses biens seront confisqués et vendus dans le délai de trois mois; tous ses parents au degré indiqué par l'art. 3 seront mis en état d'arrestation.

» Aucun habitant ne pourra plus sortir de sa commune sans être muni d'un passeport qui lui sera délivré pour un temps limité. Ce passeport ne sera délivré que sur l'attestation de deux personnes domiciliées dans la commune, lesquelles seront garantes qu'à l'expiration du délai indiqué dans le passeport, celui qui en est porteur sera rentré dans sa commune, ou aura justifié de sa résidence dans les lieux occupés par l'armée française; dans le cas contraire, les deux cautions seront arrêtées et conduites en prison.

» Il sera fait des visites domiciliaires d'après les ordres des commandants de place, aux époques qu'ils jugeront convenables; tout individu qui ne sera point muni d'une carte de sûreté sera arrêté sur-le-champ.

» Seront également arrêtés ceux qui auront donné asile à un individu qui ne serait porteur ni d'un passeport ni d'une carte de sûreté.

» Quiconque sera convaincu d'avoir entretenu correspondance avec les brigands, sera puni de mort.

» 5° Les communes sont responsables des dégâts qui seraient commis sur les domaines nationaux, ainsi que des sommes d'argent, grains et bestiaux, denrées et autres objets appartenant à l'État, qui seraient enlevés par les brigands, sans qu'elles y aient opposé de résistance.

» La commune sur le territoire de laquelle ces dégâts ou ces enlèvements auront eu lieu, sera tenue d'en restituer sur-le-champ la valeur; elle lui sera remboursée par une contribution extraordinaire qui frappera exclusivement sur les pères, mères, frères, sœurs et enfants des émigrés et des brigands.

» En cas de refus de la part de ces individus de payer, dans le délai fixé, la somme pour laquelle ils auront été compris dans la répartition, leurs biens seront vendus à la diligence de l'intendant de la province, sans qu'il soit besoin d'aucun jugement ou acte de l'autorité judiciaire.

» 6° Vu le rapport qui nous a été fait de la conduite tenue par les habitants de la commune de Moralès, province de Zamora, et de celle de même nom, province de Toro, duquel il résulte qu'ils ne se sont point conformés aux dispositions de notre ordre du jour en date du 5 juin 1811, par lequel nous avons enjoint aux habitants de donner avis aux commandants des garnisons et des troupes françaises du séjour des bandes sur leur territoire, sous peine de punition exemplaire;

» Il sera frappé une contribution extraordinaire de 120 000 réaux sur la commune de Moralès, province de Zamora, et une de 100 000 réaux sur la commune de Moralès, province de Toro.

» Les curés de ces communes seront arrêtés et conduits en prison, jusqu'à ce qu'ils puissent être déportés.

» Il sera pris dix otages parmi les plus riches habitants de ces communes, et ils seront détenus jusqu'à l'entier payement de la contribution.

» Si dans les cinq jours de la notification du présent arrêté, la contribution extraordinaire n'est pas payée, les communes seront exécutées militairement. »

En relisant, après quarante-six ans, ces textes

odieux, où l'on reconnaîtrait plus volontiers le langage d'un terroriste en mission dans la Vendée, que celui d'un maréchal de France parlant au nom de l'auteur du Code civil et du Concordat, je ne puis me défendre d'un profond sentiment de regret et d'humiliation. A coup sûr, je n'étais pour rien dans de pareils actes; je n'avais pas voix au chapitre, et mon nom, placé au-dessous de celui du maréchal, n'y figurait que *pour copie conforme*, comme figure le nom d'un greffier, au pied d'un arrêt auquel il n'a pas concouru. Néanmoins, je le reconnais, j'aurais dû tout risquer plutôt que de m'y prêter, et je dois m'estimer fort heureux qu'aucun de ces actes, imprimés et affichés sur les murs de Valladolid, ne soit tombé, au temps où j'étais ministre, dans les mains des journalistes; l'explication en aurait été difficile, et l'esprit de parti en aurait tiré bon parti.

Peu de temps après notre installation, le maréchal Bessières nous quitta pour porter secours, avec une partie de son armée, au maréchal Masséna qui rentrait en Espagne, à l'issue de sa funeste campagne de Portugal, et qui se trouvait serré de près par le duc de Wellington. Les deux maréchaux perdirent ensemble comme chacun sait, la bataille de Fuentes d'Onoro ; le nôtre nous revint, très mécontent de son collègue, qui ne l'était pas moins de lui.

Le maréchal Masséna ayant été rappelé, nous le vîmes repasser par Valladolid avec les débris de son état-major en triste équipage, et la triste concubine qu'il avait traînée à sa suite, dans toute la campagne. Il me parut bien vieux, bien cassé, et presque décrépit, quoiqu'il n'eut guère que soixante ans. C'était un spectacle misérable et ridicule.

J'estime, sans oser l'affirmer, que ce fut durant le peu de temps qui s'écoula entre le retour du maréchal Bessières et son départ pour la France, où il allait reprendre le commandement de la cavalerie de la garde, que nous vîmes arriver le roi Joseph ; ce prince avait obtenu du maître commun la permission d'assister au baptême du roi de Rome, et de plaider, par occasion, la cause de ses sujets ; je parle comme on parlait à cette époque.

On sait, en effet, qu'en ce temps-là, son thème, ou, si l'on veut sa marotte, était de prétendre qu'en Espagne, toutes les difficultés provenaient de la présence des troupes françaises, des exactions de leurs chefs, de la multiplicité et de la rigueur des exécutions militaires ; que, aimé, adoré même des Espagnols, il régnerait paisiblement et glorieusement, pour peu qu'on le débarrassât de ces funestes auxiliaires.

M. Thiers a très sagement apprécié ce qu'il pouvait y avoir de vérité sous cette forfanterie ; mais ce qui est vrai, c'est que tous les Espagnols qui n'avaient pas ou qui n'avaient plus les armes à la main, exploitaient en ce sens, la vanité de leur roi postiche, bien sûrs, s'ils n'avaient plus affaire qu'à lui seul, d'en être promptement débarrassés.

On était donc fort curieux de savoir ce qu'il rapportait de Paris, et jusqu'à quel point son éloquence, aidée du besoin que pouvait avoir l'empereur de sa vétérance d'Espagne, pour conquérir la Russie, et chasser les Anglais de l'Inde, aurait opéré. Aussi ne fût-ce pas sans un grand étonnement qu'au lever que tint Joseph à Valladolid, nous vîmes, en quelque sorte sortir de dessous terre des nuées d'Espagnols, à nous inconnus, qui venaient lui baiser les mains. Le palais du gouvernement en était comble, et le roi en paraissait tout réjoui. Moins niais que lui, ses visiteurs après l'avoir entretenu, se retiraient fort tristes, fort déconfits, et oncques depuis nous n'en avons eu de nouvelles. Rien ne fut plus morne et plus froid que le dîner d'apparat que nous donna l'intendant espagnol Roxa pour célébrer l'heureux retour de Sa Majesté.

Vers la fin de juillet, le général Dorsenne, l'un des généraux de la jeune garde, dont deux divisions, je crois, figuraient dans notre armée, vint remplacer le maréchal Bessières. C'était un militaire plutôt jeune, plutôt beau, ou si l'on veut bellâtre, d'un caractère dur et hautain, d'un esprit court, mais intègre et appliqué à ses devoirs.

Sous son administration, les actes que j'ai signalés tout à l'heure se multiplièrent, et leur rigueur s'accrut de jour en jour.

L'arrêté relatif aux mesures de haute police contre les parents des insurgés fut publié de nouveau, enrichi de considérants et de dispositions qui peut-être auraient inspiré quelques scrupules à la Convention nationale dans ses bons moments, entre autres la disposition qui prononçait la dissolution des mariages contractés entre individus portés sur les listes fatales.

Durant les derniers mois de 1811, le général Dorsenne et l'intendant général visitèrent à peu près toutes les parties du territoire occupé par l'armée du Nord.

Ils vivaient alors en assez bonne intelligence. J'accompagnai le général Dorsenne en qualité de secrétaire général; Frochot accompagna M. Dudon. Nous voyagions ensemble dans un bon cabriolet attelé de deux excellentes mules.

Nous traversâmes les provinces de Médina del Rioseco et de Palencia, pays fertiles, mais entièrement plats, sans eaux, sans bois, sans la moindre trace de verdure, et nous atteignîmes ainsi le royaume de Léon. Là, l'aspect est très différent. C'est le théâtre de la Diane de Montemayor. La plaine de Léon, arrosée par l'Ezla et par un grand nombre de cours d'eau, descendant des montagnes des Asturies et de Galice, entrecoupée de hauteurs et de vallons, sillonnée par les avenues qui bordent les cours d'eau, offre un coup d'œil très riant et très varié.

Notre excursion s'étendit jusqu'à l'entrée des gorges des Asturies, mais nous ne les traversâmes point; on n'y peut guère pénétrer qu'à cheval; on courait risque d'être canardé par les insurgés, et de perdre des hommes sans utilité; peut-être même on aurait été bloqué, et il aurait fallu se rouvrir le chemin de vive force.

Ces gorges des Asturies me rappelaient les premières scènes de *Gil-Blas;* en vérité, je ne sais pourquoi, car *Gil-Blas* est un roman, et Lesage n'avait jamais été en Espagne. Quand, du haut du château d'Édimbourg, on aperçoit, d'un coup d'œil, les lieux où Walter-Scott a placé la scène de ses principales fictions, là du moins tout n'est pas fictif : l'auteur peint d'après nature. Lesage avait-il deviné ou copié de seconde main la réalité, ou bien enfin ma mémoire me faisait-elle illusion ? Je ne sais ; ce qui est sûr, c'est que les érudits espagnols réclament la propriété originale du *Gil-Blas,* prétention qui, pour son auteur, vaut mieux que tous les éloges.

Du pied des montagnes des Asturies, nous nous dirigeâmes vers Astorga, petite place forte qui ferme l'entrée de la Galice. Prise et reprise successivement, cette pauvre cité, dont les rues sont étroites, tortueuses et enfumées, offrait un triste spectacle ; ce n'était guère, en dedans, qu'un amas de décombres, mais les fortifications en étaient réparées avec quelque soin.

D'Astorga, nous descendîmes à Benavente en suivant le cours de l'Ezla, qui tombe dans le Duero près de cette ville. Ce fut sur le bord de cette rivière que toute la caravane qui accompagnait le général en chef, et lui-même tout le permier, fut saluée d'une fusillade, partie de l'autre bord; on envoya quelques voltigeurs à la poursuite des insurgés; ils ne les atteignirent pas, mais personne ne fut blessé.

Nous suivîmes le cours du Duero de Benavente à Zamora, petite ville de 10 000 âmes environ, qui touche à l'extrême frontière entre l'Espagne et le Portugal, et qui n'a rien de remarquable qu'un palais du Cid, en ruines; et, de là, descendant toujours le fleuve, nous atteignîmes Toro, autre petite ville à peu près égale, et qui n'a rien, non plus, de remarquable en elle-même, mais dont le nom est historique. Là furent rendus, en 1505, les célèbres *lois de Toro*, base de la législation d'Espagne.

En rentrant à Valladolid, nous nous arrêtâmes à Simancas, petite ville où sont gardées, dans un château fort, les archives de la monarchie espagnole, archives secrètes s'il en fût, du moins jusqu'à l'invasion des Français; mais, à l'époque dont je parle, abandonnées à des subalternes en grande confusion et presque au pillage.

Pendant le peu d'heures que M. Dudon passa à les visiter, il s'occupa de réorganiser le service de conservation, donna des ordres stricts pour que personne ne fût admis que sur permission expresse du roi ou de l'administration française, et pourvut ainsi au plus pressé.

J'employai pour ma part ce peu d'heures à fureter, et je tombai, tout à coup, sur un petit manuscrit barbouillé et déchiré, dans un état pitoyable, et portant pour titre :

« Breves memorias de las vidas y tragicas muertes de don Carlos, principe de Asturias, hijo de Felipe II, rey de España, y doña Isabel de Valois, princesa de Francia, muger de dicho Felipe II. »

Je crus avoir trouvé un vrai trésor. Un tel manuscrit dans un tel lieu, le compte rendu d'un tel événement, apparemment tel qu'il s'était passé, puisqu'on avait pris soin de l'enfouir dans l'arche sainte des iniquités de la monarchie, quel coup de fortune! J'allais donc enfin savoir le mot de cette mystérieuse et lugubre énigme. Mais le temps pressait : le général Dorsenne, peu curieux de pareilles misères, faisait sonner le boute-selle. On ne restait en arrière de cinquante pas qu'au péril de la vie. Je m'entendis avec le gardien des archives, fort content d'être remis sur pied, et qui, d'ailleurs, n'avait rien à nous refuser. Il me promit de faire copier le manuscrit et de me l'envoyer à Valladolid.

Il tint parole, mais rien ne se fait vite en Espagne; le manuscrit ne me parvint qu'au moment de mon départ pour la France, et ne me fut adressé qu'avec le modeste bagage que je laissais derrière moi. Rien non plus ne marche vite en Espagne. Je ne reçus mon bagage qu'au moment où je partais pour continuer mes pèlerinages officiels. Je n'eus pas le temps de déchiffrer un manuscrit en très mauvaise écriture espagnole; je le serrai soigneusement et je l'oubliai tout à fait pendant trois ans, dont je passai les deux tiers hors de France.

Il ne me revint en mémoire qu'en 1814, après la Restauration. Un soir, me trouvant dans le salon de madame la duchesse d'Abrantès, qui préludait alors au rôle d'historiographe de son temps en écrivant de petits romans, elle nous confia (nous étions là une demi-douzaine de jeunes gens et de jeunes femmes) qu'elle voulait composer une nouvelle sur l'aventure de don Carlos. Je me souvins, à ce mot, du précieux manuscrit; je racontai comment j'en étais devenu possesseur et je fus sommé, séance tenante, de l'aller chercher. J'obéis, et, sachant bien où je l'avais mis, je le rapportai en triomphe; je m'évertuai sur-le-champ à le traduire verbalement, tant bien que mal, à la joyeuse compagnie. Quelles ne furent pas la surprise générale et ma propre confusion quand il se trouva que le manuscrit n'était autre chose qu'une version espagnole de la nouvelle de Saint-Réal! Je laisse à juger les éclats de rire : on se moqua de moi sans pitié et je m'exécutai de bonne grâce comme je fais en le racontant; mais comment il était possible qu'une traduction de la nouvelle de Saint-Réal eût trouvé place dans les archives de la monarchie espagnole, c'est ce que je n'entreprendrai pas d'expliquer.

Je me borne à affirmer le fait en offrant la communication dudit manuscrit à qui s'en montrerait curieux.

Notre seconde tournée, qui nous conduisit directement, par la route de France, de Valladolid à Pampelune, fut plus courte et moins variée que la première; elle fut aussi moins agréable. La bonne intelligence avait cessé depuis quelque temps entre le général en chef et l'intendant général; leur animadversion réciproque éclata à Briviesca. L'altercation fut violente, à ce point que le général Dorsenne expédia, le soir même, un aide de camp à Paris, pour demander le rappel de M. Dudon, qu'il n'obtint pas, et que nos deux chefs cessèrent de se voir, ne communiquant plus que par écrit ou par intermédiaire.

En qualité de secrétaire général, j'étais naturellement cet intermédiaire. M. Dudon adressait sur chaque question de quelque importance une note très bien faite et très développée au général en chef; mon office était de la lui expliquer, car par lui-même il était hors d'état de la comprendre, et la malice de son adversaire était de le lui faire sentir. Moyennant ce petit commerce, les choses marchaient à peu près comme par le passé, et je me maintenais entre les deux autorités en assez bonne position.

Notre séjour en Navarre n'excéda pas une semaine. Le pays me parut charmant : boisé, verdoyant, montueux, bordé d'un côté par l'Èbre, et de l'autre par la Bidassoa son aspect ressemble trait pour trait à celui que présente l'autre versant des Pyrénées; j'y ai bien souvent pensé dans les trois voyages que j'ai faits depuis à Cauterets et aux Eaux-Bonnes. La ville même de Pampelune est curieuse, originale, et pour ainsi dire pittoresque comme le paysage qui l'entoure; sa physionomie est tout d'un autre âge, et, lorsque, par une belle nuit d'été, elle ferme sa ceinture de tours, selon l'expression singulièrement heureuse de Victor Hugo, elle reporte la pensée bien en arrière du temps où nous vivons.

En visitant avec le général en chef et plus tard avec l'intendant général la prison de Pampelune, j'y contemplai, dans toute son horreur, notre loi des suspects et notre loi des otages en pleine activité. On y voyait entassés, pêle-mêle, dans les plus affreux cachots, dans les bouges les plus infects, les pères, mères, maris, femmes, enfants, de ceux que nous nommions des brigands, parce qu'ils résistaient au sceptre paternel du roi Joseph, et des contribuables qui refusaient d'obéir à nos exactions. Ces pauvres gens pleuraient toutes les larmes de leurs yeux, et tremblaient de tous leurs membres à notre aspect; ce n'était pas sans motif, car le bruit courait parmi eux que les généraux français ne se faisaient aucun scrupule de les pendre, quelquefois, pour le bon exemple. On citait à ce sujet un général Abbé, que je n'ai jamais connu, et qui ne figurait point dans notre armée. Je ne crois pas, s'il existe, qu'il ait rien fait de ce qu'on lui imputait : les calomnies réciproques étaient fréquentes, en Espagne, à cette époque; mais il faut convenir aussi que tout y était possible, et que tout y était excusé de part et d'autre, si c'est une excuse, par l'atrocité des représailles.

De retour à Valladolid, nous y passâmes assez tranquillement la fin de l'année.

Les communications avec la France étaient fréquentes. L'empereur, à la veille de partir pour la campagne de Russie, expédiait officiers sur officiers vers tous les points de la péninsule.

La plupart de ces officiers étaient réellement envoyés pour affaires de service; quelques-uns néanmoins l'étaient quelquefois pour tout autre chose; c'était une sorte d'ostracisme infligé aux galants, lorsque les intrigues des vertueuses princesses du sang impérial et des grandes dames de la cour faisaient assez de bruit pour effaroucher la recrudescence de modestie survenue à notre nouveau marié couronné.

Au nombre de ces pénitents non convertis figurait un de mes amis, Jules de Canouville, aide de camp du prince de Neuchatel et frère de mon camarade à la section de la guerre. Je n'exagère pas en disant que, durant le cours de mon exil en Espagne, il a subi quatre fois cette pérégrination disciplinaire. Lorsque, le matin de bonne heure, j'entendais claquer un fouet dans la cour de notre modeste logis, je m'attendais à le voir entrer; je lui faisais préparer un lit, pour qu'il se reposât quelques heures, un bon déjeuner pour qu'il reprît des forces; puis je recevais ses confidences; il me racontait les tracasseries de la capitale, et, comme le lépreux de M. de Maistre, lorsque les enfants lui criaient : « Bonjour lépreux! » en passant au pied de son donjon, cela me réjouissait un peu.

Je ne m'ennuyais pas trop toutefois. J'avais des ressources. Si l'Université de Valladolid était déserte, elle possédait une fort belle bibliothèque. On y trouvait, non seulement les classiques espagnols, mais les classiques grecs et latins et presque tous les bons ouvrages français du XVIIe et même du XVIIIe siècle. On me prêtait volontiers tous les livres que je demandais. Or, dès l'année précédente, je m'étais pour tout de bon remis à l'étude; j'entends par là ce plaisir libre et désintéressé d'apprendre pour apprendre, de savoir pour savoir, d'exercer son esprit, sans autre but que d'en entretenir et d'en fortifier l'activité.

Ç'avait été de bonne heure mon goût favori. La dissipation, les affaires, l'avaient un peu amorti; mais il m'avait repris de plus belle, à dater d'une fort petite circonstance qui fait époque dans ma vie. Partant pour la Croatie, j'avais acheté à Trieste un exemplaire dépareillé que j'ai encore des œuvres mêlées de Gibbon. J'en feuilletai pendant mon voyage, le troisième volume intitulé : *Extraits raisonnés de mes lectures.* Gibbon, retiré à Lausanne, et mettant la dernière main à son grand ouvrage, inscrivait chaque soir sur un cahier les études de la journée et les réflexions que ses lectures lui suggéraient. Ce journal m'enchanta. Je me pris de passion pour cet exemplaire d'une vie calme, réglée, uniquement préoccupée de travaux intellectuels. Je me mis en tête que rien ne pouvait être ni plus beau ni plus doux; j'en fis le but même de mon existence, en me proposant d'y viser toujours. Je commençai, dès mon arrivée à Pétrinia, un journal que j'intitulai, comme le journal de Gibbon, *Extraits raisonnés de mes lectures,* et que j'ai poursuivi pendant tout mon séjour, tant en Illyrie qu'en Espagne. On le trouvera dans mes papiers, et, si le cours des événements m'a bientôt forcé de l'interrompre, il n'a rien changé au cours de mes pensées et de mes penchants.

Le goût m'est resté. Je lui dois beaucoup. Je lui

dois les meilleurs moments de ma vie, après ceux que j'ai consacrés aux affections domestiques. Je lui dois le désir constant de la retraite lorsque j'ai été dans les affaires, et la crainte d'y rentrer chaque fois que j'en suis sorti. Si l'ensemble de ma conduite m'a valu quelque considération, c'est à cet attrait pour l'étude qu'en revient tout l'honneur. Personnellement je n'y suis pour rien.

IV

1812

L'année 1812 s'ouvrit pour nous sous de fâcheux auspices. La ville de Ciudad-Rodrigo que les Espagnols regardent, avec raison, comme la clef du Portugal, et les Portugais, avec non moins de raison, comme la clef de l'Espagne, fut attaquée, le 8 janvier, par le duc de Wellington, et capitula le 20.

Le général Dorsenne était à peu près chargé de la défendre; on s'en prit à lui, on lui reprocha de n'avoir pas ravitaillé la garnison, d'en avoir confié le commandement à un officier peu digne de ce poste, de n'avoir point marché assez tôt à son secours.

Ce qu'il y avait là de vrai, je l'ignore; ce qui est

sûr, c'est que le général Dorsenne fut rappelé et remplacé par le général Caffarelli. Mais, comme le général Dorsenne commandait une division de la jeune garde, prête à partir pour l'expédition de Russie, il est fort possible que ce fût là le vrai motif de son rappel. Son dernier arrêté est du 19 décembre 1811.

Maître de Ciudad-Rodrigo, le duc de Wellington menaçait la ligne de communication entre Bayonne et l'armée de Portugal. Pour la couvrir, le maréchal Marmont, successeur du maréchal Masséna, après avoir fortifié Salamanque, tant bien que mal, fit occuper par son armée la province de Valladolid, et plaça dans cette ville son quartier général.

L'établissement civil dont je faisais partie se trouvait par là coupé en deux, et l'intendant général se trouvait relever de deux généraux en chef.

Le premier arrêté du maréchal Marmont est du 4 février 1812.

C'était, pour moi, une vraie bonne fortune de me retrouver placé près de lui. Je lui fis part de ma situation; il la comprit, et me promit de profiter, pour me renvoyer en France, de la première occasion ou simplement du premier prétexte.

L'occasion se présenta à la fin de mars.

L'empereur étant sur le point d'*aller en guerre, ne sait quand reviendra*, le maréchal Marmont se décida à lui expédier le colonel Jardet, son premier aide de camp, dont j'ai déjà parlé, en le chargeant d'exposer catégoriquement au futur conquérant de toutes les Russies, l'état critique où se trouvait l'armée de Portugal, ses besoins pressants, les périls qui la menaçaient et surtout l'impossibilité de la faire subsister sur le territoire qu'elle avait à défendre.

Afin de donner sur ce dernier point plus de poids aux déclarations de Jardet, il fut convenu entre le maréchal et l'intendant général que je l'accompagnerais, et me tiendrais prêt à l'appuyer, si l'empereur, le prince de Neuchatel ou le ministre de la guerre me faisaient appeler.

Je partis avec Jardet, muni d'un ordre, en bonne forme, dont j'ai gardé copie. Je quittai, sans regret Valladolid, presque un an jour pour jour après y être entré, et me promettant bien de n'y plus revenir.

Nous cheminâmes cinq jours et cinq nuits, à cheval, au petit pas, flanqués de bonnes escortes, et sans accident. En traversant le défilé de Pancorbo, sorte de pâté de rochers jeté au beau milieu de la vieille Castille, sans lien avec les montagnes environnantes, et traversé par une petite rivière, nous rencontrâmes, comme de coutume, les insurgés qui côtoyaient un des bords, tandis que nous suivions l'autre; ils nous tirèrent quelques coups perdus qui ne nous firent ni peur ni mal.

En approchant de France, nous fûmes avertis que les insurgés nous attendaient, en force, dans un village qui nous fut désigné et se proposaient de nous faire un mauvais parti. Effectivement, lorsque nous aperçûmes ce village, à la tombée de la nuit, il était tout illuminé. On fit charger les armes, former l'escorte en colonnes serrées. Nous nous plaçâmes au centre, Jardet et moi. Je tirai même, à son exemple, ma petite épée, dont la garde était ornée d'une momie, selon le modèle impérial, épée que j'ai encore, n'en ayant jamais porté d'autre; j'armai mes pistolets, mais le tout en pure perte. Au moment où nous entrâmes dans le village, toutes les lumières furent éteintes, et nous le traversâmes dans le silence et l'obscurité. Les insurgés nous avaient trouvé apparemment plus nombreux et mieux préparés qu'ils n'espéraient.

Arrivés à Bayonne, nous en repartîmes sur-le-champ pour Paris.

L'empereur ne me fit point appeler. Le duc de Raguse a rendu compte, dans ses *Mémoires*, d'une manière fort piquante, de la mission de Jardet, de ses entretiens avec l'empereur, et notamment du dernier; il n'y a pire sourd, dit-on, que qui ne veut pas entendre : l'empereur, en ce moment-là, était ce sourd-là.

Je vis le prince de Neuchatel. Il me reçut assez mal, ne m'écouta guère, et voulait me renvoyer en Espagne. Je lui fis parler par M. de Narbonne, alors aide de camp de l'empereur : il n'insista pas; en tout cas, je n'y serais pas retourné.

Je vis le ministre de la guerre, qui m'écouta très attentivement, et, après m'avoir entendu, me congédia, sans s'occuper, grâce à Dieu, de moi ni de ma destination future.

Je vis M. de Bassano, qui, de secrétaire d'État devenu ministre des affaires étrangères, me proposa la place de consul général à Dantzick. C'eût été changer de carrière, et prendre dans la carrière diplomatique celle des deux branches qui n'avait point d'avenir. Je le remerciai respectueusement, en me recommandant d'ailleurs à ses bons offices.

L'empereur partit avec son état-major civil et militaire, s'arrêtant à Dresde, comme chacun sait, avant de passer le Niemen et de se lancer dans la grande aventure. J'attendis, à Paris, ce que ferait de moi le nouveau secrétaire d'État, M. Daru, dont j'étais connu, et à qui j'avais écrit.

En attendant, je ne perdais pas tout à fait mon temps.

J'avais retrouvé à Paris un de mes camarades d'Espagne, Fargues, fils du sénateur de ce nom, et revenu avant moi, grâce à l'intervention de son père. Il était attaché à la préfecture de police, ce qui se pouvait alors en tout bien tout honneur, M. Pasquier ayant nettoyé cette écurie d'Augias, et transformé le foyer d'inquisition politique en simple magistrature municipale. Fargues me proposa de l'accompagner dans l'inspection des prisons de Paris, dont il était chargé.

J'acceptai avec empressement. Nous en visitâmes plusieurs, entre autres Bicêtre, qui réunissait, à cette époque, la quadruple qualité de prison d'État, de prison pour les condamnés, d'hospice pour la vieillesse, et d'hospice d'aliénés. Il va sans dire que ces établissements contigus et renfermés dans la même enceinte étaient, néanmoins, séparés l'un de l'autre, et régis par des administrations différentes.

Le régime des prisons et des hospices, supérieur à ce qu'il était sous l'ancien régime, était encore loin, à cette époque, de ce qu'il est devenu plus tard. La prison de Bicêtre était tenue avec beaucoup de fermeté, d'humanité et de sagesse. A sa tête était placé, si j'ai bonne mémoire, le père de M. Damiron, mon excellent collègue à l'Académie des sciences morales et politiques.

J'assistai au triste spectacle de l'arrivée de nouveaux condamnés; à leur prise d'habit, laquelle exige d'ordinaire l'emploi de la force; à leur répartition entre les diverses sections de la prison, à la bienvenue tumultueuse qui les accueillait, mais je vis quelque chose de plus triste encore.

A l'extrémité d'un corridor long, étroit et obscur, se trouvait une cellule petite, voûtée et ne prenant jour que sur le corridor même; il y fallait une lampe en plein jour. Nous trouvâmes dans cette cellule, fort propre d'ailleurs, un ancien chef vendéen, nommé Desol de Grizolles, enfermé là depuis dix ans, parce qu'il s'était, nous dit-on, refusé à faire soumission au gouvernement consulaire. En nous voyant entrer, il ne se leva point de la petite table devant laquelle il était assis, et qui me parut couverte de livres de piété. Il était bien mis, son aspect était calme, grave et presque serein.

— Avez-vous quelque plainte à former? lui demanda Fargues.

— Aucune.

— Peut-on quelque chose pour vous?

—Rien.

Puis il se remit tranquillement à lire. Je sortis pénétré de respect et d'admiration.

Ce digne martyr de la plus juste des causes, j'entends, par là, celle de la première Vendée, resta dans la cellule où je l'ai vu jusqu'à la Restauration. Rendu à la liberté, rentré dans son pays, revêtu d'un commandement, j'ai appris, avec joie, en 1815, que, durant la réaction de cette époque, il s'était conduit avec beaucoup de sagesse, de modération et d'humanité.

Quelques jours après cet incident, je reçus du duc de Rovigo l'invitation de me trouver le lendemain, à deux heures, au ministère de la police. Je n'y manquai pas, sans prévoir ce qu'il voulait de moi, et quelque peu préoccupé de l'entrevue. J'y rencontrai huit ou dix de mes collègues, comme moi en uniforme, ignorant comme moi le but de notre réunion, et, comme moi, n'en augurant rien de bon. Nous attendîmes à peu près une demi-heure, puis on nous fit entrer dans une pièce qui précédait le cabinet du ministre. Là, lui-même vint nous trouver et nous expliqua, avec bonhomie et bonne humeur, qu'il avait besoin de quatre ou cinq d'entre nous pour en faire des commissaires de police dans les villes anséatiques. Il s'étendit complaisamment sur la beauté des postes et sur les services que nous serions appelés à rendre à l'empereur et à la grande armée. Chacun de nous s'excusa du mieux qu'il put : je me contins ; je fis valoir mon ancienneté, mes services. Le duc de Rovigo ne se fâcha point, prit les excuses en bonne part ; mais il maintint son dire qu'il lui fallait quatre ou cinq d'entre nous, nous invita à faire nous-mêmes le choix, en nous donnant à entendre que, si nous tardions trop, nous aurions lieu d'en être les mauvais marchands.

J'étais parfaitement résolu à tout risquer, même la cellule de M. Desol de Grisolles, plutôt que de subir un pareil opprobre ; mais, afin d'éviter, s'il était possible, l'un et l'autre, j'écrivis à M. de Bassano, je lui racontai l'aventure, et lui demandai de me placer où il voudrait, comme il voudrait, pourvu qu'il me tirât de ce guêpier.

Je reçus, courrier pour courrier, ma nomination d'auditeur attaché à l'ambassade de Varsovie.

C'était changer de carrière. C'était entrer dans la carrière diplomatique par le dernier des grades. Les circonstances données, je n'hésitai pas. Peu m'importait d'ailleurs ; mon parti était pris de quitter le service impérial. Je m'étais assuré que, pour y réussir, il ne suffisait ni de l'activité, ni du zèle, ni de l'intelligence. Depuis mon séjour en Espagne, le service me faisait horreur, et je ne cherchais, pour en sortir, qu'une porte qui ne fût pas celle du donjon de Vincennes.

Je fis rapidement mes préparatifs, et traversai plus rapidement encore l'Allemagne. Chemin faisant, je rencontrai, entre Weimar et Gotha, l'un de mes amis, M. de Saint-Aignan, beau-frère de M. de Caulaincourt, et ministre près des petites cours de Saxe. Nous descendîmes de voiture, et nous causâmes assez longtemps sur le présent et l'avenir et sur l'entreprise du nouveau Xerxès, auquel il ne manqua pour ressembler tout à fait à son devancier, que de faire fouetter les marais de la Pologne et les sables de la Russie.

Je ne m'arrêtai que quelques heures à Postdam,

pour visiter le tombeau du grand Frédéric, et quelques heures à Berlin pour me faire une idée générale de cette grande et triste ville; traversant au pas de course Francfort-sur-l'Oder et Posen, j'arrivai à Varsovie peu de jours après l'ambassadeur; l'empereur avait déjà passé le Niemen et la Diète du grand-duché était convoquée par le roi grand-duc.

L'ambassade était composée :

1° De l'ambassadeur lui-même : c'était, par grand extraordinaire, depuis 1789, un ecclésiastique, l'abbé de Pradt, archevêque de Malines;

2° D'un premier secrétaire, M. Lajard, revenant de Perse, où il avait accompagné le général Gardanne; il avait pris, dans ce voyage, goût aux études orientales; il est aujourd'hui membre de l'Académie des inscriptions;

3° D'un second secrétaire, M. de Rumigny, que nous avons vu, depuis, figurer comme ministre et comme ambassadeur en Bavière, en Suisse, en Espagne et à Vienne;

4° Enfin, de trois attachés, sans me compter;

Amédée de Brévannes, conseiller d'État sous la Restauration, l'un des esprits les plus fins et les plus délicats que j'aie connus;

Samuel de Panat, neveu du chevalier de Panat, préfet sous la Restauration, et membre de la Chambre des députés sous le gouvernement de Juillet, homme de beaucoup d'esprit et de beaucoup d'honneur;

Aubernon, que j'avais connu en Illyrie, et dont j'ai déjà parlé.

A ce personnel officiel, s'il est permis d'ainsi parler, se joignirent bientôt deux hommes, connus dans les premiers temps de la Révolution, disparus avec elle, mais l'un et l'autre dignes d'un meilleur sort : Pellenc, secrétaire de Mirabeau, Provençal comme lui, et son grand préparateur en fait de recherches et d'arguments, l'auteur réel du grand discours sur le droit de paix et de guerre; d'André, membre du côté droit de l'Assemblée constituante, émigré de la gauche, gagné à la résistance plus par sa propre raison que par la cour, et victime, en définitive, comme tant d'autres, des sottises dont il n'avait pas été complice.

Réduits, en 1792, à quitter la France, ces deux personnages, après avoir erré, en émigration, et subi toutes les misères de l'exil, avaient enfin trouvé refuge à Vienne, chacun dans un petit emploi subalterne. C'est là qu'en 1809, M. de Bassano, de leur temps, rédacteur du *Logographe*, mais devenu tout-puissant auprès du tout-puissant vainqueur de l'Europe, les déterra, les accueillit, et leur fit force promesses, promptement oubliées dès qu'il eut le dos tourné, mais qui lui revinrent en mémoire lorsque, resté seul à Wilna, tandis que l'empereur marchait sur Moscou, et chargé, en apparence, de ressusciter et d'organiser le royaume de Pologne, il jugea convenable d'appeler près de lui des collaborateurs assez intelligents pour l'assister, et assez obscurs pour ne pas le compromettre.

D'André et Pellenc furent mandés à Wilna, avec invitation de s'arrêter à Varsovie jusqu'à nouvel ordre, afin de s'entendre avec l'ambassadeur, ce qui leur était d'autant plus facile et plus agréable qu'ils le connaissaient de longue date; et le royaume de Pologne s'étant peu à peu dissipé en fumée, ils nous restèrent, en définitive, comme une cinquième roue à un carrosse qui, n'ayant absolument rien à faire, en avait déjà quatre fois trop de quatre.

Je ne sais trop, en effet, si, parmi les fantaisies qui traversaient, à cette époque d'infatuation, la tête du roi des rois, celle de rétablir la Pologne, a tenu bon pendant quelque temps. J'en ai toujours douté, pour ma part; j'en doute encore, malgré M. Thiers, et précisément par les raisons de douter qu'il allègue et qui ne lui paraissent pas suffisantes.

Si l'empereur avait eu, je ne dis pas la volonté mais la moindre velléité de rétablir la Pologne, son premier soin, à coup sûr, aurait été de reconstituer l'armée polonaise, seule fraction de la nation qui n'eût pas subi de partage, préférant l'exil à la soumission, et le drapeau français au drapeau russe ou prussien; il eût replacé cette armée tout entière sous la main de son digne chef, le prince Joseph Poniatowski, neveu du dernier roi de cet infortuné pays; puis il aurait fait de cette armée la droite de la grande armée; il l'aurait chargée de soulever, d'abord, et ensuite de confédérer la Volhynie, la Podolie, toute la Pologne russe, grossissant ainsi, à chaque pas, et faisant tout ensemble la tache d'huile et la pelote de neige. On l'aurait vu, à mesure qu'il conquérait une province nouvelle, l'agréger au grand-duché de Varsovie et réintégrer ainsi graduellement le royaume démembré.

Enfin, pour donner force, vie, entrain à l'opération, il aurait choisi pour représentant de sa bonne volonté toute-puissante, soit un grand personnage politique, ce qui était rare à la vérité sous le régime impérial, soit du moins un général, brillant, entreprenant, couvert de gloire, il en avait plus d'un sous la main.

Or, il a fait précisément le contraire.

Il a maintenu, accru, perpétué la dislocation de l'armée polonaise, n'en laissant qu'un noyau au prince Poniatowski, répartissant les deux tiers, au moins, entre les divisions de ses corps d'armée et de sa garde. Il a commis la tâche d'envahir la Pologne russe à l'armée autrichienne, dont le plus pressant intérêt était d'y prévenir tout soulèvement patriotique, d'y comprimer tout esprit de retour vers le passé. Maître de la Lithuanie, il s'est empressé d'établir à Wilna un gouvernement distinct de celui du grand-duché. Enfin, il a choisi pour représentant, au fort de la guerre, et chez un peuple tout belliqueux, son aumônier, qui se qualifiait, à la vérité, d'aumônier du dieu Mars, un personnage chamarré de ridicules, et perpétuel objet de moqueries à la cour impériale.

L'abbé de Pradt, très bon homme au fond, prêtre très régulier dans ses mœurs malgré quelques gros mots qui lui échappaient dans la conversation familière, n'avait ni la gravité d'un prélat, ni la tenue d'un ambassadeur. Petit prestolet auvergnat, envoyé à l'Assemblée constituante par une démocratie de curés, engagé dans le côté droit par vanité, par esprit de corps; ayant vécu, en émigration, de pamphlets et d'écrits de circonstance et s'étant depuis, jeté à corps perdu, comme l'abbé Maury, dans la fortune impériale. Je ne crois pas qu'il ait jamais bien compris le but que se proposait son maître en l'installant à Varsovie, ni le sens véritable des instructions écrites ou verbales qui devaient servir de règle à sa conduite.

Je ne sais même si M. de Bassano, qui lui était donné pour tuteur, a bien compris lui-même le fin de la chose, à savoir que l'intention du maître était simplement de chauffer à blanc l'enthousiasme des Polonais, de promener sous leurs yeux le drapeau de l'indépendance, de les entraîner à se saigner de leur dernier homme et de leur dernier écu, sans prendre aucun engagement envers eux, et en se réservant de faire, au dernier moment, la paix à leurs dépens.

Au demeurant, et quoi qu'il en fût de notre ambassadeur et de son tuteur, toutes choses voguèrent d'abord à pleines voiles. Au moment où j'arrivai à Varsovie, l'ambassade, son chef en tête, faisait chorus à l'ivresse générale. C'était à qui crierait : *Polsko zye!* (la Pologne vit!) à qui chargerait son chapeau et sa boutonnière des *couleurs polonaises;* à qui débiterait ou applaudirait à la dictée des harangues copiées de Rulhière, qui lui-même les avait copiées de Thucydide et de Tite-Live; à qui donnerait ou recevrait de grands dîners, qui achèveraient de vider des bourses déjà bien à sec, y compris celle de l'ambassadeur, lequel vivait d'emprunts et de crédit.

Les choses allèrent ainsi jusqu'au moment où l'empereur, sur le point de partir de Wilna, et trouvant apparemment *que nous le déguisions trop,* jugea convenable, en donnant audience aux députés de la Diète, de leur jeter sur la tête un grand seau d'eau froide.

Le remède fut sans effet sur les pauvres gens : ils étaient engagés jusqu'à la garde, ils avaient donné tout ce qu'ils avaient; mais il opéra sur notre ambassade, et, la Diète s'étant dispersée, nous restâmes à peu près entre nous bavardant jour et nuit sur l'Assemblée constituante, sur le passé et sur le présent, criant comme des aigles et tuant le temps comme des badauds, en attendant des nouvelles de la grande armée. Notre ambassadeur continuait cependant à donner, de temps à autre, de grands dîners aux Polonais que leurs fonctions ou leur curiosité retenaient à Varsovie, et à leur débiter force gasconnades, à leur raconter comme quoi c'était par suite des malheurs de la Révolution qu'il était tombé au rang d'archevêque et d'ambassadeur. Mais le feu était éteint, le découragement était dans tous les cœurs et l'anxiété sur tous les visages.

Peu à peu tout se calma, notre ambassade elle-même se dispersa plus ou moins. L'ambassadeur, afin de se donner les airs de faire quelque chose, envoya Aubernon en Galicie et le chargea d'étudier l'état des esprits et le mouvement de l'opinion dans cette province, polonaise d'origine, mais soumise au joug de l'Autriche. Il détacha Panat à l'armée saxonne, commandée par le général Régnier, placé lui-même sous les ordres du prince de Schwartzenberg; il ne garda près de lui que ses deux secrétaires, et deux attachés, Brévannes et moi.

Je fus chargé de m'entendre avec le ministre du roi de Saxe, grand-duc de Varsovie, jusqu'à nouvel ordre, et de préparer la réforme, sur le patron français, des institutions politiques, administratives et financières du grand-duché.

Je trouvai, dans les ministres polonais du roi de Saxe, des hommes honnêtes, sensés, intelligents, jugeant bien la situation ; deux surtout, M. Mostowski, ministre de l'intérieur et M. Matuszewicz, ministre des finances, dont le fils a joué, depuis, un certain rôle dans la diplomatie européenne, étaient des esprits distingués.

Nos entretiens n'aboutirent pas à grand chose :

> *Trois mois entiers ensemble nous pensâmes,*
> *Lûmes beaucoup, et rien n'imaginâmes.*

On trouvera néanmoins, dans mes papiers, quelques travaux préparatoires sur ce sujet et quelques renseignements statistiques qui ne sont pas sans intérêt.

Au vrai, il n'y avait, pour le moment, rien à faire. Le grand-duché était ruiné, d'abord par le système continental, puis par les préparatifs de la guerre, puis par la guerre elle-même ; on ne savait ce qu'il deviendrait ; les projets, quels qu'ils fussent, ne pouvaient être que des rêves. Mais, selon la pente de nos esprits, également éloignés de l'enthousiasme et du pessimisme, je me demandais souvent, à part moi, ce qu'il était, sinon possible de faire actuellement, du moins permis d'espérer raisonnablement pour ce pays, si digne d'intérêt par ses malheurs, ses sacrifices et son courage, victime, dans le dernier siècle, de la perfidie la plus noire et la plus effrontée, auquel me rattachaient des traditions de famille, à qui mon grand-oncle, le comte de Broglie, avait consacré la plus grande partie de sa vie. Le souvenir en était encore présent à beaucoup d'esprits et me valait un accueil dont j'étais d'autant plus reconnaissant, qu'en ce temps-là, je n'étais, moi-même, guère au fait de la négociation suivie pendant tant d'années par le comte de Broglie, tant ostensiblement qu'en secret dans l'intérêt de la Pologne. Depuis, comme ministre des affaires étrangères, j'ai eu occasion d'y jeter les yeux, et l'on en trouvera, dans mes papiers, un exposé très bien fait par une main très exercée[1].

Réfléchissant donc, par occasion, sur l'avenir de la Pologne :

Car que faire en un gîte, à moins que l'on ne songe?

il me semblait que le mieux qu'on pût espérer de

[1]. J'ai depuis complété cet exposé par de nouvelles recherches dont j'ai publié le résultat dans deux volumes intitulés *le Secret du roi*. (*Note de l'éditeur.*)

la guerre actuelle, en la supposant la plus heureuse, c'était l'érection du grand-duché de Varsovie en royaume nominal, avec une légère augmentation de territoire; que, pour arracher à l'Autriche la Galicie, à la Prusse le peu qui lui restait du partage, à la Russie la Lithuanie, la Podolie, la Wolhynie, Kiew et le reste, pour établir ou rétablir, il n'importe, entre ces trois grands larrons, un vrai royaume de Pologne, leur ennemi naturel et perpétuel, et pour le maintenir, à leur barbe, il faudrait à l'empereur Napoléon plus d'années de guerre qu'il ne lui en restait à vivre. Qu'il posât une pierre d'attente, c'était déjà beaucoup, en le supposant victorieux, ce qui n'était pas certain, et généreux, ce qui l'était encore moins.

Comment bâtir, dès lors, et qui bâtirait sur cette pierre ?

Si l'empereur Napoléon, au faîte de sa gloire, n'y pouvait rien, à plus forte raison ses successeurs quels qu'ils fussent, bien moins encore les petits princes de l'Allemagne. La Saxe pouvait bien donner un roi au royaume de Pologne, quand ce royaume existait, mais refaire un royaume de Pologne à son profit, c'était folie d'y songer.

Il n'y avait donc, tout compte fait, qu'un des

trois larrons, et, partant, le plus grand des trois, celui qui s'était adjugé la part du lion, qui fût en puissance et en position de dépouiller ou de désintéresser les deux autres. Point de royaume de Pologne, à moins que l'empereur de Russie ne se mît en tête de le restaurer lui-même et pour lui-même, de faire de la couronne des Piasts et des Jagellons un joyau de sa couronne impériale, à moins qu'il ne cherchât sa gloire et ne trouvât son intérêt à lancer contre ses voisins d'Europe une nation satisfaite et belliqueuse plutôt qu'à l'écraser à l'aide de ses autres sujets demi-barbares.

Ç'avait été, au début de son règne, l'idée favorite de l'empereur Alexandre; il y avait été longtemps entretenu par l'aîné des princes Czartoryski, son compagnon d'enfance, son ami de jeunesse, son ministre plus tard, le même que nous voyons depuis vingt ans, en France, porter avec tant de dignité et d'égalité d'âme le poids d'une glorieuse adversité.

Ce plan, interrompu par la première guerre de Russie mais simplement ajourné, maintenu en idée et en secret, et même pendant les visions du traité de Tilsitt, se trouvait ajourné de nouveau par la nouvelle guerre; mais je ne pouvais me défendre de penser que, cette fois encore, il n'était qu'ajourné, et que nous y travaillerions, à notre insu, par nos victoires, que nous transformerions le grand-duché en royaume nominal, d'abord pour le roi de Saxe, puis, un jour ou l'autre, pour l'empereur Alexandre. Il s'est trouvé, en définitive, que nous y avions travaillé par nos revers, et que c'est la catastrophe de 1814 qui a fait du grand-duché un royaume, et de l'empereur de Russie le roi de ce royaume-là. Le nouvel accès de folie des pauvres Polonais, en 1830, a empêché jusqu'ici l'embryon de grandir : fasse le Ciel qu'ils n'aient pas brisé leur dernière planche de salut !

Poursuivi de ces idées, je n'avais garde d'en faire confidence à personne; mais j'étais involontairement attiré vers ceux d'entre nos hôtes que j'en soupçonnais un peu hantés comme moi. Le vieux prince Czartoryski, père du ministre en disponibilité de l'empereur Alexandre, était grand-maréchal de la Diète; son fils cadet servait avec valeur dans le corps d'armée du prince Poniatowski; son gendre, le comte Zamoyski, était à Varsovie un personnage considérable; la vieille princesse Czartoryska et ses deux filles, la princesse de Wurtemberg et la comtesse Zamoyska, célèbre en France et en Angleterre pour sa beauté faisaient, en quelque sorte, les honneurs de la Diète avec beaucoup de grâce et d'amabilité.

Je fus reçu, dès l'abord, avec bienveillance dans cette maison hospitalière. Le vieux prince et la vieille princesse avaient connu ma famille à Paris, sous l'ancien régime; bientôt le bon accueil fit place à l'intimité; mais je dois dire à leur honneur que, quelles que fussent leurs pensées secrètes, que je voyais d'accord avec les miennes, je ne leur ai jamais surpris une parole, un sentiment, un désir qui ne fût pas avant tout pour le succès de nos armes et pour le triomphe ou momentané ou durable de l'influence française.

Sachant que je me proposais de parcourir le grand-duché et de visiter les salines de Wiliczka, le prince Czartoryski et la princesse Czartoryska m'invitèrent à m'arrêter, en allant et en revenant, dans le château qu'ils allaient habiter, ce magnifique Pulawy que la guerre civile a détruit en 1830, et qui n'existe plus que dans les vers de Delille, lesquels n'existent plus guère eux-mêmes que dans la mémoire de ses contemporains, dont le nombre n'est pas grand et diminue de jour en jour.

J'acceptai avec empressement et, bientôt après,

je commençai mon excursion comme un curieux et un oisif que j'étais.

Je passai quinze jours environ à Pulawy en allant à Cracovie, et autant en revenant. Je n'ai vu nulle part une habitation aussi digne d'envie, pas même en Angleterre, si renommée et si justement renommée en cela comme en toutes choses.

Le château n'était ni grand, ni régulier, ni même splendide, mais la Vistule coulait à ses pieds et roulait ses flots à pleins bords, à travers les jardins, le parc, la contrée tout entière, sous l'ombrage d'une forêt de sapins séculaires; sur les deux rives étaient semés en profusion, comme de simples fabriques, des monuments copiés sur les plus beaux modèles de l'Italie et de la Grèce, le tombeau de Scipion, le temple de la Sibylle, etc., ou retraçant les plus beaux souvenirs de l'histoire de la Pologne et renfermant en armures, en joyaux, en ornements les reliques les plus précieuses.

Vers le milieu du jardin se trouvait une petite maison en style gothique, construite entièrement, du sol jusqu'aux combles, avec des pierres rapportées, soit de quelque monument, soit de quelque lieu célèbre; chaque pierre portait en forme d'inscription son certificat d'origine et la date de son entrée dans cette petite nécropole. Sur le fronton était gravé ce vers de Virgile :

Sunt lacrymæ rerum et mentem mortalia tangunt.

Je ne suis point enclin à la mélancolie, c'est une disposition d'âme que je comprends sans l'éprouver. Je l'avouerai néanmoins, ce lieu était le but favori de mes promenades ; j'y revenais sans cesse, involontairement ; arrivé là, j'y restais, je me surprenais, en lisant les inscriptions dont les murs étaient en quelque sorte diaprés, à rêver d'abord sur les destinées du pauvre pays dont je voyais les *disjecta membra* se redresser et se rapprocher comme dans la vision d'Ézéchiel, puis sur celle de la noble famille qui, dans ses jours de prospérité, avait élevé ce monument à l'instabilité des choses humaines ; puis enfin, sur le cours mystérieux des destinées de l'humanité. Je croyais entendre, comme en lisant l'*Histoire universelle* de Bossuet, le fracas des empires tombant les uns sur les autres, et je répétais machinalement le vers de Virgile, qui n'a guère de sens quand on essaye de lui en trouver un, mais qui réveille dans l'âme, comme la musique, des idées et des sentiments que la parole ne saurait exprimer.

L'intérieur du château était très simple, mais il renfermait une bibliothèque immense en toutes langues, et le vieux prince était, lui-même, une immense bibliothèque : il était grand savant, grand orientaliste; il parlait toutes les langues de l'Europe et tous les dialectes de toutes les langues avec une rare perfection, et connaissait le contenu même des livres, aussi bien que l'idiome dans lequel ils étaient écrits. Je n'oublierai jamais qu'à cette époque où la philosophie de Kant brillait, en Allemagne, de tout son éclat, et où celle de Fichte commençait à poindre, il m'expliqua l'une et l'autre avec beaucoup de clarté et une douce raillerie, si bien que j'en fis mon profit, ainsi qu'on le verra un peu plus tard.

La vieille princesse, petite de taille, était de tous points une grande dame, simple, sévère, d'une politesse exquise et d'une indulgence sans laisser aller. J'ignore ce qu'il y a eu de vrai ou de faux dans les torts que les mémoires de son temps lui imputent. M. de Talleyrand m'a souvent dit que ces mémoires, entre autres ceux qui prennent le nom du duc de Lauzun, sont un tissu de mensonges et de sottises; mais, quoi qu'il en soit, la princesse Czartoryska que j'ai connue inspirait le respect, tenait à distance, et ne réveillait dans l'esprit aucun souvenir qui ne fût à son honneur.

Ses deux filles étaient des personnes d'un noble caractère, d'un esprit cultivé, d'une conversation douce et sérieuse. Les habitués de ce beau lieu, étrangers comme moi, ou commensaux, n'étaient point indignes d'en faire partie. L'intérêt réel et sincère que je portais à la cause de mes généreux hôtes, et plus encore peut-être la parfaite liberté d'esprit avec laquelle j'examinais, sans illusion comme sans découragement, les chances de l'avenir, achevèrent de me gagner leur confiance; j'en reçus, en partant, des témoignages d'amitié dont, seul aujourd'hui, je conserve le souvenir. Pulawy et ses habitants n'existent plus.

Je partis pour Cracovie en promettant et en me promettant de revenir.

Cracovie est le berceau de la Pologne, *gniasdo Polsky;* c'est une ville petite mais originale et riche en souvenirs historiques. Les environs sont charmants; elle est située au pied des montagnes de la Silésie, et les gorges boisées de ces montagnes sont agrestes, presque sauvages, peuplées de couvents, abondantes en points de vue variés.

Je visitai avec soin et à plusieurs reprises les salines de Wiliczka, dont la possession est, ou du moins était alors mi-partie entre le grand-duché, où se trouvait enclavée la ville libre de Cracovie, et l'Autriche maîtresse de la Galicie. Je n'entrerai dans aucun détail sur le mode d'exploitation de ces salines, sur leurs richesses, leurs débouchés, etc. Ces détails se trouvent partout, et les renseignements statistiques que j'ai recueillis et conservés, après quarante-six ans, ne correspondent plus sans doute à rien de réel.

À l'époque dont je parle, on descendait dans ces salines d'une façon assez périlleuse.

Trois lanières de sangle étaient attachées tant bien que mal au gros câble qui servait, à l'aide d'une poulie, à monter et à descendre les fardeaux. Ces trois lanières formaient un siège très étroit; assis sur ce siège on embrassait de ses deux jambes et de l'un de ses bras le câble; l'autre bras servait à écarter le câble des parois de muraille en terre ou en sel qui formaient le puits lui-même; on descendait ainsi à de très grandes profondeurs, au risque, si l'on n'employait pas bien le bras libre, d'être rudement froissé contre la paroi, et, si on lâchait le câble de l'autre bras ou des jambes, ou si les sangles venaient à casser, d'être précipité la tête la première. Je me suis souvent rappelé ceci, en lisant, dans *l'Antiquaire*, de Walter Scott, le récit de l'évasion d'*Ocheltrie* et de *Lovel* à travers les rochers, durant la tempête ; et, comme exemple de la puissance de l'imagination en pareil cas, je dois dire qu'en subissant plusieurs fois l'épreuve de la descente et de la montée que je viens d'indiquer, je n'éprouvai pas la moindre émotion, tandis qu'il m'est presque impossible de regarder en bas, d'un second ou d'un troisième étage, appuyé sur une fenêtre dont la balustrade s'élève à mi-corps.

Lorsqu'on est descendu dans l'intérieur de la mine, on la parcourt pendant des heures. C'est un labyrinthe de galeries percées à l'aventure, selon la direction des filons, et tellement obscures qu'on n'y peut cheminer qu'aux flambeaux ; on y peut faire plusieurs lieues sans revenir sur ses pas. De galerie en galerie, on descend, en définitive, jusqu'au bord d'un lac d'eau salée, assez étendu, et qu'on traverse en bateau, à la clarté des torches et au bruit des détonations de la poudre qui détache, à grand fracas, les prismes de sel, taillés, à grand'-peine, dans la muraille. Rien ne peut mieux donner l'idée de l'entrée de l'Averne, telle qu'elle est décrite par les poètes : la barque qui vous porte est réellement pour l'imagination *la barque à Caron.* En revenant de Cracovie à Varsovie, je m'arrêtai, ainsi que je l'avais promis, quelques jours à Pulawy. Ce fut là que j'appris les deux terribles et stériles victoires remportées par l'empereur, le 17 août à Smolensk, et le 7 septembre à la Moscowa : heureusement le fils cadet du prince Czartoryski, qui servait dans le corps du prince Poniatowski, était sorti sain et sauf de ces effroyables journées. Et, à cette occasion, je rapporterai ce qui m'a été dit plus tard par le prince Poniatowski lui-même. Comme il m'expliquait l'assaut donné à Smolensk, et l'impossibilité évidente où il se trouvait d'emporter une muraille avec de la cavalerie : « Je ne sais trop, me dit-il en riant, ce que l'empereur voulait de nous ; je crois qu'il voulait savoir ce qu'il en pouvait exiger sans nous rebuter. » Le récit de l'assaut de Smolensk, tel qu'il est décrit par M. Thiers, ne cadre pas exactement avec cet incident.

J'appris en arrivant à Varsovie l'incendie de Moscou.

On ne peut bien juger, à la distance des temps et des lieux, et l'histoire ne rendra jamais l'impression que cet épouvantable événement produisit sur tous les esprits. A dater de ce moment, l'avenir nous parut à tous chargé d'un sombre nuage qui ne cessait d'aller grossissant, et de jour en jour. Avide de nouvelles, personne n'osait presque en demander.

J'essayais de tromper ou d'atténuer mon inquiétude en m'appliquant sans relâche à l'étude de la langue et de la littérature polonaises. J'avais trouvé à Varsovie un ecclésiastique français, je crois un chanoine, qui, résidant depuis longtemps dans cette ville, avait fait de l'une et de l'autre une étude approfondie. Il me donnait une grande partie de ses matinées. Il avait composé une grammaire fort développée qu'il me permit de faire copier, et que j'ai conservée. Il surveillait la publication d'un dictionnaire, auquel toute la société souscrivit et que je possède; je réunissais les principaux auteurs dont on fait cas, en cette langue, et j'ai réussi à en conserver une partie. Cette fois encore, je trouvai en moi-même un asile contre le malheur des temps et des circonstances.

L'approche de la mauvaise saison et la perplexité générale ramenaient à Varsovie un très grand nombre de familles qui s'en étaient momentanément éloignées. En général, nous passions nos soirées ou chez la princesse Tiskewicz, sœur du prince Poniatowski, grande amie de M. de Talleyrand, et que tout le monde a bien connue à Paris, ou chez madame de Vauban, femme séparée et très séparée du comte de Vauban qui a joué un certain rôle dans les guerres de la Vendée, et public contre le comte d'Artois un écrit injurieux. Madame de Vauban avait été, pendant longtemps, la maîtresse en titre du prince Poniatowski, et, à ce titre, chose étrange, elle avait exercé, à Varsovie, tout l'ascendant d'une épouse légitime; elle en conservait l'attitude, après avoir perdu les fonctions de l'emploi, et la société continuait à se grouper respectueusement autour d'elle.

Nos soirées étaient tristes.

Les dames faisaient de la charpie, à tout événement. Les hommes se communiquaient les bruits qui couraient dans la ville et dans la contrée : on regardait le thermomètre, on se perdait en conjectures sinistres.

Bientôt on apprit l'évacuation de Moscou; puis on fut longtemps sans aucune nouvelle. Rien de la grande armée. Rien du prince de Schwartzenberg et du général Reynier, chargé de couvrir le grand-duché contre l'armée de l'amiral Tchitchakoff.

Il y avait néanmoins parmi nous quelqu'un qui en savait probablement plus que nous. C'était un diplomate autrichien, sans qualité officielle, M. Neumann, que beaucoup de personnes ont connu depuis en France et en Angleterre. Il passait à tort ou à raison pour un fils naturel de M. de Metternich. Je ne me rappelle point sous quel prétexte il résidait à Varsovie ; il avait de l'esprit, de l'instruction, de la politesse ; mais nous le soupçonnions d'être plus enclin à rendre compte de nos inquiétudes qu'à les partager.

Enfin, après six semaines de perplexités, dans les premiers jours de décembre, un matin, l'ambassadeur me fit appeler. C'était de très bonne heure. Je le trouvai pâle, défait, consterné. Il me tendit sans mot dire le 29ᵉ bulletin de la grande armée ; le fatal bulletin de la Bérézina. Il l'avait reçu dans la nuit. Cette lecture me fit horreur, tout préparé que je fusse au pire, et malgré les réticences visibles pour l'œil le moins exercé ; l'ambassadeur me prescrivit de porter sur-le-champ cette triste communication à M. Otto, notre ambassadeur à Vienne. La mission n'était rien moins qu'agréable, mais ce n'était pas de moi qu'il s'agissait dans un pareil moment. Je fis aussitôt mes préparatifs; j'achetai, pour aller plus vite, une de ces très légères calèches, qui portent, en Pologne, le nom de *briska;* dès la fin de matinée, j'étais en route. Je traversai rapidement le grand-duché, plus lentement les provinces autrichiennes. Le bruit de nos désastres s'y était confusément mais universellement répandu. Le soulèvement des esprits contre la France y éclatait de toutes parts. J'avais quelque peine à obtenir des chevaux de poste; et j'étais accueilli souvent par des propos qu'en toute autre occasion j'aurais été peut-être obligé de relever, mais que je laissai passer vu la circonstance, en feignant de ne pas entendre l'allemand; ce qui d'ailleurs était vrai, dans un certain sens : je lisais l'allemand couramment, mais je l'entendais assez mal.

Arrivé à Vienne, j'allai droit à l'ambassade. Je trouvai M. Otto, homme honnête, serviteur fidèle, esprit sage et modéré, dans une angoisse inexprimable. Il arpentait son cabinet en tous sens, dévoré d'inquiétude, assiégé de bruits contradictoires qui lui parvenaient de toutes parts. Pour donner une juste idée de son état, il me suffira de dire que ce 29ᵉ bulletin, qui nous avait, à Varsovie, glacés d'épouvante, lui causa une joie qu'il ne put contenir; il me sauta au cou, bien qu'il me vît pour la première fois; il écrivit sur-le-champ au prince de Metternich, pour lui annoncer ma venue. Je m'habillai à la hâte, et nous partîmes ensemble pour la chancellerie d'État. C'était l'hôtel même où j'avais habité en 1809.

Chemin faisant, messager de malheur que j'étais, je me sentais partagé entre le désagrément de mon rôle et la curiosité de l'entrevue. J'avais un peu connu le prince de Metternich à Paris, connu autant que le permettait la différence, entre nous, d'âge et de position; je l'avais souvent rencontré dans le monde officiel et dans le monde à la mode; je l'avais même approché de plus près aux conférences d'Altenbourg. J'étais impatient de voir quel effet produirait sur lui notre triste communication, si la joie de nos désastres l'emporterait ou non sur le dépit d'apprendre que l'empereur y avait personnellement échappé.

Je lui dois cette justice qu'il ne sourcilla point; jamais je ne vis pareille possession de soi-même. Il lut attentivement le bulletin; il témoigna pour les souffrances de notre armée un intérêt affectueux, prit en bonne part les protestations et les espérances de M. Otto, abonda dans son sens sur les ressources qui restaient à l'empereur, et, comme ce jour-là même il donnait un grand dîner, il nous y invita l'un et l'autre.

Tout n'était pas plaisir à cela; il me répugnait fort d'être produit comme une bête curieuse devant une réunion nécessairement malveillante; je fis néamoins bonne contenance.

Le dîner fut long, froid et silencieux. Chacun avait les yeux sur moi et parlait bas à son voisin. L'après-dîner fut également silencieux mais court; on ne m'adressa point de questions, la compagnie se dispersa de bonne heure.

Je passai deux ou trois jours à Vienne. M. Otto mariait, à cette époque, sa fille à l'un de mes camarades, M. Pelet (de la Lozère). Ni M. Otto ni madame Otto ne connaissaient encore leur futur gendre. Je fus interrogé à ce sujet sur faits et articles, et mes réponses, très conformes à la vérité, leur ayant été très agréables, je fus comblé d'amitiés par ces excellents parents. Ils voyaient peu de monde, et je sus bientôt pourquoi. Ayant essayé de me présenter chez quelques-unes des personnes qui m'avaient bien accueilli, quelques années auparavant, ayant frappé à la maison hospitalière qui m'avait reçu avec tant d'obligeance, je trouvai partout porte fermée.

Mon seul refuge fut le perchoir du prince de Ligne ; là, je fus admis comme toujours à bras ouverts, et c'est de cette aimable famille que j'appris positivement ce que je pouvais déjà deviner. Tel était l'état de l'opinion dominante, que, dans la haute société, nul n'aurait osé recevoir un Français sans y être obligé par devoir d'état, par position officielle.

Ma mission étant remplie, et, rien ne me retenant plus, j'avais hâte de me retrouver sur le théâtre des événements. Je repartis. Le froid d'abord tolérable était devenu excessif; le thermomètre baissait d'heure en heure. La neige tombait à gros flocons, les routes, libres jusque-là, en étaient encombrées. J'avais fait placer sur un traîneau ma petite calèche; mais, malgré cette précaution, je versai sept ou huit fois avant d'atteindre Olmutz. Je pensai que c'était tenter Dieu de poursuivre et je pris un grand parti. Je laissai ma calèche dans l'auberge d'Olmutz, Dieu sait au profit de qui, et je continuai ma route en traîneau de poste, à découvert, bravant la rigueur de la saison. Elle était telle, que deux bouteilles de rhum dont la bonne madame Otto avait enrichi mon équipage, en les entourant de fourrures, gelèrent comme de l'eau claire. Quand j'arrivai à Cracovie, véritablement j'étais transi; le soleil dardait des glaçons; mais, là, j'eus une idée sublime, une idée égale en simplicité, en portée, en profondeur, à l'œuf de Christophe Colomb et à la brouette de Pascal; je la consigne ici pour ma gloire; si jamais d'autres que moi la mettent en pratique, mon nom ne périra point.

J'achetai une petite charrette, couverte en simple toile; je la fis placer sur un traîneau; comme elle était tout à fait terre à terre, elle ne courait aucun risque de verser. Je la fis remplir de foin jusqu'au haut; je m'y logeai jusqu'au cou, à peu près comme on enterrait les vestales coupables; et dès lors, je n'éprouvai plus le moindre froid; tout au contraire, mes pieds et mes jambes contractés commençant à se détendre, et la circulation s'y rétablissant, j'éprouvai cruellement cette douleur que les enfants connaissent bien et que les bonnes nomment l'onglée.

A mi-chemin de Varsorie, comme je sortais de

mon fenil et que j'entrais dans une maison de poste dont le nom m'échappe, baragouinant quelques mots de polonais pour obtenir des chevaux, j'entendis une voix sépulcrale qui, du fond d'un lit placé lui-même au fond de la chambre, baragouinait, de son côté, quelques mots d'un français égal à peu près à mon polonais, mais avec un accent anglais très prononcé. Cette voix était celle de M. Barlow, ministre des États-Unis en France, lequel avait suivi M. de Bassano jusqu'à Wilna, poursuivant avec la ténacité de son pays et de son caractère, ses réclamations contre les conséquences du blocus continental. Afin d'éviter d'être pris par les Russes, ou pillé par les Français, à la débandade, il retournait en France par Vienne; afin de se préserver du froid, il avait chauffé à blanc sa voiture ce qui lui avait valu une fluxion de poitrine dont il se mourait. Je lui fis inutilement offre de services ; il était très bien soigné par ses gens, et ne survécut que quelques heures à notre entrevue.

J'ai raconté cette singulière rencontre à la Chambre des députés, en défendant, comme ministre des affaires étrangères, le traité qui faisait droit aux réclamations du pauvre M. Barlow.

En arrivant à Varsovie, je trouvai l'ambassadeur

rappelé et se préparant à rentrer en France. Il était en habit de voyage, on arrangeait sa coiffure à l'avenant. Il me raconta le passage de l'empereur, son entrevue avec lui, dans une modeste hôtellerie, ses promesses aux ministres polonais, le langage qu'il leur avait tenu, à peu près comme le rapporte M. Thiers.

L'ambassadeur, en partant le jour même de mon arrivée, laissait l'ambassade, qui devenait par cela même une simple délégation, à M. Bignon.

M. Bignon avait été ministre près le roi de Saxe, grand-duc de Varsovie. C'était le poste qu'il occupait, lorsque ce même poste devint ambassade. Il était resté à Varsovie, un peu, je crois, pour nous surveiller. Il succédait à son successeur, et c'est sous sa direction que je terminai l'une des années les plus diversement occupées de ma vie.

V

1813

J'écris mon histoire, je n'écris ni l'histoire, ni pour l'histoire; je ne dirai rien du désastre de Wilna, aussi grand, plus grand peut-être que celui de la Bérézina; rien de la défection du général York; rien de la déroute de nos pauvres débris; rien de la conduite du roi Murat, et de celle du prince Eugène, aussi différentes que les deux personnages étaient différents l'un de l'autre.

Nous restâmes à Varsovie à peu près trois semaines après le départ de l'ambassadeur.

Nous étions couverts par le corps du prince de Schwartzenberg composé d'Autrichiens et de Saxons, et par les restes du corps polonais commandé par le prince Poniatowski.

M. Thiers parle d'un armistice, qui, dit-il, aurait été conclu à la fin de la campagne, entre les Autrichiens et les Russes. Je n'en ai jamais ouï le moindre mot. Tout au contraire, je me souviens très bien du débat qui s'éleva, presque tout de suite, entre le prince de Schwartzenberg et le prince Poniatowski : l'un soutenait qu'avec trente et quelques mille hommes de troupe dont la plus grande partie n'avait été entamée ni par la guerre ni par la retraite, on pouvait attaquer résolument l'armée russe, presque aussi délabrée que la nôtre ; l'autre, sans s'y refuser absolument, s'en défendait avec embarras ; et, plus d'une fois même, à ma connaissance, l'altercation devint si vive, qu'il faillit en résulter des duels entre les états-majors autrichien et polonais.

En attendant, le temps s'écoulait, les événements suivaient leur cours ; l'armée française évacuait Posen ; l'armée russe menaçait la Silésie ; la position de Varsovie était débordée ; bon gré mal gré, il fallut songer à s'éloigner.

L'armée autrichienne se replia sur la Galicie ; le corps saxon prit la route de Torgau ; le corps polonais fit retraite sur Cracovie, quelques grandes familles polonaises l'y suivirent; celle du comte Zamoyski fut de ce nombre.

La retraite fut pénible et difficile; le froid était terrible, la neige amoncelée sur les routes; le convoi était long, et sa marche inégale y rendait le maintien de l'ordre presque impossible. Force fut de faire une première station à Pétrikaw pour rallier les traînards; puis une seconde à Czenstochow, couvent fortifié assez curieux; puis enfin tant bien que mal, toute la caravane atteignit son dernier gîte.

J'avais pris les devants avec Rumigny, notre second secrétaire, dans ma fidèle charrette, attelée de deux bons chevaux. Nous remplissions l'office de maréchaux des logis, ce qui n'était pas inutile, la ville de Cracovie n'étant nullement préparée à devenir subitement une capitale. Notre premier secrétaire Lajard présida à tout l'ensemble de l'expédition rétrograde, avec beaucoup de présence d'esprit, de vigilance et d'activité.

Notre légation fut installée convenablement dans un ancien palais que l'on rendit habitable sans trop de difficulté. M. Bignon s'y établit avec Lajard et Rumigny; il y conserva la plus grande partie de son ancienne légation, entre autres deux personnes que nous retrouverons dans la suite de ce récit, M. Miège, depuis consul général à Malte, et M. Desage, tout jeune alors, et qui, de 1830 à 1848, a joué, comme directeur de la division politique aux affaires étrangères, un rôle modeste mais important.

Quant à moi, mon nouveau chef me mit la bride sur le cou; il me laissa libre de me loger où je pourrais et de faire de mon temps tel usage que bon me semblerait. Je n'étais nullement dans ses bonnes grâces; il se méfiait de moi, je ne sais trop, ou plutôt je sais trop bien pourquoi.

M. Bignon était un serviteur fidèle et plus que fidèle, zélé et plus que zélé, tranchons le mot, un serviteur passionné de l'empereur et du régime impérial. Ministre à Varsovie avant la guerre, il avait été laissé, comme je l'ai dit, dans cette résidence avec la mission confidentielle de surveiller l'archevêque de Malines et son ambassade. Il savait à quoi s'en tenir sur mon compte. Il savait qu'en m'exprimant avec convenance sur le gouvernement que je servais, je n'en éprouvais ni n'en affectais le fanatisme. Mes liaisons lui étaient suspectes. N'ayant plus désormais rien à faire, sinon de surveiller la fidélité des pauvres Polonais et de rendre compte de l'état des esprits, si j'avais été de disposition et de caractère à l'assister dans cette tâche, j'aurais été le bienvenu. Mais, ne l'espérant pas, et forcé de puiser ses renseignements à d'autres sources, il préférait, non sans raison peut-être, se tenir avec moi sur la réserve. Non seulement je ne concourais en rien à la correspondance, mais c'était pour moi lettre close, et l'on ne me parlait que de la pluie, qui fut bientôt fort abondante, et du beau temps, dont nous étions encore loin.

J'en prenais mon parti sans regret et sans murmure.

Il existait à Cracovie un observatoire dirigé par deux professeurs français et plusieurs professeurs adjoints qu'ils avaient formés. Leur enseignement ne se bornait point à l'astronomie; il s'étendait à plusieurs parties de la physique et même de la chimie. J'avais fait amitié avec eux, et j'y passais une partie de mes matinées.

Le soir, M. le comte Zamoyski ouvrait sa petite maison aux hôtes qu'il avait reçus dans son hôtel à Varsovie. Madame Zamoyska en faisait les honneurs avec sa grâce accoutumée.

J'y passais régulièrement mes soirées, lorsque je n'étais pas invité à des bals, ou à d'autres réunions; car, chose remarquable, il y eut cette année, comme toutes les autres, à Cracovie, un hiver animé et un carnaval en règle. Les bals étaient gais; les réunions brillantes; les dames mises avec goût; je doute qu'aujourd'hui même, en France même, un hiver de Lyon ou de Bordeaux égale ce que j'ai vu, de mes yeux vu, en ce temps et en ce pays-là.

Je formai pendant mon séjour dans cette ville quelques liaisons avec l'état-major du prince Poniatowski, et avec le prince lui-même. L'état-major était composé des jeunes gens des premières familles du grand-duché, et ressemblait trait pour trait à un état-major français, sous cette unique réserve que l'enthousiasme patriotique y remplaçait l'ardeur de l'avancement et l'enthousiasme impérial. Quant au prince, il était impossible de le connaître sans s'y attacher.

Sur le champ de bataille, d'un commun aveu, ce n'était pas un brave, c'était un héros; dans ses rapports avec la France, ce n'était pas un homme loyal, c'était un chevalier, et sa fidélité était d'autant plus méritoire qu'il ne se faisait pas la moindre illusion; il tenait sa cause pour désespérée; il marchait droit et la tête haute au sort qui l'attendait, et qu'il n'a pas tardé à rencontrer. Dans l'habitude de la vie, c'était un grand seigneur du dernier siècle, généreux, libéral, de mœurs faciles, d'un caractère enjoué, adoré de tous ceux qui l'approchaient; camarade de ses aides de camp; obéi parce qu'il était toujours le premier au feu, et qu'il partageait toujours avec tout le monde tout ce qui lui tombait sous la main.

C'était plaisir de le suivre au champ d'exercice et de le voir dresser ses recrues. Son activité, sa vivacité, sa bonne humeur, son ton soldatesque, lui gagnaient tous les cœurs. Dans le rayon que son corps d'armée occupait autour de Cracovie, il prenait sans façon le premier paysan venu, lui faisait décrasser les mains, couper les cheveux, raser la barbe et le livrait à un sous-officier qui lui enseignait le maniement des armes; au bout d'un mois, on lui mettait sur le dos un uniforme bleu; l'empereur des Français avait en lui un excellent soldat, prêt à tout, propre à tout, ne regrettant rien, ne pensant qu'à vivre et à mourir sous son drapeau; mais, par malheur, à cent pas de là, dans le rayon que l'armée russe occupait, le général Sacken en faisait autant, et n'y trouvait pas plus de difficulté; il mettait la main sur le pareil, peut-être sur le parent du paysan dont il s'agit; il le débarbouillait et le façonnait à la moscovite;

lui mettait sur le dos un uniforme vert; c'était pour l'empereur Alexandre un excellent soldat, prêt à tout, propre à tout, ne regrettant rien, ne songeant qu'à vivre et à mourir sous son drapeau.

Hélas, pauvre pays!

Dans le courant du mois de mars, l'empereur, après avoir, avec une activité vraiment merveilleuse, remis sur pied une armée de cinq cent mille hommes, rappela de Vienne M. Otto. M. de Narbonne fut choisi pour le remplacer. Sur la demande expresse et instante du nouvel ambassadeur, je reçus ordre de me rendre auprès de lui. Je partis. Je fis mes adieux à mes amis, en leur promettant de saisir la première occasion pour les venir voir, dussé-je ne rester qu'un jour à Cracovie; j'ai tenu parole.

J'arrivai dans les premiers jours d'avril à Vienne. M. de Narbonne y était installé. Il était accompagné de ses trois aides de camp, Castellane, Tiburce Sébastiani, et Fernand de Chabot. Charles de Montigny, fils adoptif de M. de Jaucourt, était attaché à son ambassade; il avait conservé tout l'établissement de M. Otto; mais ne lui laissait que les affaires de chancellerie; je fus exclusivement chargé des affaires politiques.

Ayant été reçu à bras ouverts par le père de notre impératrice et par M. de Metternich, comblé de témoignages d'affection apparents ou réels, — peut-être autant l'un que l'autre, — M. de Narbonne n'avait point à se plaindre. Il tenait grande maison; il était invité avec empressement dans toutes les réunions; la haute société suivait l'exemple des maîtres; mais le diable n'y perdait rien.

M. de Narbonne ne se faisait non plus aucune illusion. Il démêlait fort bien ce qui se cachait de haine et d'espérance sous ces démonstrations de commande. Il voyait beaucoup de monde, matin et soir. En rentrant vers une heure après minuit, il me trouvait de pied ferme dans son cabinet; il me confiait ses observations et ses réflexions de la journée; j'en tenais note, et, s'il y avait lieu, j'en faisais dépêche; le lendemain, à son réveil, je lui soumettais mon travail nocturne; après l'avoir approuvé ou rectifié, il y joignait le plus souvent une lettre de sa main que je copiais, tandis que son secrétaire particulier copiait la dépêche; le tout était cacheté et expédié, sans que personne autre que nous trois en eût connaissance. Le secrétaire particulier de M. de Narbonne était M. Tellier, mort depuis consul général à Gênes.

J'aurais ici, on le voit, si je composais des mémoires, une belle occasion d'exposer, en détail, la marche et les incidents des négociations qui précédèrent, à cette époque fatale, la rupture entre la France et l'Autriche ; mais je n'en ferai rien, et cela pour deux raisons : la première, c'est que ce travail existe, qu'il a été fait et très bien fait, par M. Thiers ; la seconde, c'est que j'y ai concouru d'avance, et voici comment.

Quand, vers le milieu d'août, c'est-à-dire à l'instant où commencèrent les hostilités, M. de Narbonne me fit ses adieux, quand il partit pour s'enfermer à Torgau, hélas ! et pour n'en plus sortir, il me remit son portefeuille, un grand portefeuille noir, que je connaissais bien puisque c'était moi qui le tenais en ordre ; dans ce portefeuille était distribuée et classée toute sa correspondance officielle et confidentielle, tant avec l'empereur qu'avec le département des affaires étrangères, et tous les documents réservés de l'ambassade. Il me chargea expressément, en m'en confiant la clef, de ne le rendre qu'à lui-même.

M. de Narbonne nous fut enlevé au bout de quelques mois.

J'ai conservé le dépôt qu'il m'avait commis pendant près de vingt ans, de 1813 à 1833. Le département des affaires étrangères, ignorant peut-être qu'il était entre mes mains, ne l'a point réclamé.

C'était d'ailleurs, à cette époque, l'usage de laisser les agents diplomatiques maîtres de conserver, leur vie durant, les documents dont ils étaient dépositaires, *virtute officii*, sauf à le leur reprendre à leur mort, le département intervenant dans la succession, pour y saisir tels papiers que bon lui semblerait à titre de propriété de l'État. C'est ainsi, par exemple, que les *Mémoires* de Saint-Simon ont été confisqués sur sa famille, et sont demeurés enfouis pendant cent cinquante ans dans les archives des affaires étrangères, sous prétexte qu'il avait été ambassadeur en Espagne.

Devenu ministre des affaires étrangères, je résolus de mettre un terme à ce double abus. Je fis rendre une ordonnance qui prescrivait à tout agent diplomatique, sans en excepter le ministre lui-même, de faire remise à son successeur, en quittant son poste, de tous les papiers et documents relatifs à sa gestion, d'en dresser contradictoirement avec lui inventaire et procès-verbal, lequel procès-verbal signé des deux parties affranchissait l'agent révoqué ou démissionnaire de toute recherche et poursuite, soit avant, soit après sa mort. Il lui était simplement permis de garder copie des papiers ou documents qu'il choisirait, sous engagement de n'en rien publier sans l'aveu du département.

Après avoir ainsi pourvu à l'avenir, je m'occupai du passé; je m'occupai de donner, autant qu'il dépendait de moi, un effet rétroactif à l'ordonnance, d'obtenir, à l'amiable, la réintégration des pièces dispersées, et, naturellement, je prêchai d'exemple ; je remis au département, sans en rien distraire, le portefeuille de M. de Narbonne, et c'est dans les correspondances, pièces et documents qu'il renfermait que M. Thiers a puisé les matériaux de la narration qui termine son quinzième volume. Cette narration est très intéressante ; l'exposé des faits est exact, lucide, sévère, trop peut-être ; je veux dire que leur enchaînement est peut-être plus rigoureux, plus conséquent dans le récit, moins semé d'alternatives, d'accidents, de péripéties, qu'il ne l'a été dans la réalité.

Il ne faut pas s'en étonner. La position des affaires à Vienne était critique et précaire. Dans la négociation ou peut-être plus exactement dans l'intrigue qui s'y menait, les intérêts en jeu variaient avec les chances de chaque jour et les intentions, mobiles à leur tour, visaient à plus d'une fin.

Au vrai, personne n'était dupe. L'empereur, dans le fond de son âme, n'admettait de paix que celle qu'il dicterait lui-même, le pied sur la gorge de ses ennemis ; en offrant à l'Autriche sa part dans les dépouilles de la Prusse et de la Russie, il ne comptait ni l'éblouir ni l'entraîner. Il négociait pour gagner du temps, pour achever ses préparatifs; il n'espérait et ne désirait qu'une chose, devancer la défection de l'Autriche, frapper les grands coups avant qu'elle se déclarât contre lui, et l'avoir ensuite à sa discrétion, comme il avait eu la Prusse à sa discrétion après la bataille d'Austerlitz.

Dans cet unique but d'amuser le tapis le plus longtemps possible, il croyait mieux réussir en engageant une négociation telle qu'elle, qu'en suivant le conseil que lui donnaient Cambacérès, M. de Talleyrand et M. de Caulaincourt, en laissant l'Autriche à elle-même sans lui rien demander, sans lui rien offrir, et j'estime qu'il avait raison. C'eût été livrer cette puissance sans motif, et presque sans prétexte de résistance aux sollicitations des coalisés, et aux progrès croissants de l'insurrection allemande.

Mais, tout en n'attendant rien de la négociation qu'il poursuivait, l'empereur, selon sa nature, ne s'y portait pas moins tout entier, et il y portait son ardeur, son autorité, son impatience ; il y avait, comme en tout, le diable au corps; instances, promesses, menaces, il n'y épargnait rien, au risque même de précipiter le dénouement. Qui sait, d'ailleurs, ce qu'un accès de faiblesse ou d'ambition pouvait obtenir de l'Autriche ? Pour un gros joueur, la moindre carte est peut-être grosse du gros lot.

De son côté, M. de Narbonne voyait clair dans les intentions de l'empereur sans en avoir reçu la confidence; il voyait clair dans la position réelle de l'Autriche; aider la France à écraser la Russie, à détruire ce qui restait de la Prusse, c'eût été de sa part un suicide. Il voyait clair enfin dans la tendance et le résultat définitif de la négociation; presser l'Autriche d'intervenir, sous couleur de médiation, c'était l'autoriser à lever jusqu'à son dernier homme, à engager son dernier écu; c'était la rendre arbitre des conditions de la paix ; mais, d'une part, ses instructions étaient précises et pressantes; il ne pouvait ni les négliger ni les éluder; tout au contraire, il recevait à chaque courrier un coup d'aiguillon ; de l'autre, le dirai-je ? il ne voyait guère de chance de paix, si petite qu'elle fut, que dans la route qu'il suivait sans l'avoir choisie. Qui sait si l'empereur, lorsqu'il se trouverait placé entre des conditions raisonnables, plus que raisonnables, et la crainte d'avoir sur les bras deux cent mille hommes de plus, n'hésiterait pas ? s'il ne lui monterait en tête un grain de bon sens, un éclair de sagesse ?

Quant à M. de Metternich, il connaissait bien l'empereur et s'attendait à tout ; il connaissait bien sa position et se tenait prêt à tout risquer ; mais, décidé à jouer le tout pour le tout, il ne voulait agir que sous le coup de la nécessité, après avoir tout épuisé pour y échapper, après avoir offert au gendre de son maître des conditions qu'il fût odieux et insensé de refuser ; en tout cas, il entendait n'agir que de son chef, librement, et sans se laisser traîner à la remorque des passions qui l'assiégeaient au dedans comme au dehors de son pays.

Dans une situation aussi compliquée, où chacun jouait, en quelque sorte, double jeu ; où chacun poursuivait deux buts, l'un à défaut de l'autre, on comprend comment chacun se trouvait en chair vive et sur le qui-vive, comment le moindre fait, le moindre bruit, le moindre mot, une feuille qui tombe, une mouche qui vole, suffisaient pour mettre tout en rumeur. Un jour, on apprenait que le roi de Saxe, réfugié en Bavière, sous la protection de la France, s'était en quelque sorte échappé à la sourdine, pour venir se placer en Bohême, à la disposition de l'Autriche; un autre jour, que le prince de Schwartzenberg, retiré en Galicie avec son corps d'armée, avait reçu de l'empereur Napoléon l'ordre de rentrer dans le grand-duché et d'attaquer les Russes; puis l'empereur d'Autriche, en revanche, se mettait en tête d'inviter le prince Poniatowski à quitter le grand-duché et à traverser la Bohême pour rejoindre l'armée française, en déposant ses armes, chemin faisant; puis l'empereur le lui défendait et les deux corps d'armée étaient sur le point d'en venir aux mains, etc... Dans une course rapide que je fis à Cracovie pour cette affaire délicate, j'eus lieu de me convaincre que l'état d'angoisse et de perplexité qu'engendrait et entretenait la situation des affaires, n'était pas concentré à Vienne et dans les hauts lieux, mais qu'il s'étendait partout, et descendait dans tous les rangs; je le retrouvais, pour ainsi dire, sous forme de curiosité insolente, ou de menace à chaque relai, dans chaque auberge. C'est ce flux et reflux d'agitations, de nouvelles, d'appréhensions, de conjectures, qui peut-être ne ressort pas assez en saillie dans le récit grave et régulier de M. Thiers; mais peut-être aussi qu'en s'y engageant il se serait perdu dans les particularités et les minuties.

Le premier défilé à passer, c'était la rencontre inévitable et prochaine entre l'empereur et les alliés. Cette rencontre pouvait tout emporter. Si l'empereur remportait une victoire décisive, une victoire pareille à celle d'Austerlitz ou d'Iéna, il était de nouveau le maître du monde; il ne restait plus au gouvernement autrichien qu'à courber la tête et à demander pardon. S'il était vaincu, en revanche, et repoussé l'épée dans les reins jusqu'à la frontière de France, c'était l'empereur Alexandre qui devenait le roi des rois, l'Agamemnon de l'Europe, le libérateur du continent, et le mouvement populaire en Autriche entraînait son gouvernement à la queue des alliés; il n'y figurait qu'au dernier rang et sur l'arrière-plan, décrié, vilipendé, déclaré traître à la patrie allemande.

Pour que M. de Metternich conservât la haute

main, il fallait qu'il conservât le champ libre, et, pour cela même, il fallait que l'empereur Napoléon fût vainqueur et ne le fût qu'à demi.

On peut juger avec quelle anxiété on attendait les courriers, avec quelle avidité toute nouvelle était accueillie et commentée. Je n'exagère rien quand j'affirme que, dans bien des hôtels de Vienne, on ouvrait les fenêtres, en s'imaginant entendre le canon de Lutzen; je n'exagère rien quand j'affirme qu'il y avait des militaires qui prétendaient l'entendre, en effet.

L'événement, on le sait, tourna à souhait pour M. de Metternich. L'empereur victorieux, coup sur coup à Lutzen et à Bautzen, le fut à si grand'peine et au prix de telles pertes, qu'il s'estima forcé d'accepter l'idée d'un congrès, et de demander lui-même un armistice, afin de se refaire un peu. M. Thiers affirme que voulant la guerre, ce fut, de sa part, une grande faute; qu'il laissa échapper l'occasion d'écraser les alliés, et d'achever de les détruire. Si cela dépendait de lui, en effet, et s'il commit une telle faute; ce fut la première en ce genre qu'il ait à se reprocher et elle lui coûta bien cher : elle lui coûta la domination de l'Europe, le trône et la liberté personnelle.

Quoi qu'il en soit de cette faute, réelle ou supposée, après coup, il en commit certainement une autre, en chargeant M. de Caulaincourt de négocier l'armistice; le choix du négociateur donnant à penser qu'il s'agissait de bien plus, qu'il s'agissait de traiter directement et à fond, avec les alliés sans le concours de l'Autriche.

M. de Metternich, qui, pendant tout le temps où la fortune semblait flotter incertaine, avait fait très bonne contenance, qui nous avait envoyé, d'heure en heure, les nouvelles qui lui parvenaient, avec une sincérité, que nous tenions, à tort, pour suspecte, M. de Metternich fut informé de l'arrivée de M. de Caulaincourt aux avant-postes des alliés par M. de Nesselrode, qui partit lui-même, et sans délai pour Vienne, afin de mettre à l'Autriche le marché à la main.

Le coup fut décisif.

M. de Metternich enleva son maître, en quelque sorte, et le transporta tout d'un trait à Gitschin, au centre de la Bohême, dans un château situé presque à égale distance de Dresde, où se trouvait l'empereur Napoléon, et de Breslau, où se trouvaient l'empereur Alexandre et le roi de Prusse. Ce fut de là qu'il entreprit de dicter aux belligérants ses conditions.

Le départ fut si subit et tenu si secret, que nous faillîmes en être informés trop tard.

Ce furent deux Français dont le nom m'échappe en ce moment, deux anciens domestiques d'émigrés français, vivant à Vienne l'un d'un petit commerce, l'autre d'un petit emploi subalterne, mais liés avec les gens des écuries impériales, qui vinrent nous avertir. M. de Narbonne alla droit et sur-le-champ chez M. de Metternich; il s'expliqua avec lui, non sans quelque vivacité. On le paya de bonnes paroles et de mauvaises raisons; l'empereur partit dans la soirée et rencontra sur la route M. de Nesselrode; le lendemain M. de Narbonne était lui-même sur la route de Dresde; il n'emmenait que moi, donnait rendez-vous à ses aides de camp; l'ambassade restait à Vienne.

Arrivés à Dresde dans les premiers jours de juin, nous y restâmes jusqu'au 15 juillet.

M. de Narbonne fut reçu avec bienveillance; on lui sut plutôt gré d'avoir quitté Vienne de son chef, et sans en attendre l'ordre; mais il n'évita point le reproche d'avoir exécuté ses instructions avec activité et vigilance. C'était le sort de tous les serviteurs à cette époque. Sans entrer en faveur, sans recevoir la confidence des vrais desseins du maître, on le tint en réserve pour le congrès, ou si l'on veut, pour le simulacre de congrès qui se préparait.

J'ai conservé un très bon souvenir des cinq semaines que j'ai passées à Dresde. J'employais mes matinées tantôt à visiter la galerie, l'une des plus magnifiques de l'Europe, tantôt à parcourir les environs qui portent, à juste titre, le nom de Suisse allemande. Le plus souvent je traversais l'Elbe sur un pont moitié ruiné, moitié rétabli, et j'allais voir nos jeunes conscrits s'exercer, dans la plaine, à l'école de peloton et au maniement des armes. Ils me semblaient bien gauches, bien inexpérimentés, bien novices, et les instructeurs qui les gourmandaient leur donnaient une apparence de timidité qu'ils n'avaient pas devant l'ennemi; en tout, c'était un spectacle inquiétant et triste.

Un jour que je me livrais à ces pensées, les yeux fixés sur plusieurs groupes qui s'essayaient vainement à marcher au pas, je fus rejoint par le général Mathieu Dumas, alors intendant général de la grande armée. Je le connaissais de longue date ; il avait été l'ami de mon père et son compagnon d'armes en Amérique. Je lui fis part de mes pressentiments; il ne me cacha pas qu'il les partageait, et M. de Narbonne étant bientôt venu se réunir à nous, il lui raconta, ainsi qu'à moi, l'anecdote suivante.

« Je parcourais, nous dit-il, avec l'empereur, il y a peu de jours, la place même où nous sommes en ce moment; je regardais avec lui les exercices, ou plutôt les ébauches d'exercices que nous regardons; les jeunes soldats n'étaient pas plus habiles, et les instructeurs les rudoyaient à qui mieux mieux; l'empereur mécontent se prit à rudoyer les instructeurs qui n'en pouvaient mais; il arracha même le fusil à l'un d'eux et prit sa place sans plus de succès; puis se tournant vers moi, et lisant sur mon visage les pensées qui me traversaient l'esprit, il me dit d'un ton moitié railleur moitié fâché :

» — *Vous ne croyez pas aux miracles?*

» — *Si fait*, lui répondis-je, *mais pourvu que j'aie le temps de faire le signe de la croix.*

» Il rompit la conversation, parla d'autre chose et rentra. »

Nous passions gaiement nos soirées. L'empereur donnait des fêtes au roi de Saxe, à sa famille, à sa cour, rentrée sous l'aile du vainqueur après la victoire, et bien accueillie, moyennant amende honorable. Les principaux acteurs de la Comédie-Française avaient été expédiés de Paris au quartier général; il y avait spectacle de deux jours l'un.

Cette élite de la troupe demeurait, si j'ai bonne mémoire, dans l'hôtel même où nous habitions. Nous les voyions souvent hors de la scène, et, personnellement, je les connaissais presque tous. Dans ma première jeunesse, fréquentant le Théâtre-Français, j'avais trouvé plus commode et plus économique, au lieu de prendre, chaque soir, mon billet à la porte, d'acheter ce qu'on nommait alors, et ce qu'on nomme encore aujourd'hui, je crois, les entrées d'un acteur. C'était le droit accordé à chaque sociétaire de disposer, à son profit, d'une place à l'orchestre ou au balcon. J'avais acheté les entrées de Dazincourt, comédien de la vieille école, homme d'esprit et bien élevé, qui me racontait les anecdotes de l'ancien régime et m'avait fait connaître plusieurs de ses confrères. Depuis, ayant fait amitié avec le célèbre peintre Gérard, j'avais rencontré, dans ces charmantes soirées qu'il offrait à la meilleure société en hommes et en artistes, en savants et en gens de lettres qu'il fut possible de réunir, j'avais, dis-je, rencontré là les principaux coryphées de nos divers théâtres. Enfin, s'il faut tout dire, M. de Narbonne était encore ici pour quelque chose. Avant la Révolution, il avait été lié avec mademoiselle Contat; il en avait une fille que nous avons vue débuter sous le nom d'Amalric Contat, mais qui n'est restée que très peu de temps au théâtre, ayant mérité, par une conduite exempte de tout reproche, de contracter un mariage tout à fait honorable. M. de Narbonne m'avait fait connaître la mère et la fille. Mademoiselle Contat, alors retirée du théâtre et mariée elle-même au neveu du poète Parny, tenait, à la ville et à la campagne, un très bon état de maison, et plus d'une fois, je m'étais trouvé chez elle avec les associés dont elle s'était définitivement séparée.

Les cinq semaines se passèrent donc rapidement, et d'autant plus rapidement que les incidents politiques ne nous faisaient pas faute. M. Thiers a fidèlement raconté les différents stratagèmes successivement employés par l'empereur Napoléon pour obtenir la prolongation de l'armistice en laissant espérer la paix. Il a raconté, sur le témoignage de M. de Metternich lui-même, la célèbre entrevue du 28 juin. Cette narration tempère, sous plus d'un rapport, ce que le bruit public prêtait, dans cette entrevue, de violence et d'emportement à l'interlocuteur couronné.

Il faut en croire sans doute M. de Metternich; mais je dois dire que, le jour même, le lendemain et les jours suivants, le bruit auquel je fais allusion était fort accrédité chez les personnages les mieux informés et qui tenaient de plus près à l'empereur et qu'en particulier, ce mot dangereux : *Combien l'Angleterre vous a-t-elle donné?* n'était révoqué en doute par personne. J'ajoute, pour mémoire, que l'indifférence témoignée par l'empereur, au dire de M. de Metternich, sur les pertes de l'Allemagne, durant la campagne de Russie, s'était exprimée, quelques jours auparavant, avec une naïveté plus originale.

— *Au bout du compte*, avait-il dit à M. de Narbonne qui me le répéta le soir même, *qu'est-ce que tout ceci me coûte. Trois cent mille hommes, et encore il y avait beaucoup d'Allemands là dedans.*

Enfin, le 15 juillet, après forces allées et venues, après des tergiversations sans nombre, l'empereur nomma pour plénipotentiaires au congrès qui devait s'ouvrir immédiatement à Prague, et se terminer au plus tard le 16 août, date de la dernière prolongation de l'armistice, M. de Narbonne et

M. de Caulaincourt. M. de Narbonne devait emmener avec lui les deux secrétaires de l'ambassade de Varsovie, Lajard et Rumigny, et deux attachés, M. de Montigny et moi ; M. de Caulaincourt emmenait son premier secrétaire d'ambassade de Pétersbourg, M. de Rayneval, depuis ambassadeur en Espagne.

M. de Narbonne partit sur-le-champ ; M. de Caulaincourt fut retenu pendant quelques jours, sous un misérable prétexte. Les plénipotentiaires russes et prussiens étaient arrivés à Prague dès le 11. M. de Narbonne reçut ses pouvoirs, et l'autorisation de procéder à l'échange, avant l'arrivée de son collaborateur.

Ce fut sur ce point que prit naissance la première et la dernière des difficultés, celle qui coupa court au congrès : le plénipotentiaire français, insistait pour que l'échange des pouvoirs eût lieu en conférence : les plénipotentiaires russes et prussiens se retranchaient derrière le médiateur.

En attendant, je visitai avec soin la capitale de la Bohême, la vieille ville et la nouvelle, le *Kleinstadt*, le Hradschin, où, plus tard, Charles X et sa famille ont trouvé leur dernier refuge, la bibliothèque, le musée, l'observatoire, dernière retraite de Tycho-Brahé; je m'assis plus d'une fois, sur le bastion où mon grand-père, âgé de vingt-trois ans, était monté en 1741, côte à côte, avec les grenadiers de M. de Chevert.

Je ne raconterai point ici le congrès de Prague, je renvoie, comme pour l'ambassade de Vienne, au récit de M. Thiers. On sait, d'ailleurs, que ce congrès prétendu ne s'est ouvert que *pro formâ*, qu'il n'a duré que vingt jours, que ces vingt jours ont été consumés en contestations préliminaires, que jamais les plénipotentiaires ne se sont rencontrés face à face.

Je fus peut-être le seul des nôtres ou des autres qui ne perdit pas son temps. J'avais été chargé par nos deux plénipotentiaires de dresser un état réel et complet des forces réunies par le gouvernement autrichien, à l'appui de sa médiation. Je m'en occupai activement, et je crois avec succès.

Les moyens qu'on peut employer pour surprendre le secret d'un ami qui n'en est pas un ne sont jamais irréprochables; ceux que nous employâmes ne l'étaient pas, et, pour la part que j'y pris, je l'avoue à ma honte. Bref, nous nous ménageâmes des intelligences dans les bureaux du ministère autrichien; nous obtînmes des états de contrôle, corps par corps, régiment par régiment, homme par homme; nous obtînmes même plus d'une fois, les originaux, au lieu et place des copies. Armé de cet appareil, je dressai un budget de la guerre autrichien dont l'événement a prouvé l'exactitude, à ce degré qu'il m'est venu depuis à l'esprit que M. de Metternich, au fait de nos manœuvres, les favorisait à petit bruit, content d'agir ainsi, par notre entremise, sur l'esprit de l'empereur.

Quoi qu'il en soit, ce travail (dont j'ai conservé la copie, avec les pièces à l'appui) ayant été soumis à nos deux plénipotentiaires, ils l'approuvèrent de point en point; j'en discutai avec eux toutes les parties; j'en démontrai l'ensemble et les détails tellement à leur satisfaction, qu'ils me chargèrent d'aller sur-le-champ à Dresde, de le remettre à l'empereur et de lui faire toucher en quelque sorte, du doigt et de l'œil, l'immensité des préparatifs accumulés contre lui.

Je partis et fis diligence; arrivé à Dresde, je descendis chez M. de Bassano, je lui remis mon travail, je le lui expliquai et je le priai de la part de MM. de Narbonne et de Caulaincourt, de placer ce travail sous les yeux de l'empereur et de me faire avertir si l'empereur avait quelque éclaircissement à demander.

M. de Bassano me le promit.

Il était consterné ; il ne pouvait se refuser ni à l'évidence des chiffres, ni à l'authenticité des documents auxquels ces chiffres étaient empruntés. Il me dit d'attendre et j'attendis.

J'attendis longtemps.

A la fin, je vis revenir M. de Bassano. Il était radieux. L'empereur, après l'avoir un peu réprimandé, l'avait convaincu que nos chiffres étaient des fables et nous des idiots.

J'insistai, il persista ; je persistai de mon côté.

— Mon cher, me dit-il enfin, l'empereur en sait plus que nous, plus que tout le monde, sur cela comme sur toutes choses, et son opinion est pour moi comme une ornière de marbre, où je marche en sécurité sans m'en écarter.

J'attendis encore. L'empereur ne me fit point appeler. Il garda néanmoins le travail que je lui avais fait remettre, et je crois qu'il le trouvait, au fond, plus exact qu'il ne le souhaitait ; en tout cas, il ne tarda pas à savoir à quoi s'en tenir.

Dans la soirée, avant de me remettre en route, j'eus une assez longue conversation avec le secrétaire intime de M. de Bassano. Il me dit naïvement que l'empereur ne voulait de paix qu'en maître, et après avoir vaincu tous ses ennemis.

S'il cédait une bicoque, ajouta mon interlocuteur, *s'il rompait d'une semelle, il lui faudrait compter avec le Corps législatif.*

Cette phrase me frappa.

Mon interlocuteur, que je connaissais bien, me la répéta plusieurs fois comme un écolier qui répète sa leçon. Il n'était pas homme à l'avoir trouvée tout seul. Il la tenait par conséquent de son patron, lequel de son côté était trop infatué pour que l'appréhension vînt de lui. C'était une appréhension tout impériale. M. de Caulaincourt, à qui j'en fis part à mon retour, n'en douta pas plus que moi.

Le peu qui nous restait de jours avant d'atteindre le terme fatal s'écoula rapidement en pourparlers inutiles. Ce fut pendant ce peu de jours que tout à coup nous vîmes arriver à Prague le duc d'Otrante, autrement dit Fouché, appelé par l'empereur de Paris à Dresde, afin sans doute de couper court à toute intrigue de sa part, puis envoyé de Dresde en Illyrie, pour y remplacer le duc d'Abrantès, devenu tout à fait fou. S'il y avait eu quelque chose de sérieux dans les négociations de Prague, c'eût été une insigne maladresse de nommer dans un pareil moment un gouverneur général pour cette même Illyrie qu'on faisait semblant d'offrir à l'Autriche ; mais, au point où nous en étions, tout devenait à peu près indifférent. Le duc d'Otrante resta trois jours avec nous, vit M. de Metternich, et lui débita des balivernes. Il causa beaucoup avec nous, ne dit pas grand'chose et ne payait point de mine. Sa figure chafouine ne promettait que ce qu'elle tenait ; il avait tout l'air d'un coquin de bas étage et personne n'aurait deviné qu'il serait un jour ministre du roi très chrétien.

Enfin, le jour fatal arriva où l'armistice expirait, où cessait tout espoir de s'entendre, où le médiateur devenait belligérant. Nous fîmes nos dispositions de départ ; aussi bien notre position n'était plus tenable ; nous ne pouvions traverser les rues sans être insultés ; les théâtres retentissaient d'applaudissements aux farces qui déversaient sur la France l'outrage et la dérision. On dressait des tréteaux ambulants pour les venir jouer sous nos fenêtres.

La veille de notre départ, M. de Narbonne m'envoya chez M. de Metternich, pour régler toutes les formalités relatives aux passeports, sauvegardes, sauf-conduits, etc. Je m'y rendis en voiture, et à la tombée de la nuit pour éviter toute fâcheuse rencontre. Je traversai toutes les salles qui précédaient le cabinet du prince, et ces salles étaient nombreuses, remplies d'officiers généraux, d'officiers de tout grade, d'employés de tout ordre et de toute nature.

Je n'étais pas exempt de quelque appréhension en traversant cette cohue d'uniformes et d'habits brodés ; je craignais d'entendre quelque propos qu'il me serait également difficile de relever et de passer sous silence. M. de Metternich, je pense, en était également préoccupé ; car il vint au-devant de moi, me prit par le bras et me conduisit rapidement dans son cabinet.

Le peu que nous avions à régler ensemble était l'affaire de quelques minutes ; mais il me fit asseoir près de son bureau, et me retint près d'une heure.

J'aurais tort de dire qu'entre nous ce fut une conversation, car il parla à peu près seul, l'œil humide, les mains crispées, le front couvert de sueur. Il m'expliqua en grand détail les desseins qu'il avait formés, les efforts qu'il avait faits, depuis le jour de nos désastres, pour conserver la paix et maintenir l'alliance entre l'Autriche et la

France, pour concilier les intérêts de son pays, l'indépendance légitime de l'Allemagne, avec l'orgueil et les intérêts véritables de l'empereur Napoléon. Il rappela les assauts qu'il avait subis, les reproches qu'il avait endurés, les combats qu'il avait rendus, me prenant en quelque sorte à témoin de l'extrémité à laquelle il se trouvait réduit.

Il fit ensuite à grands traits le dénombrement des forces militaires réunies contre nous, en s'empressant d'ajouter que nul ne savait mieux que lui combien l'empereur Napoléon était redoutable et ne se faisait point d'illusion sur les périls que l'Autriche allait affronter. Il m'expliqua les préparatifs déjà faits pour l'évacuation de Vienne, et les dispositions prises pour continuer la lutte, même après un nouvel Austerlitz et un nouveau Wagram.

Je n'avais d'autre droit à tant de confiance que la confiance même dont m'honoraient les deux plénipotentiaires; mais, à vrai dire, ce n'était pas à moi, c'était à l'ambassade tout entière que ces explications s'adressaient; je n'étais que le dépositaire accidentel d'un testament *in extremis;* ou plutôt ce n'était là que l'effusion d'une âme pleine d'angoisses patriotiques et personnelles, qui s'épanchait, en débordant sans pouvoir se contenir.

Je pris congé le cœur gros, l'esprit assiégé de noires pensées, et pénétré d'une émotion qui prenait naissance dans des sentiments bien divers. En traversant le palais, à peine remarquai-je que les salles étaient vides, en traversant la ville que les rues étaient désertes; tout était calme et sinistre, comme à l'approche de la tempête.

<blockquote>
Il succède à ce bruit un calme plein d'horreur,
Et la terre, en silence, attend dans la terreur.
</blockquote>

Nous partîmes le lendemain laissant derrière nous M. de Caulaincourt, qui était censé nous suivre de près. M. de Narbonne ignorait que, depuis le 8 août, avant-veille de la déclaration de guerre, le troisième jour avant la reprise des hostilités, son collègue entretenait avec le prince de Metternich, une sorte de négociation secrète, qui n'eut pas plus de succès que la négociation officielle, et ne se termina que le 17. M. Lefebvre et M. Thiers en ont révélé récemment l'existence et les incidents.

Il dut en coûter cruellement à M. de Caulaincourt, honnête et loyal comme il l'était naturellement, de se prêter en ceci à la duplicité de son maître. Je suis convaincu qu'il le fit par fidélité, par patriotisme, bien ou mal entendu, mais je suis également certain que l'empereur n'aurait proposé rien de pareil à M. de Narbonne, pas plus qu'il ne l'eût impliqué à son insu, dans l'arrestation du duc d'Enghien.

M. de Caulaincourt était un homme d'honneur, d'un esprit sain et droit, mais un peu court; d'un caractère sincère et ferme, dans une certaine mesure, mais qui n'allait pas jusqu'aux derniers sacrifices.

Ce fut le malheur de sa vie et ce malheur pesa sur sa mémoire.

De retour à Dresde, je reçus, ainsi que tous mes collègues, l'ordre de rentrer immédiatement en France. Je quittai M. de Narbonne pour ne plus le revoir. Il n'en avait pas le pressentiment, je ne l'avais pas non plus. J'ignore si le commandement de Torgau qui lui fut donné fut pour lui faveur ou disgrâce. Il y succomba, sinon dans la force de l'âge, du moins dans la plénitude de ses facultés. Nul officier général, jeune ou vétéran, n'avait supporté la retraite de Moscou avec plus de courage et de gaieté que ce gentilhomme né et élevé à la cour de Louis XV. L'empereur avait en lui un conseiller plus habile et plus fidèle que M. de

Talleyrand, plus clairvoyant et plus résolu que M. de Caulaincourt. Je ne le plains point de n'avoir pas assisté à la chute de l'Empire; il ne l'aurait ni trahi dans ses revers, ni déserté au dernier moment; sa position, au retour des Bourbons, aurait été pénible et fâcheuse. Ce qu'il y avait en lui d'inépuisable bonté, de générosité naturelle, d'affection sincère, ce qu'il y avait dans son esprit de lumière et de solidité, sous la grâce et la frivolité apparente de l'homme du monde, nul ne l'a su mieux que moi; nul ne l'a plus amèrement regretté.

En regagnant la France, je rencontrai à Hanau deux officiers de la maison de l'empereur : M. de Mesgrigny, son écuyer, M. de Bausset, sous-préfet du palais; nous soupâmes ensemble plus gaiement que nous n'aurions dû; ils me félicitaient de retourner à Paris, et plaisantaient sur le désagrément de rentrer en campagne. Je ne pus parvenir à leur faire entrer dans l'esprit quelque chose de sérieux. Comment se sont-ils tirés de la bagarre de Leipsick? Je l'ignore, mais ni l'un ni l'autre n'y a laissé ses os.

Arrivé à Paris, après avoir revu ma famille, je me mis à la disposition de l'archichancelier, en demandant à rentrer dans le service ordinaire au conseil d'État : il accueillit ma très modeste prétention, mais il avait autre chose à penser.

Durant les mois de septembre et d'octobre, je restai à Paris, et, pour faire trêve aux terribles préoccupations de la guerre, aux terribles nouvelles qu'apportait chaque courrier, le hasard me remit en voie de philosophie.

C'était l'époque où commençait la croisade contre la philosophie du xviiie siècle. M. Laromiguière, l'un de ses plus fervents adeptes et de ses meilleurs disciples, lui avait porté les premiers coups. En se flattant de la placer à l'abri de toute atteinte par des distinctions ingénieuses, il avait ouvert la brèche ; M. Royer-Collard y montait hardiment, le drapeau de la philosophie écossaise à la main, et l'agrandissait à coups redoublés.

M. Desrenaude, que je retrouvai à Paris, me proposa d'assister à ce duel, qui tenait en éveil toute la jeunesse des écoles; il me conduisit au cours de Laromiguière; je ne sais pourquoi je n'allai point à celui de M. Royer-Collard, mais ce ne fut pas de dessein prémédité.

M. Laromiguière professait avec une lucidité merveilleuse et une grâce charmante. Il avait beaucoup d'esprit et de douceur. Il aimait à s'entretenir avec ses auditeurs à l'issue de la leçon. M. Desrenaude était son ami; je fis connaissance avec lui et j'allai souvent le visiter dans son ermitage philosophique. Peu à peu, je fus admis par les deux amis à une plus grande intimité. Leur usage, dans la belle saison, était de sortir vers trois ou quatre heures du soir, une ou deux fois par semaine, de se promener dans les environs de Paris, et de dîner ensemble dans quelque guinguette. Ils cheminaient, d'ordinaire, avec d'autres amis : Garat, Daunou, Ginguené; le dîner se prolongeait assez tard; on causait à cœur ouvert de philosophie, de littérature, et même un peu de politique. Je fus admis à plusieurs de ces dîners champêtres. J'assistai aux vives altercations de Garat et de Laromiguière; l'un défendait avec ardeur le pur condillacisme, l'autre introduisait avec finesse ses distinctions timides. Il va sans dire que j'étais pour Laromiguière; il avait mille fois raison, quoiqu'il n'eût raison qu'à demi. Garat était rogue, impérieux, irascible; il me déplaisait souverainement. J'avais, d'ailleurs, contre lui un fond de rancune. Quelque dix années auparavant, lorsque j'entrais à peine dans le monde, j'avais assisté à la réception du poète Parny dans le sein de l'Académie française, qui tenait alors ses séances au Louvre, entre les deux guichets qui ouvrent sur le Carrousel, et où depuis on a placé l'Orangerie. C'était Garat qui recevait Parny, et je l'avais entendu avec un inexprimable dégoût faire l'éloge du poème infâme qui déshonorait les œuvres du récipiendaire. C'était pourtant, au fond, un homme qui ne manquait ni d'honnêteté ni d'esprit; je l'ai mieux connu un peu plus tard, mais j'ai toujours conservé sur lui mes premières impressions.

Ce fut dans l'un de ces dîners que j'eus occasion de mettre à profit la petite instruction que je tenais du bon vieux prince Czartoryski.

— Vous arrivez d'Allemagne, me dit tout à coup l'un des convives; c'était, je crois Ginguené; la philosophie y fait, en ce moment, autant de bruit que le canon, ou plutôt c'est elle qui met le feu au canon, qui soulève, contre nous, les écoles, et enregimente les écoliers. Cette philosophie-là, qu'enseigne-t-elle? Est-ce encore celle que nous expliquait, il y a quelques années, M. Villers, et à laquelle nous ne comprenions pas grand'chose.

— J'ai lu récemment, ajouta Garat, un gros livre de Kant traduit en latin, auquel je n'ai rien compris du tout; est-ce encore là la philosophie allemande?

Je répondis modestement à cet appel; j'expliquai du mieux que je pus les données générales qui servent de base à la philosophie de Kant, les objections qu'elle avait rencontrées, les transformations qu'elle avait subies entre les mains de Fichte, et je me fis ainsi quelque honneur à très peu de frais. Il va sans dire que tout ce que j'expliquais fut trouvé fort absurde, et, pour mon compte, je n'étais pas loin d'en juger ainsi.

Nos dîners se terminaient, d'ordinaire, par quelques commentaires sur les nouvelles du jour. Tous les convives, moi excepté, étaient effrayés de l'approche d'une contre-révolution; c'étaient des hommes de 1789, subjugués sans être convertis par le régime impérial; ils redoutaient le retour des Bourbons plus que toute chose; quant à moi, je n'y pensais pas assez pour m'en préoccuper dans un sens favorable ou contraire.

L'empereur, vaincu et fugitif, revint à Paris le 7 novembre, et reçut aux Tuileries, le 14, tous les corps constitués. Il avait perdu, pour la seconde fois, depuis un an, une armée de 500 000 hommes; il s'agissait, pour lui, d'en former une troisième.

Fidèle à mon dessein de ne parler que de moi-même, de ce que j'ai fait, de ce que j'ai vu, je ne dirai rien des événements qui ont entraîné la chute de l'Empire, et des menées qui l'ont précédé; des démêlés de l'empereur avec le Corps législatif, de ses négociations réelles ou non avec les puissances étrangères, des prouesses de la campagne de France, de la fidélité d'une partie de ses serviteurs, et de la défection d'une autre partie. Je n'en dirai rien, parce que, personnellement, je n'en ai rien su, parce que je n'en sais rien encore aujourd'hui que ce que j'en ai lu ou entendu dire. Je dirai simplement que, dans les deux mois qui précédèrent le nouvel et dernier départ de l'empereur pour l'armée, la société officielle, voire même celle qui ne l'était pas, se partageait entre deux salons, celui de M. de Bassano, redevenu secrétaire d'État, en cédant à M. de Caulaincourt les affaires étrangères, et celui de M. de Talleyrand, toujours en disgrâce, mais toujours sur pied, comme grand dignitaire de l'Empire.

Ces deux sociétés se raillaient et se dénonçaient mutuellement. Dans la seconde, on réclamait la paix à grands cris et à tout prix; dans la première, on comptait encore sur quelque miracle du savoir-faire impérial. Dans la seconde, on prévoyait tout bas, et non sans un peu de satisfaction, la chute définitive de l'Empire ; dans l'autre, on souhaitait avec passion son maintien.

Je fréquentais, à peu près également, ces deux sociétés ; et, je dois l'avouer, j'étais plutôt du côté de ceux qui désiraient, sans trop l'espérer, le maintien tel quel du régime impérial ; il m'était impossible de prendre en bonne part les désastres de notre armée, si tant est que nous en eussions encore une, et le spectacle de ces hommes qui, après avoir servi, encouragé, flatté, secondé l'empereur dans toutes ses folies et dans tous ses crimes, se déchaînaient contre lui, dans sa défaite, m'inspirait un profond dégoût.

Rien toutefois n'était encore décidé, rien même n'était encore clair pour personne. L'année 1813 prenait fin au sein d'une obscurité profonde et sinistre.

LIVRE III

TROISIÈME ÉPOQUE

1814-1817

I

1814

Dans la nuit du 31 décembre 1813 au 1ᵉʳ janvier 1814, les alliés, après avoir hésité longtemps, traversèrent le Rhin entre Spire et Bâle.

Le 24 janvier, l'empereur partit pour l'armée.

Le 31 mars, Paris capitula.

Le 2 avril, le Sénat prononça la déchéance.

L'empereur abdiqua le 11.

Louis XVIII, rappelé au trône, rentra en France le 29.

Le 2 mai, il posa les bases de la Charte dans la déclaration de Saint-Ouen.

Le 30, il inaugura les deux Chambres.

Je n'ai assisté qu'en simple spectateur à ces événements, sans y prendre aucune part ; et, comme spectateur, voici, en peu de mots, le peu que j'ai vu.

Ce ne fut qu'au bruit du progrès des alliés, et précisément dans la mesure de ce progrès que j'entendis prononcer le nom des princes de la maison de Bourbon. Je n'ai pas besoin de dire que j'étais étranger aux conciliabules que tenaient, dit-on, leurs partisans, et dont, pour ma part, je doute très fort; mais dans les maisons que je fréquentais et où les esprits étaient, d'ailleurs, très partagés, il était impossible qu'on ne discutât pas les chances de l'avenir; la Restauration y avait sa part, mais fort petite; et, chose étrange, on ne savait rien à Paris ni de l'entrée du comte d'Artois en Franche-Comté, ni de l'arrivée du duc d'Angoulême dans le Midi. Je me souviens très bien, par exemple, des discussions dont le salon de madame de Jaucourt était le théâtre, discussions qui se prolongeaient très avant dans la matinée. M. de Jaucourt, bien que sénateur et attaché à la personne du roi Joseph, était certainement très avant dans la confidence de M. de Talleyrand, puisqu'il devint membre du gouvernement provisoire. Eh bien, là même, chez lui, en sa présence, on n'agitait guère que l'alternative de la paix ou de la régence, et l'on inclinait plutôt à croire à la paix. J'entends encore M. de Damas, ancien émigré rentré depuis longtemps, mais resté émigré jusqu'au bout des ongles, s'épuiser en arguments pour justifier, tant bien que mal, la stratégie des alliés et soutenir contre tout le monde qu'ils arriveraient à Paris; il ne parlait pas des Bourbons, même dans cette hypothèse.

Mais si, dans les hautes régions, les esprits étaient encore très incertains et très circonspects, le mécontentement public se faisait jour, et j'en suivais, avec une anxiété curieuse, les premières explosions. Je n'oublierai jamais le soir où, tranquillement assis à l'Opéra-Comique, assistant à la représentation du *Tableau parlant*, vieille production de Marmontel et de Grétry, au moment où l'on chantait cette ariette :

> Vous étiez ce que vous n'êtes plus,
> Vous n'étiez pas ce que vous êtes...

les applaudissements éclatèrent de toutes parts,

depuis le parterre jusqu'au paradis, et se renouvelèrent à plusieurs reprises. J'oublierai encore moins une autre scène dont je fus témoin deux jours après celle-là. J'étais au Vaudeville. La police y faisait représenter une pièce de circonstance où les Cosaques pillaient un village, poursuivaient les jeunes filles et mettaient le feu aux granges; la pièce fut sifflée outrageusement dès le début, interrompue par les clameurs du parterre, et ne put aller jusqu'au bout.

Que souhaitait le public qui se livrait à ces démonstrations ardentes? Il n'en savait rien, il ne pensait point aux Bourbons, il n'appelait point les alliés de ses vœux, il ne songeait point à la régence; il se passait simplement une fantaisie de colère, arrive que pourra.

On se fait à tout. Les alternatives de succès et de revers pendant la courte campagne de France, avaient tellement démonté les esprits et déconcerté les conjectures, que, le jour où l'on apprit l'approche des alliés personne n'y voulait croire. Il fallut que le bruit du canon et le spectacle des paysans se réfugiant dans les faubourgs avec leurs familles, leurs meubles, leurs bestiaux, vint triompher de l'incrédulité générale.

Le lendemain, je me levai à la pointe du jour; j'éveillai mon voisin, M. de Norvins. Nous nous étions donné rendez-vous. Nous remontâmes rapidement le boulevard et les rues qui se dirigeaient vers la barrière de Clichy. Repoussés par les troupes qui gardaient cette barrière, nous suivîmes le mur d'octroi jusqu'à la barrière du faubourg Saint-Antoine. Toujours écartés, et non sans raison, par les gardes nationaux et les soldats, nous entendions se rapprocher de plus en plus, la canonade et la fusillade. Nous redescendîmes ensuite le boulevard, où la foule commençait à s'accumuler, et parvînmes sans obstacle sur les hauteurs de Mousseaux. De là nous vîmes très distinctement les forces de l'armée alliée se déployer, et quelques tirailleurs, sortis des barrières, engager de légères escarmouches sans portée et sans conséquence. Personne ne semblait commander à Paris; la garde nationale manquait de fusils; rien ne provoquait les habitants à la résistance.

Revenus sur le boulevard, entre la Madeleine et la rue Montmartre, il nous parut que la foule avait changé de caractère; ce n'était plus une cohue effarée de gens appartenant à toutes les conditions de la vie: la foule était presque exclusivement composée de gens bien mis, de femmes en négligé élégant, c'était presque une promenade publique. Les boutiques, d'abord soigneusement fermées se rouvraient à demi; les restaurants se remplissaient d'hommes et de femmes qui déjeunaient à la hâte; on entendait le bruit du combat, très distinctement, on dit même que quelques obus tombèrent dans les rues adjacentes, mais je n'en crois rien. Les nouvelles qui circulaient étaient, comme on peut le penser, très diverses, et très contradictoires; personne ne croyait à rien; tout le monde s'attendait à tout.

A la tombée de la nuit, nous revînmes au logis. Je demeurais encore à cette époque dans la rue de la Madeleine. Avant de rentrer, je m'arrêtai quelques instants dans la rue des Champs-Élysées, chez madame la duchesse d'Abrantès; j'y trouvai le général Kellermann, que je n'avais pas revu depuis mon séjour à Valladolid; il y racontait le combat du matin, les pourparlers engagés, la capitulation prochaine, le départ de la régente, des ministres, du gouvernement tout entier. Ne pouvant rien pour mon pauvre pays, je résolus, du moins, de ne pas assister à l'occupation de Paris par l'ennemi. Je me tins renfermé chez moi, je ne vis ni le triste défilé des troupes alliées sur nos boulevards, ni les scènes honteuses qui signalèrent leur entrée.

Je ne quittai ma retraite qu'au bout de plusieurs jours, lorsque notre sort fut fixé, lorsque, faute de mieux, les corps de l'Empire eurent disposé de la couronne, transféré notre allégeance d'un gouvernement à un autre, et préparé à la France un nouvel avenir.

Je revis, sans leur porter envie, quelques-unes des personnes engagées dans ces transactions. M. le comte d'Artois venait d'arriver; c'était à qui se ferait présenter à lui; les vieux royalistes accouraient des quatre coins de la France, et les serviteurs de l'Empire se précipitaient pour les devancer. On me pressa d'en faire autant et de ne pas négliger la part de restauration que mon nom pouvait me valoir, d'autant que, fort obscur jusqu'alors, je n'avais rien à me faire pardonner. Mais tout ce que je voyais m'inspirait un profond dégoût et me semblait un peu ridicule. Je ne résistai pas toutefois, un matin, à l'envie d'entrer incognito, c'est-à-dire sans uniforme, et sans me faire nommer dans la salle basse du pavillon de Flore, où M. le comte d'Artois distribuait des sourires et des compliments à tout venant. J'entrai à petit bruit, sans être remarqué par personne, et je sortis de même. C'était un pauvre spectacle. On m'a raconté que M. de la Fayette s'y était présenté le matin même dans un dessein patriotique; à coup sûr, il ne serait ni permis ni possible de lui en supposer un autre ; que, revêtu de son ancien uniforme d'officier général, il avait été pris pour un ancien émigré, accueilli à bras ouverts comme tel, et qu'ayant décliné son nom, M. le comte d'Artois était resté stupéfait, sans mot dire, au milieu d'un auditoire indigné et consterné. Je ne sais si l'anecdote est vraie ; M. de la Fayette ne m'en a jamais parlé, et je ne conçois pas pourquoi je ne lui en ai pas parlé moi-même.

Vint l'entrée de Louis XVIII, entouré des siens, escorté par les généraux et les maréchaux de l'Empire. J'assistai en simple curieux à la marche du cortége, je le suivis de rue en rue, de boulevard en boulevard, jusqu'à son entrée aux Tuileries. Je ne crains pas de me tromper en affirmant qu'il y avait là deux courants bien distincts ; l'un, et c'était de beaucoup le plus considérable, composé de gens à peu près comme moi, curieux, tristes et résignés ; l'autre, composé de royalistes ardents, en nombre limité, mais bruyants et démonstratifs ;

ces deux courants alternaient selon les quartiers, croissant ou décroissant plus ou moins, mais toujours distincts; le dernier devint prédominant aux approches des Tuileries.

Louis XVIII, cheminant en calèche avec sa famille, avait l'air ouvert et sérieux, sans émotion apparente; Madame la duchesse d'Angoulême, cette physionomie grave et un peu morose que nous lui avons toujours connue. M. de Chateaubriand a fait de la poésie sur l'attitude farouche et sinistre des troupes devant lesquelles passait le cortège. Je les ai bien observées, rien de semblable ne m'a frappé, et je n'ai rien remarqué qui ait fixé mon attention. Les généraux à cheval autour de la calèche étaient visiblement agités et inquiets. Je rentrai chez moi, médiocrement satisfait et dans un état d'esprit tout à fait perplexe.

Depuis ce moment jusqu'au jour de la promulgation de la Charte, je suivis de l'œil la marche et les progrès du nouveau gouvernement, mais sans aucun effort pour m'en rapprocher, et me tenant plutôt à distance des personnes de ma famille ou de ma connaissance qui s'y engageaient de plus en plus. J'étais néanmoins tenu fort au courant des délibérations du comité chargé de rédiger la Charte, et cela, par une circonstance assez singulière.

J'ai parlé de mon excellent ami et camarade Pépin de Bellisle. Il était revenu en France, lorsque notre armée avait définitivement évacué l'Espagne, et je l'avais retrouvé à Paris lorsque je revins moi-même de Prague. Je le voyais souvent. Élevé, dès sa première jeunesse, par M. et madame Beugnot, presque enfant de cette maison, il m'y présenta. M. Beugnot, alors ministre par intérim du gouvernement provisoire, tenait la plume comme secrétaire, dans le comité de constitution désigné par le roi. Nous allions chez lui, Bellisle et moi, presque tous les soirs. Il nous racontait habituellement la séance du matin, et nous restions fort avant dans la nuit à discuter. Nous lui faisions la guerre lorsqu'il faiblissait dans la défense des principes constitutionnels, et, s'il a, comme je le crois, exercé quelque influence, quant à l'adoption de certaines dispositions contestées, peut-être n'y avons-nous pas été complètement étrangers.

Né à Troyes, en Champagne, dans une condition honorable et modeste, entré de bonne heure au barreau, et plus tard à l'Assemblée législative, membre de la courageuse minorité qui honora cette Assemblée, emprisonné sous la Terreur, devenu successivement, sous l'Empire, préfet de Rouen, conseiller d'État, administrateur du royaume de Westphalie, M. Beugnot était, à coup sûr, un homme très honnête et très éclairé. Son esprit était étendu, simple et sagace, son instruction très variée, sa conversation charmante. Il avait vu beaucoup d'hommes et beaucoup de choses; il les avait très bien vus, et sa mémoire était infaillible. Mais il n'avait pas entièrement échappé au funeste effet des révolutions successives, couronnées par l'administration impériale; son caractère n'était pas au niveau de ses lumières; il avait un peu l'épine dorsale brisée; en un mot, il appartenait plus ou moins à la tribu des fonctionnaires.

Il n'obtint point, par cela même, dans la rédaction de la Charte, tout l'ascendant que la supériorité de son esprit et de son expérience lui pouvait naturellement acquérir. Parmi les dispositions qu'il laissa passer, sans trop de résistance, il en était une qui nous touchait au vif, mon ami Bellisle et moi: c'était celle qui fixait à quarante ans l'âge exigé pour entrer à la Chambre des députés. Cette disposition nous condamnait, pour dix ans et plus à l'oisiveté politique; nous en fîmes à M. Beugnot des reproches très amers, dont il se défendait comme de coutume assez mollement. On voit par là, que j'étais personnellement loin de m'attendre au dédommagement qui m'était reservé. Cela peut paraître extraordinaire, mais n'en est pas moins vrai. J'avais totalement oublié que j'étais le chef de la branche aînée de ma famille, l'héritier du duché de Broglie, et, qu'à ce titre, puisqu'il s'agissait de créer une Chambre des pairs, j'y devais être naturellement appelé.

Heureusement, d'autres y pensaient pour moi; mon oncle, le prince Amédée de Broglie, qui pouvait très bien, en qualité d'ancien aide de camp de M. le prince de Condé, faire pencher la balance en sa faveur, fit au contraire valoir mes droits, sans m'en prévenir, avec beaucoup de zèle et de désintéressement. Le flot de la Restauration était d'ailleurs pour moi, sans que j'eusse besoin de m'en mêler. Ce ne fut pas néanmoins sans beaucoup de surprise que je reçus, le matin même du 4 juin, la lettre close qui convoquait la future Chambre des pairs, composée d'anciens sénateurs et d'anciens grands seigneurs, dans les salles du palais Bourbon où siégeait la Chambre de députés.

La séance fut imposante, solennelle et, à tout prendre, satisfaisante. Le discours du roi, grave, digne, compensa jusqu'à un certain point le regret qu'inspiraient aux gens sensés *la Charte octroyée, les dix-neuf années de notre règne,* le discours hétéroclite du chancelier Dambray, et l'élimination d'un certain nombre de sénateurs auxquels le public ne prenait, d'ailleurs, qu'un médiocre intérêt.

Je me trouvai donc transporté tout à coup, et par le simple cours des événements, au premier rang dans la société et dans l'État. Je ne l'avais point mérité par mes services, je ne m'en étais point rendu indigne par mes sentiments, mon langage et ma conduite. Il ne me restait qu'à bien user de cette fortune inattendue.

J'avais vingt-neuf ans.

Je disposais librement depuis dix ans de mon temps et de mon modeste patrimoine. L'emploi que j'avais fait de l'un et de l'autre n'était point de nature à me rendre difficile un établissement convenable. De ces dix ans, j'avais passé la moitié à Paris, dans ce qu'on nomme le monde, l'autre moitié à l'étranger et dans les affaires. J'avais acquis quelque expérience des hommes et des choses, et le cours de mes études m'avait préparé à la vie publique, autant, au moins, que la plupart de mes contemporains.

Les dispositions que j'y portais étaient de bon aloi. Mes sentiments étaient sains, mes intentions droites, mes opinions sensées. Sans mépriser ni dénigrer l'ancien régime, toute tentative de le remettre sur pied me paraissait puérile. J'appartenais de cœur et de conviction à la société nouvelle, je croyais très sincèrement à ses progrès indéfinis; tout en détestant l'état révolutionnaire, les désordres qu'il entraîne et les crimes qui le souillent, je regardais la Révolution française prise *in globo* comme une crise inévitable et salutaire. En politique, je regardais le gouvernement des États-Unis comme l'avenir des nations civilisées, et la monarchie anglaise comme le gouvernement du temps présent; je haïssais le despotisme et ne voyais dans la monarchie administrative qu'un état de transition. Il y avait en tout cela sans doute beaucoup de jeunesse, un peu de rêverie, mais rien qui fût radicalement faux, rien qui ne pût être rectifié par le temps et la réflexion, rien qui ne fût compatible avec une conduite loyale et régulière.

J'avais employé les loisirs où me laissait l'agonie du régime impérial à traiter par écrit diverses questions politiques. Je trouve à la fin d'un de ces essais, auxquels je n'attache, d'ailleurs, aucune importance, le passage suivant :

« Montesquieu, entraîné par son amour pour son pays, a fait fléchir souvent la justesse de son jugement pour présenter aux Français leur gouvernement comme l'un des trois types sur lesquels doivent être modelés tous les autres. Mably n'a pas dissimulé l'opinion contraire. On sait qu'il dit un jour avec humeur, en entendant parler de quelques améliorations : *Tant pis, cela fera durer la vieille machine qu'il faut détruire.* Le dessein de Montesquieu était raisonnable ; il est triste de penser que Mably avait raison. »

Ce peu de lignes dépose de l'état de mon esprit à cette époque et de la fidélité de mes souvenirs actuels.

Quelle que fût, néanmoins, la modération de mes desseins et de mon caractère, par cela seul qu'ils étaient contraires au courant des idées et des sentiments à la mode, je ne tardai guère à devenir, pour la cour du nouveau roi et pour la haute société, un apprenti jacobin. La conduite de M. d'Argenson y fut pour quelque chose. Il avait nettement et sèchement refusé la mission de commissaire royal, délégué pour faire reconnaître et installer dans les départements le nouveau régime. Mais ce qui contribua le plus à me discréditer dans les hauts lieux, ce fut, d'une part, les liaisons que je conservai avec plusieurs des serviteurs du régime impérial, entre autres M. de Bassano et M. Regnault de Saint-Jean d'Angely; et, de l'autre, les liaisons que je formai avec les membres des deux Chambres qui pensaient comme moi, avec Tracy, Lanjuinais, Boissy d'Anglas, Pontécoulant, Malleville, Lenoir,— La Roche, dans la Chambre des pairs; avec Dupont (de l'Eure), Gallois, Ganilh, Flaugergues, Raynouard, dans la Chambre des députés.

Je ne pris, néanmoins, aucune part aux discussions qui signalèrent la première session du parlement français, et qui portèrent principalement sur la loi de la presse présentée par l'abbé de Montesquiou; sur le système de finances de l'abbé Louis, devenu, ou plutôt resté le baron Louis; sur l'affaire du général Excelmans, et sur la restitution des biens des émigrés. Il ne tiendrait qu'à moi d'en faire honneur à ma modestie, de dire que, n'ayant pas voix délibérative à la Chambre dont je faisais partie, c'eût été présomption de ma part d'y prendre la parole uniquement pour être entendu : mais j'aime mieux convenir de bonne foi que la timidité fut pour beaucoup dans mon silence, et, comme il arrive presque toujours, l'amour-propre pour beaucoup dans la timidité.

J'avais, d'ailleurs, autre chose à penser et meilleure excuse.

C'était le moment où se préparait le grand événement de ma vie, celui qui a décidé de ma destinée pour ce monde et, je l'espère, pour un monde meilleur.

Madame de Staël, exilée dix ans par l'empereur, échappée péniblement à sa tyrannie en traversant toute l'Europe, de Genève à Moscou, de Moscou à Stockholm, reçue triomphalement en Angleterre, était rentrée en France peu après le retour de Louis XVIII; elle y était entrée accompagnée de son fils, de sa fille, de M. Rocca, son second mari, et de Wilhelm Schlegel, à cette époque l'une des gloires de la littérature allemande.

Elle avait été fort liée avec ma mère, ainsi que je l'ai déjà rappelé plus d'une fois. Enfant, je l'avais connue, je ne tardai pas à lui être présenté.

Tout est dit désormais sur madame de Staël.

Pleine justice lui est rendue ; les hommes éclairés, les hommes honnêtes de tous les partis; ce chœur des gens de bien et de bon sens qui devance la postérité et prépare ses arrêts, s'accorde à reconnaître dans l'auteur de tant d'écrits qui vivront autant que notre langue, la générosité du caractère, l'élévation des sentiments, la force, l'étendue et la finesse de l'esprit, une rare diversité de dons naturels et de talents acquis, sans parler de l'incomparable éclat de sa conversation.

Je n'ajouterai rien à tout ceci, et, de vrai, qu'y ajouterais-je? Madame de Staël a plutôt nui quelque peu à la mémoire de son illustre père, en l'accablant d'éloges mérités, en disposant le public ingrat et malin à dire de lui ce que disait d'Aristide le paysan athénien. Je ne rendrai point à la sienne ce mauvais office, et je me contenterai d'indiquer un trait particulier de sa nature, parce qu'il suffit à lui seul pour expliquer bien des choses et pour répondre au besoin à plus d'un reproche.

Ce qui caractérisait avant tout, plus que tout madame de Staël c'était, d'une part, une activité impétueuse, impérieuse, irrésistible pour elle-même, et, d'une autre part, si j'ose ainsi parler, un bon sens inexorable. Dans toutes les transactions de la vie, publique ou privée, dans toutes les préoccupations de l'intelligence, étude ou méditation, composition ou conversation, son génie naturel la portait, ou plutôt l'emportait au but, tout d'un trait, de plein saut, au hasard des difficultés, et l'exposait ainsi à dépasser quelque peu la mesure de l'actuel et du possible. Elle était la première à s'en apercevoir, et la plus choquée du mécompte; son admirable discernement du vrai, du réel, de ce qui se cache au fond des choses et au fond des cœurs, l'éclairait d'une illumination subite, la perçait du même coup, comme d'un vif aiguillon; les retours étaient brusques, les réactions franches, comme on dirait en mécanique, en chimie, en médecine, et, le plus souvent, le dédain des précautions à prendre pour couvrir le retraite, pour ménager les transitions, faisaient beau jeu à la médiocrité envieuse et maligne contre l'esprit supérieur.

Je suis fermement convaincu qu'en y regardant de près, on trouverait au fond de tous les torts réels ou supposés, et supposés pour la plupart, qu'on a bien ou mal à propos imputés à madame de Staël, cette lutte entre deux qualités éminentes qui la dominaient tour à tour, au lieu de se limiter, de se tempérer mutuellement; c'est ce qui rendit son existence orageuse, c'est ce qui rendait son intimité, voire même son intérieur de famille, passionné, ardent, tumultueux; je ne crains pas d'ajouter que c'est ce qui détruisit sa santé, malgré la vigueur naturelle de son tempérament, et termina prématurément sa vie dans la force de l'âge et du talent.

Elle m'accueillit avec bonté; elle aimait les titres de noblesse, les noms historiques, les idées libérales; elle détestait l'empereur et le régime impérial; elle se résignait à la Restauration, sans illusion, sans aversion, sans préjugés favorables ni contraires. J'étais assez son fait sous ces divers rapports.

Je la vis bientôt tous les jours ou à peu près; j'allais habituellement chez elle soir ou matin; quelquefois l'un et l'autre, soit à Paris, soit à Clichy, où elle s'établit pendant l'été.

Je me liai intimement avec son fils. J'étais son aîné de plusieurs années. Élevé de bonne heure dans un gymnase en Allemagne, puis, plus tard, sous les yeux mêmes de sa mère, par M. Schlegel, il était excellent *scholar*, et presque aussi versé dans la connaissance de l'antiquité que dans les moindres finesses et les moindres délicatesses des langues classiques. Il avait beaucoup voyagé ou seul, ou avec sa mère, et parlait la plupart des

langues modernes avec une facilité merveilleuse et
l'accent le plus pur. Propre à tout, il avait traversé
avec éclat les examens de l'École polytechnique,
sans entrer définitivement dans l'école même.
Éclairé, fier et généreux comme sa mère, il en su-
bissait la disgrâce, et il en épousait les espérances
avec joie et avec orgueil. Mais ce qui le distinguait
au plus haut degré, ce qui faisait de lui un homme
à part, c'était l'aptitude singulière à faire passer,
dans l'exécution, dans la pratique, les idées spécu-
latives des rares esprits qui se pressaient autour de
sa mère. Il était, il fut toute sa vie *matter of fact
man* comme on dit en Angleterre. Si sa jeunesse,
son origine étrangère, l'uniforme suédois qu'il portait encore, ne lui eussent pas interdit, en France,
l'accès des fonctions publiques, si la mort ne l'eût
pas enlevé trop tôt, je suis convaincu qu'il aurait
figuré, au premier rang, parmi les hommes de
notre temps.

Je ne dirai rien de sa sœur; il m'en coûterait trop
de recourir, pour exprimer ma pensée, à des termes
qui paraîtraient exagérés, tout en restant bien au-
dessous de la vérité. Ceux qui l'ont connue intimement me comprendront; quoique je dise, les autres
ne me comprendraient pas.

J'ai peu connu M. Rocca. Au moment où madame de Staël revint en France, il était atteint d'une maladie mortelle qui le condamnait à la retraite et au silence absolu. On ne le voyait que de loin en loin. Dans le très petit nombre de paroles que j'ai recueillies de lui, il m'a laissé l'idée d'un esprit original, brusque et naïf qui devait avoir quelque chose de singulièrement piquant.

J'ai beaucoup connu, en revanche, Wilhem Schlegel, et j'aurai souvent occasion d'en parler. Je laisserai venir l'occasion et me bornerai, en ce moment, à dire qu'il m'accueillit, comme le reste de la maison, avec beaucoup de bienveillance.

Mes assiduités dans cette maison n'ayant point paru déplaire, je conçus bientôt de plus hautes espérances, et, vers la fin de l'automne, je partis pour les Ormes, afin d'obtenir le consentement de ma mère, qui me l'accorda volontiers, et revint avec moi à Paris. M. d'Argenson avait été le premier à me conseiller ce mariage; il suivit ma mère de près.

L'assentiment cordial et empressé de ma mère m'était fort nécessaire pour faire tête à l'orage que ma résolution excitait au sein de ma famille. Tel était le courant de l'opinion dominante, et la folie des préjugés nobiliaires fraîchement exhumés, qu'on y regardait mon mariage avec la fille d'un grand seigneur suédois, comme une mésalliance. On rappelait l'opposition entre le maréchal de Broglie et M. Necker, en 1789 ; il semblait que nos deux familles fussent des Capulet et des Montaigu; mon oncle Amédée, à qui j'avais des obligations réelles et récentes, me traitait d'ingrat; bref, la rumeur était extrême et croissait d'heure en heure.

Je tins bon. Le mariage fut convenu et rendu public, dès le lendemain de l'arrivée de ma mère, et ne fut différé qu'en raison d'arrangements de fortune qui dépendaient de la restitution de deux millions prêtés généreusement à l'État par M. Necker.

Je reviendrai sur ce sujet.

II

1815

Les derniers jours de 1814 et les trois premiers mois de 1815 s'écoulèrent pour moi rapidement. Je me couchais tard et me levais de grand matin; j'étudiais avidement durant une partie de la nuit, et la première moitié de la matinée, ne négligeant rien pour me rendre digne de la position qui m'était échue, politique, jurisprudence, économie politique, finances, administration, je dévorais tout, un peu à la hâte et pêle-mêle; midi venu, je partageais le reste de la journée, entre la société de madame de Staël, et les séances des chambres.

Madame de Staël, en retrouvant son cher Paris, après dix années d'exil, était lancée dans le très grand monde. Accueillie, recherchée même à la cour, et chez les ministres, ménagée dans le faubourg Saint-Germain, son salon était le rendez-vous de tous les étrangers que la Restauration attirait à Paris. Ce n'était pas ce qui m'en plaisait le plus. Dans la position où se trouvait la France, tout commerce avec les étrangers, quels qu'ils fussent, me répugnait à certain degré ; si fort même, que je me félicitai, mon mariage n'étant pas encore déclaré, de n'être point appelé, comme membre de la famille, à la fameuse entrevue de l'empereur Alexandre et de M. de la Fayette, entrevue ménagée, comme on le sait, par madame de Staël et dans son propre salon ; je l'ai souvent regretté depuis.

Parmi les étrangers que je rencontrai dans ce salon figuraient, au premier rang, le duc de Wellington, M. Canning, sir James Mackintosh, lord Harrowby et M. de Humboldt.

Le duc de Wellington m'inspirait, tout ensemble, de l'éloignement et du respect. C'était, pour le fond même du caractère, un véritable Anglais, un Anglais de la vieille roche, un esprit simple, droit, solide, circonspect, mais dur, raide et un peu étroit. Du reste, sa position comme sa renommée formait un contraste étrange avec la galanterie gauche et pressante qu'il affectait auprès des personnes jeunes et belles, et qu'il poussait, dit-on, aussi loin que celles-ci le permettaient. Il en a conservé les allures jusqu'à la dernière vieillesse, et ce n'est pas une des moindres preuves du bon sens de la nation anglaise que le soin qu'ont pris tous les partis de jeter, comme à l'envi, le manteau sur le côté ridicule du héros de Waterloo.

M. Canning était tout autre. C'était, à la fois, un bel esprit et un homme d'État ; l'un des deux personnages gâtait un peu l'autre. Le bel esprit était très brillant, plus peut-être que ne le comportait la gravité d'un premier ministre en expectative ; l'homme d'État prenait sa revanche ; il était hautain et dédaigneux. Madame de Staël avait avec l'un et l'autre des prises très vives, et c'était plaisir de l'entendre ; néanmoins j'évitais M. Canning plus que je ne le recherchais ; il n'était pas encore ce qu'il est devenu depuis, et, depuis aussi, je lui ai rendu plus de justice.

Sir James Mackintosh était, en revanche, l'un des hommes les plus aimables que j'aie connus. Son savoir était immense. Il était versé dans les langues classiques ; il connaissait à fond la littérature germanique, comme la littérature anglaise et française. De visage et de caractère, il ressemblait à

Cicéron. A l'époque dont je parle, il revenait de Bombay, où il avait résidé plusieurs années à titre de grand juge, et sa haute réputation, longtemps contestée, commençait à s'établir solidement en Angleterre. Pendant le peu de mois qu'il passa à Paris, il était l'un des habitués de la maison de madame de Staël, et il se prit, pour moi, d'une véritable amitié qu'il m'a conservée jusqu'à sa mort. Ses *Mémoires*, publiés par sa famille, en portent témoignage, et j'en garde un souvenir plein de reconnaissance et de vénération.

Lord Harrowby, longtemps ministre en Angleterre, avant et depuis l'époque dont je parle, était un tory modéré, éclairé, d'une politesse exquise et d'un sens parfait. J'étais très curieux de l'Angleterre; je me perdais en efforts pour concilier ce que je lisais dans les livres composés *ex professo* sur ce pays, et ce que je lisais chaque jour dans les feuilles publiques. Lord Harrowby satisfaisait ma curiosité avec une inépuisable complaisance. Il me témoignait l'intérêt qu'un vieillard d'une expérience consommée et d'un bon cœur ressent naturellement pour un commençant de bonne volonté. J'ai beaucoup profité de ses entretiens, et son amitié pour moi ne s'est pas démentie pendant de longues années, car il n'est mort que dans un âge très avancé; il existait encore, bien infirme et bien impotent lorsque j'étais ambassadeur à Londres, et m'honorait de ses conseils.

Je dirai peu de chose de M. de Humboldt; tout le monde l'a connu en France, où il a résidé pendant tant d'années. C'était, sans doute, et c'est encore (car il existe au moment où j'écris ces lignes) un homme extraordinaire, d'un savoir universel, d'une activité prodigieuse, et de qui l'on peut dire que rien ni personne ne lui était étranger, mais un homme dont la société n'était pas tout à fait sûre, un peu malicieux, un peu tracassier, fort *meddling*, comme disent les Anglais, et au fait des moindres caquets de la moindre ville des deux mondes, comme des moindres secrets, des moindres opérations de la nature. Sa conversation, très instructive, était accablante, parce qu'elle était intarissable, surchargée de faits et d'allusions de tout genre, coupée de parenthèses innombrables et interminables, et finissait par devenir fastidieuse, à force de compliments prodigués indistinctement à tout venant. Je n'ai point connu son frère, bien qu'il fût alors à Paris, où il se montra le grand adversaire de la France; c'était, tout le monde en convient, une tête puissante et un cœur ardent. Je regrette de n'en pouvoir parler que sur le témoignage d'autrui.

Parmi les Français, les trois personnages considérables que je vis habituellement à cette époque, furent M. de Chateaubriand, M. de la Fayette et Benjamin Constant; il serait impossible d'en indiquer trois qui fussent plus différents l'un de l'autre.

M. de Chateaubriand ne fréquentait pas alors le salon de madame de Staël. Je crois me rappeler que ce fut seulement en 1817, qu'il y vint habituellement; mais nous le voyions souvent chez madame la duchesse de Duras, qui devint, plus tard, l'une de ses admiratrices passionnées. Madame de Duras demeurait alors rue de Grenelle, tout près de la rue de Bourgogne, et porte à porte avec madame de Staël. Elle lui ressemblait de taille et de figure, et ne négligeait aucun effort pour rendre cette ressemblance de plus en plus frappante. C'était une personne d'un esprit distingué et d'un noble caractère, mais dont l'existence a été malheureuse parce que sa position était fausse, même à ses propres yeux. Fille d'un conventionnel, M. de Kersaint, gentilhomme breton, républicain sincère, mais ardent et déclamateur, comme l'étaient tous les républicains de cette époque, née d'un père à qui l'on ne pouvait reprocher aucun acte criminel, mais dont on pouvait citer de regrettables paroles, elle devait son tabouret à la cour à son mariage, et son mariage au hasard de l'émigration ; c'était une grande gêne pour elle dans le coup de feu de la Restauration ; aussi son attitude dans le grand monde était-elle un compromis perpétuel entre l'orgueil du rang, et la piété filiale. Douée d'un cœur sensible, elle vivait dans une méfiance, par malheur, trop bien fondée de ses agréments personnels. D'un esprit délicat et cultivé, elle recherchait et redoutait également la société des gens de lettres, toujours inquiète que l'affabilité n'autorisât la familiarité.

M. de Chateaubriand, gentilhomme breton comme M. de Kersaint, libéral autant que lui, sinon comme lui, triomphant aux Tuileries, *restaurateur*, et le premier des écrivains de son temps, fort occupé de madame de Duras, devait naturellement tenir le premier rang dans sa société. Il réunissait toutes les conditions pour devenir l'idéal de la maîtresse du logis, dont l'admiration déjà prononcée datait d'ailleurs d'assez loin. Je me souviens, en effet, au moment même où j'écris ces lignes, que six ou sept ans avant la Restauration, en plein régime impérial, ayant eu l'honneur de passer deux jours au château d'Ussé, où madame de Duras résidait avec son mari et ses deux filles, elle me lut avec un enthousiasme que je partageais sincèrement, le fameux article du *Mercure* qui pensa faire arrêter son auteur.

Il était donc chez elle le personnage en évidence, et, chose digne de remarque, dès cette époque, c'est-à-dire au plus haut faîte de sa réputation, maître du terrain, enivré de gloire et d'espérance, il était déjà ce que nous l'avons vu dans ses jours d'adversité et de décadence, rogue et dédaigneux, étalant avec complaisance une personnalité naïve presque jusqu'au cynisme, une vanité envieuse, amère et morose, mécontent de tout, de tous et de chacun; il était déjà l'homme des *Mémoires d'outre-tombe*.

Ce n'était pas chez madame de Staël que je voyais le plus souvent M. de la Fayette; il habitait sa terre de la Grange et ne venait à Paris que par intervalles. Quand il y venait, j'allais le voir chez lui. Je le rencontrais chez M. de Tracy et chez plusieurs de ses amis; M. d'Argenson avait renoué avec lui une liaison longtemps interrompue. Je l'aimais et l'admirais beaucoup; j'entrais, à plein cœur, dans ses sentiments, ce qui me rendait un peu plus libéral que madame de Staël ne le désirait, et me donnait, dans le monde, la réputation d'ennemi de la maison de Bourbon; il n'en était rien, du moins, de ma part, et pas encore de la sienne; non seulement, en effet, il ne fut pour rien dans le 20 mars, il n'était pas bonapartiste, mais il ne fut pour rien dans le complot que Fouché, le comte d'Erlon, Lefebvre-Desnouettes et les frères Lallemand dirigeaient en sens opposé au 20 mars.

N'écrivant point de l'histoire, je ne fais pas non plus de portraits. Celui de M. de la Fayette a d'ailleurs été tracé de main de maître par M. Guizot; je n'y vois rien à reprendre, sinon que le singulier mélange de l'aristocrate et du démagogue n'y ressort peut-être pas assez en saillie. Il fallait aimer M. de la Fayette pour lui-même, ce qui, du reste, était facile, car on ne gagnait rien à être de ses vrais amis; il ne faisait guère de différence entre un honnête homme et un vaurien, entre un homme d'esprit et un sot; il ne faisait de différence qu'entre celui qui lui disait et celui qui ne lui disait pas ce qu'il disait lui-même. C'était un prince entouré de gens qui le flattaient et le pillaient. Toute cette belle fortune, noblement gagnée, noblement offerte, noblement reçue, s'est éparpillée entre les mains des aventuriers et des espions.

On ne gagnait rien non plus à le prendre pour chef : car il était toujours prêt à s'engager dans une entreprise quelconque, sur le premier appel du premier venu, exactement comme un gentilhomme du bon temps, qui se battait pour la beauté même de la chose, le plaisir du péril et l'envie d'obliger un ami.

Ce que je dis ici, et en ce moment, je le lui ai dit cent fois à lui-même, durant le cours d'une intimité qui n'a fini qu'avec sa vie, et dont le souvenir ne finira qu'avec la mienne.

Quant à Benjamin Constant, si l'un des hommes qui l'ont le mieux connu, l'un des esprits les plus sains et les plus fins de notre temps et de notre pays, si M. de Barante publie jamais la notice qu'il m'a fait lire, s'il croit pouvoir la communiquer au public, le public connaîtra jusque dans ses moindres nuances ce triste et singulier caractère. A l'époque dont je parle, rien n'était plus curieux à étudier.

Ce n'était plus le tribun de 1800, ce chef d'une opposition naissante, tout aussitôt décapitée par le grand sabre du premier consul. C'était encore moins le jacobin apprenti du régime directorial, qui professait *la nécessité de s'y rallier*, préludait au 18 fructidor, et dénonçait en traits sanglants la restauration d'Angleterre.

Dix années d'exil volontaire en Allemagne et le spectacle des ravages exercés par l'empereur Napoléon sur ce malheureux pays en avaient fait un autre homme. Il célébrait la légitimité des princes et maudissait l'usurpation en termes qu'un habitué de Coblentz n'aurait pas désavoués; il ne voyait de salut pour le peuple et d'espoir pour la liberté qu'à l'ombre des trônes antiques et des institutions traditionnelles; tout roi de fraîche date était, pour lui, un usurpateur, et tout usurpateur un tyran.

Cet accès d'orthodoxie ultra-rhénane n'était pas trop bon teint, aussi ne lui dura-t-il guère; mais il eut cet heureux effet de l'engager sincèrement dans les vues et les intérêts du gouvernement nouveau et d'employer, au service de la cause constitutionnelle, le trésor de sages réflexions et d'informations utiles qu'il avait en portefeuille; il s'y consacra de tout son cœur et sans arrière-pensée. C'est lui qui a vraiment enseigné le gouvernement représentatif à la nation nouvelle, tandis que M. de Chateaubriand l'enseignait à l'émigration et à la gentilhommerie. Jusque-là, même dans sa partie la plus saine, la nation nouvelle en était encore aux idées de 1791. L'histoire de la constitution préparée par le sénat conservateur en fait foi. On ne saurait trop apprécier sur ce point la dette de notre pays envers Benjamin Constant : ses différentes brochures ont éclairé les plus habiles, illuminé le gros du public et transformé en lieux communs des vérités ignorées ou méconnues; c'est le premier des triomphes en philosophie et en politique.

Je l'assistais dans ce travail en qualité de manœuvre ; je l'aidais à faire passer, dans le langage technique de notre législation, des idées empruntées à la législation britannique, à ménager les transitions entre l'un et l'autre. Il est telle de ses brochures, entre autres, et ce n'est pas la meilleure, celle sur la responsabilité des ministres et autres agents du pouvoir exécutif dont je lui ai suggéré les données principales; on trouvera dans mes papiers un essai sur ce sujet; ç'avait été l'un de mes premiers travaux à mon entrée dans la vie publique.

Je m'entretenais aussi très souvent avec lui de son ouvrage sur les religions, dont il préparait déjà la publication, mais qui n'a paru que plus tard. Sous ce rapport, il s'était également opéré un grand changement dans son esprit. Ce n'était plus ce sceptique en herbe, cet échappé du collège, déjà blasé sans avoir de barbe au menton, dégoûté de tout avant d'avoir goûté à quelque chose, tel, en un mot, que nous le voyons poindre et grandir dans sa triste correspondance avec madame de Charrière. Ce n'était plus cet adepte des doctrines les plus téméraires et les plus arides de la philosophie du dernier siècle, cet autochtone, si l'on ose ainsi parler, des régions les plus dévastées de l'âme et de l'intelligence, se préparant à porter le coup de grâce à l'*infâme*, à dépecer, à détruire l'une par l'autre les traditions religieuses de tous les temps et de tous les pays.

Sur ce point encore, l'Allemagne l'avait retourné du blanc au noir, ou, si l'on veut, du noir au blanc. L'érudition germanique, alors en bonne voie, lui avait fait honte d'Holbach, de Diderot et de Dupuis. Tant s'en faut qu'il persistât dans sa haine et dans son mépris pour toutes les religions, qu'il était plutôt tenté de les révérer toutes également, comme dépositaires de grandes vérités et sur la voie de beaucoup d'autres. Il avait renversé le plan de son livre et nous disait en riant :

— J'avais réuni trois ou quatre mille faits à l'appui de ma première thèse ; ils ont fait volte-face à commandement, et chargent maintenant en sens opposé. Quel exemple d'obéissance passive !

Bref, de sceptique il était devenu mystique, et rien n'est au fond plus naturel. Le scepticisme est une excellente machine de guerre ou un très bon oreiller pour la paresse ; mais, pour un penseur, ce n'est point un port dans la tempête, c'est au contraire une rade ouverte à tous les vents ; on se fatigue à battre l'eau, sans cesse et sans but, et de guerre lasse le mysticisme devient le coup de désespoir de la logique aux abois.

J'ajoute qu'en ceci Benjamin Constant ne s'en tenait pas à la pure spéculation, la pratique même était de la partie, si tant est que pratique il y ait chez les mystiques. Il était là, en Suisse, avec la très célèbre alors madame de Krudener, qui rachetait les torts de son bel âge et le roman de son âge mûr, en convertissant les sociniens de Genève et en régentant, à Lausanne, tout un petit groupe de semi-catholiques plus dévots à madame Guyon qu'à

Calvin ; — gens de beaucoup d'esprit d'ailleurs et dont j'aurai peut-être occasion de parler un peu plus tard. Retrouvant à Paris madame de Krudener, en grand crédit auprès de l'empereur Alexandre, sa directrice de conscience et presque son confesseur, il renoua avec elle et, sans entrer dans la familiarité de l'autorité, sans tremper en rien dans cette rêverie de la Sainte-Alliance, qui se préparait à petit bruit, il ne demeura pas entièrement étranger aux jongleries du moment. Ainsi, par exemple, il lui arrivait de passer lui et maints autres néophytes, des nuits entières dans le salon de madame de Krudener, tantôt à genoux et en prière, tantôt étendu sur le tapis et en extase ; le tout sans fruit, car ce qu'il demandait à Dieu, c'est ce que Dieu souffre parfois dans sa colère, mais qu'il tient en juste détestation. Épris de madame Récamier, belle encore à cette époque, bien que déjà sur le retour, ce que Benjamin Constant demandait à Dieu, c'était les bonnes grâces de cette dame, et, Dieu faisant la sourde oreille, il ne tarda pas à s'adresser au diable, ce qui était plus conséquent.

Je ne plaisante pas, je raconte.

Un jour, ou plutôt une nuit, nous revenions en poste, lui, Auguste de Staël et moi, d'Angervilliers maison de campagne qui appartenait alors à madame de Catellan. La nuit était noire, le temps à l'orage, le ciel sillonné d'éclairs, le tonnerre grondait dans le lointain ; le galop des chevaux et le bruit des roues y répondaient à qui mieux mieux ; et les étincelles jaillissaient à profusion du pavé. Ce fut ce moment que Benjamin Constant choisit ou saisit pour nous faire la singulière confidence des efforts qu'il avait tentés et tentés inutilement, Dieu merci, dans le dessein d'entrer en marché avec l'ennemi du genre humain. Il entendait un peu se moquer de nous, sans doute, mais il se moquait au fond de lui-même et ne s'en moquait que du bout des lèvres ; son front était pâle, un sourire sardonique errait sur son visage ; il commença sur ce ton de raillerie amère qui lui était familier : peu à peu le sérieux prit le dessus et, à mesure qu'il nous expliquait les simagrées auxquelles il s'était soumis, ses expériences conçues et déçues, son récit devenait si expressif et si poignant, qu'à l'instant où il le termina, ni lui ni aucun de nous n'étaient tentés de rire : il tomba et nous aussi, je le confesse, en toute humilité dans une rêverie pénible et pleine d'angoisse. Nous rentrâmes dans Paris sans nous être dit un seul mot.

En retraçant depuis, dans son ouvrage, un livre qui traite du polythéisme chez les Romains, le tableau désolant des superstitions qu'une incrédulité progressive et désespérée engendrait parmi les meilleurs et les plus éclairés des Grecs et des Romains, parmi les héritiers de Phocion et de Cicéron, je me figure que Benjamin Constant se souvenait un peu de lui-même, et que l'expérience personnelle venait en aide à son érudition.

Au demeurant, je ne tardai guère à m'assurer, qu'en ce qui le concerne, la magie noire n'avait pas mieux opéré que la magie blanche, et que le malin lui avait, de son côté, tenu rigueur.

Quelques jours après, en effet, j'étais au bal chez M. Greffulhe, le père de MM. Greffulhe, bien connus alors dans le monde parisien et de madame de Castellane. M. Greffulhe possédait, en ce temps là, une vaste et charmante habitation au haut de la barrière de Clichy, habitation morcelée depuis et devenue un quartier désert, percé de rues sales et tortueuses.

C'était un bal masqué ; on n'y était point admis à visage découvert. J'étais masqué comme tout le monde. Je ne tardai pas à remarquer qu'une personne à moi bien connue, et qui ne déguisait point sa voix, prenait mon bras, le quittait, puis revenait à moi, sans avoir d'ailleurs rien à me dire. C'était madame Récamier. Ce manège me parut d'autant plus singulier, que, la connaissant depuis bien des années, ayant souvent passé des jours, voire même des semaines avec elle, à la campagne, je n'avais jamais été ni l'admirateur de sa beauté, ni l'objet de ces préférences banales qu'elle prodiguait à tout venant, grand ou petit, jeune ou vieux, beau ou laid, sot ou spirituel, le tout en tout bien tout honneur, et comme pour s'exercer dans l'art de plaire et s'entretenir la main. Aussi n'était-ce pas de moi qu'il s'agissait. En coquetterie flagrante, d'une part avec Benjamin Constant, de l'autre avec Auguste de Forbin, j'étais, en quelque sorte, un instrument dont elle jouait; elle se divertissait à entretenir leur jalousie réciproque en feignant de s'occuper de moi; sous mon masque, j'étais Forbin pour Benjamin Constant, et Benjamin Constant pour Forbin; ce qui prouvait, du reste, qu'elle se moquait également de l'un et de l'autre. Je coupai court à ce charitable passe-temps, qui ne convenait ni à ma position, ni à mon caractère, et qui pouvait aboutir à me mettre gratuitement sur les bras deux sottes querelles, en quittant le bal avant minuit, et ce fut en sortant, si j'ai bonne mémoire, que j'entendis pour la première fois parler à voix basse du débarquement de l'empereur à Cannes. Le gouvernement l'avait appris dès le matin. Le lendemain la nouvelle était publique.

Je dois cette justice à madame de Staël, qu'elle ne s'y méprit pas un instant. Dès le premier mot, elle vit le bout des choses : l'armée en révolte, le pays résigné, le royalisme en déroute, et l'empereur aux Tuileries. Elle écouta avec la plus tranquille incrédulité, plutôt même avec un peu de compassion contenue, le déluge de promesses et de menaces, d'invectives et d'imprécations qu'on vociférait autour d'elle; exhortant chacun à faire son devoir par respect pour soi-même, pour l'honneur de la cause et du drapeau, mais sans pousser personne à se compromettre, avec un amour persévérant pour la France *quand même*, mais pas la moindre confiance dans la France du moment.

Son parti fut également pris sur-le-champ.

Elle avait obtenu de Louis XVIII la promesse de faire inscrire, au nombre des dettes de la famille royale que la France prenait à son compte, les deux millions généreusement prêtés par M. Necker à Louis XVI, et certes cela était doublement juste;

c'était une dette personnelle, dont l'emploi avait été fait au profit de l'État. Mais cette promesse tombait naturellement avec celui qui l'avait faite. Les bonapartistes, dans l'avant-goût de leur triomphe, pressaient madame de Staël de ne pas s'éloigner, de rester, de se déclarer pour l'empereur, lui promettant alors monts et merveilles. J'ai entendu à ce sujet, M. de la Valette, qui demeurait dans la même maison qu'elle, redoubler d'instances à mesure que le moment fatal approchait, et le prince de Beauvau, le gouverneur du roi de Rome, se faisait fort de tout obtenir.

Madame de Staël recevait ces insinuations avec le dédain qu'elles méritaient, faisait ses paquets à la hâte, en m'exhortant à rester aussi longtemps qu'il y aurait quelque chance de résistance à la nouvelle invasion du despotisme impérial, et en me donnant rendez-vous à Coppet, lorsqu'il n'y en aurait plus.

Je restai. Le gouvernement et la société offraient un spectacle misérable. On se repaissait de fausses nouvelles sans y ajouter la moindre foi. On s'échauffait en déclamations que chacun appréciait à leur juste valeur. On se préparait à la résistance avec la ferme résolution de ne pas attendre le premier choc. On jurait haine au tyran, en s'arrangeant, sous main, pour en être bien reçu, le moment venu. Forbin traînait son grand sabre dans le salon de madame Récamier et Benjamin Constant y brandisssait l'article qu'il avait, pour son malheur, fait insérer dans le *Journal des Débats,* plus préoccupés l'un et l'autre de l'effet qu'ils faisaient sur la maîtresse du logis que de toute autre chose au monde. Une foule hébétée se pressait aux Tuileries, criant : *Vive le roi !* en attendant qu'elle criât dans le même lieu : *Vive l'empereur !* Les deux Chambres se sentaient aussi détrônées que la royauté ; leurs comités secrets étaient percés à jour comme le cabinet des princes, et leurs salles étaient des cafés où l'on venait aux nouvelles.

La séance royale où Louis XVIII vint annoncer solennellement le dessein de mourir sur son trône en défendant son peuple fut, néanmoins, de bon effet. Elle inspira le genre et le degré d'émotion qu'inspire aux acteurs et aux spectateurs une scène bien jouée, émotion réelle plutôt que sincère, et qui ne tire pour personne à la moindre conséquence. Le rideau tombé, le vieux roi roulé dans son fauteuil, il n'en était plus question. Les séances ordinaires attestaient le découragement universel par l'absence de toute discussion, par l'empressement à accorder au gouvernement tout ce qu'il jugeait à propos de demander. C'était un malade incurable, auquel on passait ses moindres désirs et qu'on retournait d'un côté sur l'autre. Le soir, M. Lainé, président de la Chambre des députés, le seul, en tout ceci, qui eût conservé de la dignité, du courage et de la prévoyance, M. Lainé, dis-je, réunissait chez lui les personnes qu'il jugeait les plus résolues et les plus sensées, les membres de l'ancienne commission de l'Adresse en 1813, — cette Adresse qui fut, en quelque sorte, le coup de cloche de la chute du gouvernement impérial, — d'autres encore, M. de Sacy, Dupont (de l'Eure), Benjamin Constant, etc. Je faisais régulièrement partie de ces conférences. Comme elles n'avaient aucun caractère officiel, elles ne menaient à rien et tournaient en doléances.

Dans le nombre des propositions qu'on y hasardait, vaille que vaille, la seule qui eût quelque sens et qui pût avoir quelque efficacité, ce fut celle de combler les vacances dans le sein de la Chambre des députés, en lui faisant élire elle-même de nouveaux membres, et en dirigeant son choix sur des noms honorés et populaires. C'eût été, sans doute, un coup d'État, mais un coup d'État utile et innocent. La proposition échoua par le refus positif de M. de la Fayette et de M. d'Argenson, les deux premiers dont le nom eût été mis en avant.

M. de Lally nous donnait, chaque soir, la comédie dans ces réunions. Il commençait ses interminables harangues en répandant des torrents de larmes sur les infortunes de la maison de Bourbon, et les terminait en répandant des torrents d'injures sur chacun des membres de la famille royale.

Dans les intervalles libres que me laissaient les séances des Chambres et les réunions dont je viens de parler, j'attirais chez moi plusieurs jeunes amis que je m'étais faits récemment à l'occasion du procès du général Exelmans. Je veux parler des rédacteurs du *Censeur européen*, le journal le plus libéral, le plus résolu et le plus désintéressé qui ait honoré notre temps et notre pays ; je veux parler de plusieurs de leurs collaborateurs, au nombre desquels on comptait déjà Augustin Thierry, qui s'est acquis depuis une mélancolique et glorieuse célébrité.

Nous parcourions souvent ensemble les rues, les carrefours, les lieux publics, nous mêlant à la foule, et écoutant ce qui se disait; tout était morne, calme, indifférent; au fond, sans regret, sans espoir, mais non sans inquiétude.

— *Mon cher,* disait quelques jours après l'empereur à M. Mollien, *ils m'ont laissé venir comme ils ont laissé partir les autres.*

Cela est vrai, comme le mot de Cromwell, lorsque, entendant autour de lui des acclamations joyeuses, il disait à Shurloe : *Ces gens-là crieraient encore plus fort et plus joyeusement s'ils me voyaient mener pendre.*

Enfin vint le moment fatal. Le jour du départ, je n'avais aucun motif pour me présenter aux Tuileries. Je n'étais pas de la cour. Il m'eût été impossible de feindre pour les personnes un regret que j'éprouvais réellement, mais que je n'éprouvais pas précisément pour elles; dans l'opinion qu'on avait de moi fort injustement, en ce lieu-là, on m'eût pris pour un ennemi secret, peut-être même, que sais-je! pour un bonapartiste en flagrant délit d'espionnage. Tout se pouvait dans un tel moment et de la part de telles gens.

Je me bornai donc, comme les badauds, à regarder du dehors les préparatifs mal dissimulés d'une évasion; car, dans le langage officiel du moment, avec les protestations dont on n'était pas avare, le départ avait ce caractère. Il était aisé de voir, à travers les croisées, les allées et venues, la précipitation, le désarroi des gens qui croyaient entendre, d'instant en instant, le pas de charge des grenadiers impériaux. En voyant ce petit homme, si grand de cent victoires, à la tête d'une poignée de vieilles moustaches, renverser d'une chiquenaude un château de cartes, démantibuler d'un coup de pied une décoration d'opéra, je me rappelais involontairement cette scène du roman de Cervantès, ou le héros de la Manche, entrant dans une loge de marionnettes, et voyant une poupée vêtue en princesse enchaînée à un géant de carton, tire sa grande épée et pourfend le donjon et les prisonniers, le bateleur et sa boutique.

Le lendemain du départ de celui qu'on laissait partir, et le jour de l'arrivée de celui qu'on laissait venir fut encore plus triste que la veille. Paris était lugubre : les places publiques désertes, les cafés, les lieux de réunion à demi fermés ; les passants s'évitaient ; on ne rencontrait guère dans les rues que des militaires attardés, des officiers en goguette et des soldats en ribotte, criant, chantant *la Marseillaise*, éternel refrain des tapageurs, offrant à tout venant, d'un ton goguenard et presque à la pointe de leur sabre, des cocardes tricolores.

A la tombée de la nuit, nous eûmes la petite pièce avant la grande. Nous vîmes Saint-Didier, l'ancien préfet du palais, à la tête de la domesticité impériale, valets de pieds, officiers de bouche, cuisiniers, marmitons, chacun ayant déterré sa livrée, prendre triomphalement possession des appartements en désordre, des lits encore défaits, des réchauds encore fumants, et poursuivre à coups de balai et de broche ce qui restait encore de la domesticité royale.

A nuit close, le maître arriva. Il arriva comme un voleur, selon l'expression de l'Évangile, qui ne fut jamais plus juste. Il grimpa le grand escalier des Tuileries, porté sur les bras de ses généraux, de ses anciens ministres, de tous les serviteurs passés et présents de sa fortune, sur le visage desquels on pouvait néanmoins lire autant d'anxiété que de joie.

A peine fut-il assis, qu'il entendit retentir à ses oreilles les mots de constitution, de liberté, etc.; il avait lui-même entonné la première note dans ses proclamations. C'était d'ailleurs le mot d'ordre, la lubie du jour, le jargon de la circonstance. Ce fut pour lui une pilule fort amère, qu'il avala d'assez bonne grâce.

Durant le peu de jours que je passai à Paris, et dans le peu de salons bonapartistes que je n'avais jamais cessé de fréquenter, Dieu sait tout ce qu'il me fut donné de poignées de main, prodigué d'assurances et de protestations; on se serait cru aux premiers jours de l'Assemblée constituante.

J'attachais à ces protestations sincères et frivoles toute l'importance qu'elles méritaient; c'était autant de variations sur ce thème qui peint l'époque même : *Comment ne serais-je pas libéral? j'ai servi dans les mamelouks;* mais c'était autant de manifestations qui rendaient impossibles, du moins dans les premiers moments, le rétablissement du despotisme impérial, et préparaient la ruine prochaine du despote. C'était là mon espoir; je m'en expliquai même ouvertement un soir, dans le salon de madame Gay, en présence des gens de lettres et des hommes publics qui concouraient, sous la première Restauration, à la rédaction du *Nain jaune*. J'avais vu naître ce journal satirique dans le sein de cette société. J'avais assisté, plus d'une fois, aux soirées où la rédaction s'en préparait. Je n'y étais pas tout à fait étranger, en ce sens que j'avais permis qu'on y inscrât des plaisanteries et des anecdotes dont j'étais le narrateur un peu malévole. Je dis nettement à la réunion, dont les personnages principaux étaient les futurs rédacteurs de *la Minerve* : MM. Jouy, Jay, Étienne, etc., qu'à mon sens, tout espoir de fagoter l'empereur Napoléon en roi constitutionnel était une folie, et que tout espoir de l'empêcher de tenter de nouveau les aventures, et de ramener une seconde fois les étrangers à Paris, en était une autre; qu'il n'y avait qu'une chose à faire, c'était de mettre à profit le coup de vent constitutionnel, pour organiser un gouvernement qui débarrassât la France de l'empereur, et prévînt une seconde invasion.

La branche aînée de la maison de Bourbon étant, non sans raison, tombée dans un grand décri, j'indiquai la branche cadette comme l'unique espoir des gens de bien et de bon sens. Ce n'était pas que je fusse initié à aucun complot; ce n'était pas non plus que je fusse en rapport intime avec M. le duc d'Orléans. Je lui avais été présenté; il m'avait accueilli avec bienveillance; du reste, je le voyais rarement; mais sa position l'indiquait naturellement dans les circonstances où nous nous trouvions; je me rappelle même, en ce moment, que, deux ou trois jours avant l'arrivée de l'empereur, cherchant dans mon esprit quelque moyen de résistance, je me mis en route pour parler du duc d'Orléans à Carnot, que je ne connaissais pas et n'avais jamais vu. Je ne le trouvai point chez lui, et j'en restai là.

Je partis promptement de Paris pour les Ormes, craignant qu'il ne vînt en fantaisie aux manipulateurs de constitution de placer mon nom dans ce *caput mortuum* de la Chambre des pairs royale, dont on entendait faire l'embryon de la Chambre des pairs impériale. C'était une appréhension sans fondement ; j'appris même bientôt après que mon nom ayant été prononcé devant l'empereur, il n'y avait pas mordu. Je revins dès lors, et je trouvai Benjamin Constant conseiller d'État, en grâce auprès de l'empereur, en train de devenir sa nymphe Égérie et le Solon de la France.

Il avait quitté Paris à l'arrivée de l'empereur, et s'était réfugié à Angers, je crois, contre une proscription qu'il avait raison d'appréhender. Son article, inséré dans le *Journal des Débats*, était foudroyant. Depuis Tacite et Juvénal, jamais la tyrannie n'avait ainsi été dévouée à l'exécration publique.

Rassuré par ses amis, il revint. L'empereur, plus malin que lui, qui pourtant l'était beaucoup, voulut le voir. Il le vit, et Benjamin Constant sortit de l'entrevue aussi convaincu des bonnes intentions impériales qu'il pouvait l'être de quelque chose, ce qui, à la vérité, n'était pas beaucoup dire.

En entrant dans le grand appartement qu'il occupait dans la rue Saint-Honoré, je vis au pied de l'escalier une voiture de remise attelée, et dans l'antichambre, un habit de conseiller d'État, étalé sur un canapé. Dans le salon, Benjamin Constant était établi auprès de M. de Humboldt, ils s'endoctrinaient réciproquement ; j'ai lieu de croire que M. de Humboldt était pour quelque chose, voire même pour quelque chose de plus que quelque chose dans la conversion de son interlocuteur ; en tout cas, c'était lui qui riait dans sa barbe et qui se frottait les mains en sortant.

Benjamin Constant n'entra, vis-à-vis de moi, dans aucune explication. Je ne lui en demandai point. Nous prîmes l'un et l'autre la situation telle qu'elle était : je me bornai à lui dire, et bientôt à lui répéter qu'il y allait de son honneur de ne montrer aucune faiblesse à l'égard de l'empereur ; de ne fléchir sur aucun principe, et d'armer la France de toutes pièces contre le retour trop probable du despotisme. Il en convint, nous passâmes en revue les points essentiels, et nous ne fûmes en dissentiment que sur un seul : l'hérédité de la Chambre des pairs. Je soutenais qu'une Chambre des pairs héréditaire contre laquelle protesteraient, par leur absence ou par leur refus, tous les noms historiques de l'ancienne France, et beaucoup des noms de la France nouvelle, serait discréditée, de prime abord, et incapable de rien faire de bon ni d'utile. M. de Humboldt m'appuya. Nous cherchâmes d'autres combinaisons sans parvenir à nous accorder et je vis bien qu'au fond tout était déjà décidé.

Je rendrai, d'ailleurs, à Benjamin Constant cette justice, qu'il n'essaya pas d'exercer sur moi le genre de séduction qui ne lui réussit que trop sur un homme qui paraissait plus difficile à gagner, sur Sismondi, l'historien des républiques italiennes : esprit éclairé, libéral, honnête, désintéressé, et dont il fit, contre toute attente, un bonapartiste de circonstance.

Témoin de cette manœuvre à laquelle je ne pouvais rien, connaissant à peine Sismondi, n'ayant aucun droit de lui offrir mes conseils, je me rappelai par occasion ce qui m'avait été raconté d'une comédie ou proverbe, joué quelques années auparavant sur le théâtre de Coppet et dont le singulier sujet était la tentation dans le paradis terrestre. Benjamin Constant y figurait le tentateur et s'en acquittait, m'a-t-on dit, avec un art, une verve, un entrain plus dignes d'admiration que d'envie.

Quoi qu'il en soit, s'il réussit, le mal ne fut pas bien grand. Sismondi était étranger, membre du conseil représentatif de Genève, attaché à son pays; lors même que son noble caractère ne l'en eût pas préservé, il était impossible de l'enrôler au service de l'Empire. Tout se réduisit, de sa part, à l'approbation des Cent-Jours, et c'était déjà beaucoup trop, à quelques articles insérés dans le *Moniteur* en défense de l'acte additionnel; plutôt enfin à une manifestation contre les Bourbons et l'ancien régime qu'à tout autre chose.

Il parut enfin, cet acte additionnel; il fut soumis, par oui et par non, à la sanction du peuple, et l'obtint aussi facilement que l'avaient obtenu ses devanciers et que l'obtiendront ses successeurs. Il fut en même temps accueilli avec une réprobation non moins universelle que les signatures dont il était revêtu. On ne fit aucune attention à ce qu'il pouvait renfermer de sage et de libéral. C'était une charte octroyée; c'était une nouvelle édition, revue et corrigée, des constitutions de l'Empire. En fallait-il davantage pour défrayer les criailleries d'un public, hélas! et d'un peuple qui ne se soucie point du fond des choses.

Pour ma part, je le pris au sérieux. J'y trouvai beaucoup de dispositions efficaces et sincères; pénétré, dès cette époque, de l'idée que j'ai toujours conservée et suivie, à savoir qu'en politique il ne fallait pas rêver l'idéal, mais tendre au possible avec activité et persévérance, je pris sur-le-champ mon parti; je laissai là Paris, les mécontents, les discussions, les tracasseries du moment, et j'allai m'établir d'abord à Broglie, puis à Évreux, pour travailler à me faire élire membre de la Chambre des représentants.

La ligne de conduite que je me proposais de suivre était droite et simple. Les deux Chambres, nommées sous l'Empire de l'acte additionnel devaient, à mon sens, s'emparer dès le début de cette œuvre, bonne au fond mais incomplète, profiter de l'embarras des circonstances pour faire acte de pouvoir, réformer ce qui devait l'être, et se préparer à la lutte contre l'empereur, s'il revenait victorieux de la coalition qui se préparait contre lui au dehors; en même temps, ne lui rien refuser de ce qu'il jugerait nécessaire à la défense du pays, et ne prendre à son égard aucune initiative d'attaque personnelle.

En me portant pour candidat, sans faire étalage de mes principes et de mes intentions, je n'en fis pas non plus mystère. Ni les électeurs de Bernay, ni ceux d'Évreux, ne me trouvèrent assez bonapartiste. Les collèges électoraux de l'ancien Empire avaient été maintenus par l'acte additionnel; je ne leur convins pas et je m'en affligeai sans m'en étonner. L'administration fut pour moi moins exclusive. Le préfet me seconda de son mieux : il est vrai que ce préfet était mon ancien camarade, Maurice Duval, dont j'aurai plus tard occasion de parler; mais M. Quinette, que je n'avais jamais vu, M. Quinette, ancien régicide, alors commissaire impérial en mission extraordinaire, seconda les efforts du préfet, et, chargé de pourvoir aux vacances dans le conseil général du département, me nomma *proprio motu*, ce que j'acceptai fort à l'étourdie.

Je ne tardai pas, en effet, à me trouver placé

dans un fâcheux dilemme. On me demanda le serment. Je n'avais pas alors sur le serment politique des idées très arrêtées; je pensais, comme le disent et le pratiquent encore aujourd'hui bien des gens de bien, que le serment politique n'engage à rien de plus qu'à ne pas conspirer, à ne pas trahir, à n'entretenir aucune intelligence avec les ennemis de l'État. Sur ces trois points, j'étais fort tranquille; néanmoins, dans la disposition d'esprit où je me trouvais, le serment me répugnait. Je ne répondis pas : j'essayai inutilement de m'en tirer par voie de prétérition; mis enfin au pied du mur, je ne me décidai à franchir le pas qu'en imposant silence à ma conscience, et je reconnais aujourd'hui que ma conscience avait raison contre ma raison. Je reconnais aujourd'hui que prêter serment à tel gouvernement que ce soit, c'est épouser sa cause, espérer en lui, travailler à le maintenir, fût-ce même en lui résistant. De bonne foi, je n'en étais pas là vis-à-vis du gouvernement des Cent-Jours. C'est un acte de ma vie publique que je me reproche et auquel je ne puis songer sans un peu de confusion.

Je revins à Paris après ma déconvenue. Le baromètre était à la tempête. Plus d'espoir de paix; je ne dis pas plus de chance, car, de chance, il n'y en avait jamais eu. L'Europe entière s'ébranlait pour fondre sur nous. Ce n'était pas le moment de s'éloigner.

J'assistai le 1er juin au champ de Mai ; il eut lieu au champ de Mars. J'y assistai de loin, n'ayant point goût à la cohue, moins encore à la parade. « Il y a, disait Chamfort, trois choses que je hais au propre et au figuré : le bruit, le vent et la fumée. » Je suis de l'avis de Chamfort.

Je vis passer l'escouade impériale, en grand habit de gala, plumets au vent, chapeaux retroussés, petits manteaux à l'espagnole, pantalons de satin blanc, souliers à bouffettes et le reste. Cette mascarade, aux approches d'une telle crise, lorsque la France était sur le point de se voir envahie et dépecée, du fait et pour les beaux yeux de ces beaux seigneurs, cette mascarade, dis-je, m'inspira autant d'indignation que de mépris.

Je vis passer la garde et quelques régiments de ligne l'air martial, la démarche fière, le front soucieux, comme gens prêts à jouer une partie à quitte ou double. En défilant devant l'empereur, leur regard brillait d'un feu ardent et sombre ; on croyait voir errer sur leurs lèvres *Morituri te salu-*

tant, et les cris forcenés qu'on leur faisait pousser à commandement gâtaient l'impression sans la détruire.

Le discours de l'empereur eut de l'élévation, sans doute, de l'éclat, de la grandeur; mais il sentait encore beaucoup trop le héros de théâtre, le parvenu à la gloire. Qu'avait-il besoin de se hisser sur des tréteaux pour parler de haut, et d'ouvrir une grande bouche, en rappelant de grandes choses? Était-ce bien le moment d'ailleurs, lorsque la France, réduite par une première invasion à ses anciennes limites, se débattait sous le coup d'une autre et n'y semblait pouvoir échapper que par miracle? Combien n'avait pas été plus digne d'admiration et de respect ce simple mot de Guillaume III, coupant les digues de la Hollande, en face des armées de Louis XIV, en face de Turenne, de Condé, de Vauban, et répondant à ceux qui se raillaient de ses préparatifs :

— *On peut toujours mourir dans le dernier fossé.*

Guillaume III n'a conquis ni l'Italie ni l'Égypte; il n'a gagné ni la bataille de Marengo ni celle d'Austerlitz; mais il n'a pas livré deux fois son pays à l'étranger; il n'a pas, trois fois en deux ans, sacrifié cinq cent mille hommes à son fol orgueil ; il serait mort dans le dernier fossé de Waterloo ; on ne l'aurait point vu, jouant le Thémistocle, mendier un asile à la cour du grand roi.

Durant les quelques terribles jours qui suivirent le champ de Mai et le départ de l'empereur, je ne quittai guère la Chambre des représentants. La Chambre des pairs ne comptait pas et n'attirait personne. Je ne fus pas témoin de l'esclandre qu'y fit le maréchal Ney en racontant, trop fidèlement, le désastre dont il fut *pars magna*, et qu'il paya bientôt de la vie ; mais je fus témoin des débuts de Manuel, et j'eus la fortune d'entendre Bertrand Barrère discuter gravement, à cent pas du lieu où siégeait la Convention nationale, sur les avantages et les dangers de l'hérédité de la pairie.

Presque au même moment, il se jouait à Saint-Denis une autre farce. Le digne émule de Barrère, l'ex-oratorien Fouché (de Nantes), autrement dit Son Excellence le duc d'Otrante, un monstre dégouttant, comme Barrère, plus que lui s'il se peut, de sang, de fiel et de fange, consommait sa dernière trahison, la moindre à coup sûr de ses peccadilles, en prêtant serment entre les mains du fils de Saint-Louis, du frère de Louis XVI, aux acclamations des bons royalistes.

Il avait pour patron dans cette expédition l'ancien évêque d'Autun, lequel, après avoir jeté successivement aux orties son froc, à la chute de la monarchie, sa toge à la chute du Directoire, et sa petite couronne de Bénévent à la chute de l'Empire, était redevenu tout bonnement le prince de Talleyrand, premier ministre du roi très chrétien.

Quelle figure faisait le roi très chrétien entre ces deux défroqués ? Je ne m'en fais guère idée ; mais on m'a conté qu'en les voyant remonter ensemble en voiture, Pozzo di Borgo dit en riant à son voisin :

— *Je voudrais bien entendre ce que disent ces agneaux.*

Blücher, entrant aux Tuileries avec ses Prussiens, en chassa la commission du gouvernement que Fouché présidait encore. Entrant au Luxembourg, il en chassa la Chambre des pairs, qui délibérait sous la direction de Cambacérès. M. Decazes, redevenu préfet de police, prit les clefs de la Chambre des représentants et laissa chaque membre se casser le nez contre la grille. M. de la Fayette essaya de la forcer et de piquer d'honneur, à cet effet, un poste de garde nationale, mais ce fut en pure perte.

J'assistai, de compagnie avec M. d'Argenson, mais en simple spectateur, à ce 18 brumaire royal qui mettait fin, pour la seconde fois, au premier empire, en attendant que j'assistasse, en patient, au 18 brumaire impérial qui congédia la seconde République. Dans l'intervalle, les Tuileries, le Luxembourg, le palais Bourbon, avaient été deux fois emportés par *le populaire.* Je me sers du mot classique pour n'en pas employer un autre.

On a beaucoup déclamé, on a beaucoup plaisanté sur la Chambre des représentants. L'empereur lui-même ne s'en était pas fait faute en rappelant ces moines de Constantinople qui s'égosillaient sur la lumière du Thabor, pendant que le bélier de l'ennemi battait à la porte ; mais, en bonne foi, cette Chambre, que pouvait-elle faire ?

Elle trouvait à son arrivée la guerre flagrante et l'empereur partant pour l'armée, après avoir épuisé en dictateur toutes les ressources que lui pouvait offrir l'état du pays. Pouvait-elle honorablement présumer autre chose que le succès de la guerre, et dès lors ne devait-elle pas se préparer à tenir bon contre l'ascendant du despote victorieux?

Supposez, d'ailleurs, qu'elle eût fait le contraire, supposez qu'elle se fût jetée dans les bras de l'empereur ou prosternée à ses pieds, cela l'eût-il rendu plus triomphant à Ligny et moins vaincu le lendemain? Cela eût-il donné au maréchal Ney des yeux pour voir et des oreilles pour entendre au maréchal Grouchy?

Et supposez qu'au retour précipité de l'empereur, la Chambre des représentants, au lieu de lui imposer l'abdication, l'eût remercié comme le sénat romain, après la déroute de Cannes, de n'avoir point désespéré de la patrie et lui eût voté d'enthousiasme la levée en masse de tous les Français, qu'en aurait-il fait?

A cette nouvelle, ni Wellington ni Blücher n'auraient poussé leur pointe jusqu'à Paris; ils auraient attendu trois ou quatre jours pour être rejoints par les 250 000 Russes et les 250 000 Autrichiens qui passaient le Rhin en ce moment même, et l'empereur se serait trouvé sous les murs de Paris avec les débris de Waterloo, en face de six ou sept cent mille étrangers victorieux. Aurait-il bravé l'assaut et mis le feu aux quatre coins de la capitale? Nous savons, du reste, qu'il n'était pas plus Rostopchine qu'il n'était Guillaume III ; il aurait fait en 1815 ce qu'il avait fait en 1814.

Point de reproches donc, point de reproches mérités qu'on puisse adresser à la Chambre des représentants, quant au fond même des choses. Quant à l'attitude, sans doute, des sénateurs siégeant, délibérant sur leurs bancs en guise de chaises curules, à la barbe des barbares, elle était, en 1815, moins voisine du sublime que de son contraire, et moins encore une demi-douzaine de Brutus et de Gracchus, braillant et gesticulant comme au bon temps. Mais qu'y faire? Le bon temps était passé de mode. Tous les temps en sont là, bons ou mauvais.

— *Sire*, disait à Louis XIV Vardes, revenant d'un long exil et voyant les habitués de l'Œil-de-bœuf se moquer de son costume tant soit peu suranné, *quand on vit longtemps en disgrâce, on n'est pas seulement malheureux, on devient ridicule.*

Ici commença ce qu'on nomme, non sans raison, la Terreur de 1815. Rien n'y manqua, en effet, pour rendre l'analogie complète, que la durée et la généralité ; ce qui, j'en conviens, est bien quelque chose.

Dès le 25 juin, c'est-à-dire dès la première nouvelle de la bataille de Waterloo, la populace de Marseille, je la nomme cette fois par son nom, se jeta sur les bonapartistes réels ou supposés, entre autres sur une petite colonie d'Égyptiens, vulgairement désignés sous le nom de *mameloucks*, et la mit en pièces. Dès le 15 juillet, Trestaillons, quatre Taillons, tous les Taillons du monde, à la tête de soi-disant volontaires royalistes, fondirent sur les protestants de Nîmes, et en firent un grand carnage. Le maréchal Brune fut massacré le 15 août à Avignon, le général Ramel fut massacré le 17 à Toulouse. Jusque-là, le gouvernement n'y était pour rien; il se bornait à déplorer timidement ce qu'il ne pouvait guère prévenir et ce qu'il n'osait guère réprimer; mais presque en même temps commencèrent les réactions juridiques.

Labédoyère, arrêté à Paris le 2 août, fut condamné par un conseil de guerre et fusillé le 19. Il était, à coup sûr, très coupable devant la loi, et très insensé devant la raison; mais comment ne pas le plaindre? il n'avait fait que devancer d'un jour l'entraînement de ses frères d'armes. J'avais connu cet infortuné chez madame de Staël; il avait long-temps, et durant le plus grand éclat de l'Empire, honoré l'exil de Coppet et fait partie de cette troupe d'élite qui y jouait sa sécurité, son avenir, peut-être sa liberté, en y jouant *Phèdre*, *Alzire* ou *Mahomet*.

Les frères Faucher, arrêtés le même jour que Labédoyère, furent condamnés par un conseil de guerre et fusillés le 27 août. On connaît leur sort et leur histoire. J'aimerais mieux avoir sur ma tête et sur mes mains le sang du maréchal Brune, lâchement assassiné à bout portant, que d'avoir trempé dans le jugement des frères Faucher.

M. de la Valette, arrêté le 16 août, fut condamné à mort le 20 novembre.

Le maréchal Ney, arrêté le 6 août, fut condamné à mort le 6 décembre. Je dirai quelques mots sur ces deux procès. Mais, comme ils eurent lieu l'un et l'autre en présence des Chambres, le premier sous leur influence, et le second par l'entremise de l'une d'elles, je dois m'arrêter, avant tout, sur les circonstances qui précédèrent et suivirent leur réunion.

Je passerai sur la rentrée du roi à Paris, l'occupation de la capitale, la spoliation du musée, la tentative de faire sauter le pont d'Iéna, les premières négociations qui préparèrent le traité du

20 novembre. Je suis resté parfaitement étranger à ces incidents, et ne les ai vus que de loin; mais je rappellerai pour mémoire que, le 13 juillet, cinq jours après sa rentrée, le roi, par le conseil de son ministère Talleyrand-Fouché, frappa une série de coups d'État :

Il constitua, par ordonnance, un nouveau corps électoral, et le convoqua pour le 14 août;

Il revisa et modifia provisoirement cinq articles de la Charte;

Il raya de la Chambre des pairs tous ceux de ses membres qui avaient siégé dans la Chambre des pairs impériale, et les remplaça par une large fournée de bons royalistes;

Il exila, par une ordonnance rendue le 24 juillet, trente-huit personnages, les uns fort connus, et les autres fort ignorés.

Il livra par la même ordonnance aux tribunaux militaires un nombre indéterminé de généraux engagés dans les événements du 20 mars.

Cette inauguration du nouveau règne, dans le but, nous disait-on, de fortifier le ministère Talleyrand-Fouché, notre unique garantie contre la réaction ultra-royaliste, me parut de mauvais aloi et de mauvais augure. C'était donner l'exemple de la violence à des gens qui s'y livraient volontiers de leur plein gré.

L'événement ne tarda pas à justifier ma prévoyance. Avant même que les élections fussent terminées, M. de Talleyrand avait déjà jeté son confrère à l'eau. On raconte que Carnot, porté sur la liste des bannis, ayant été trouver Fouché, lui dit avec une humeur bourrue :

— *Où veux-tu que j'aille, traître?*

— *Où tu voudras, imbécile!* lui répondit son ancien collègue du comité du salut public.

Le traître alla bientôt rejoindre l'imbécile. On lui proposa d'abord la mission des États-Unis, qu'il refusa; puis il fut *tout heureux et tout aise,* comme le héron de la fable, de se contenter de celle de Dresde; puis il sortit de France, à peu près déguisé, pour éviter qu'on ne lui jetât de la boue, à son passage dans certaines villes; puis enfin il se retira à Grætz, où ce monstre vieux et hideux mourut bientôt après, dans les bras d'une jeune personne, belle et de grande maison, dont le royalisme s'était épris de lui, dans ce court intervalle de sottise où la contre-révolution en raffolait, où M. le comte d'Artois et le duc de Wellington le portaient dans leurs bras, aux pieds goutteux de Louis XVIII.

Bientôt après vint le tour de M. de Talleyrand ; les élections terminées, il disparut devant l'ombre de la Chambre introuvable, qu'il avait trouvée et préparée de ses mains ; le 7 octobre, les deux Chambres, l'une toute nouvelle, l'autre ayant fait peau neuve, se réunirent pour voter, d'entrée de jeu et presque d'acclamation, une loi draconienne sur les écrits et les cris séditieux, une loi suspensive de la liberté individuelle, une loi qui rétablissait les cours prévôtales.

Tout ceci m'était odieux.

Je m'étais senti profondément humilié du traitement rébarbatif infligé à la Chambre dont je faisais partie. J'en avais vu sortir, à mon grand regret, la plupart des anciens sénateurs, avec lesquels j'avais fait campagne en 1814. Mon chagrin même en était venu à ce point, que je résolus de donner ma démission, et de me ranger ainsi volontairement parmi les éliminés. Le coup d'État royal ayant ouvert la Chambre des députés aux hommes de vingt-cinq ans, je comptais essayer de rentrer par cette voie dans les affaires. J'allai consulter, à ce sujet, celui de mes anciens collègues qui m'inspirait le plus de confiance par l'élévation de son caractère, sa raison et son expérience, M. de Pontécoulant. Il me détourna généreusement de cette pensée et me donna de bons conseils que je suivis à regret.

N'ayant pas encore tout à fait trente ans, j'en prenais prétexte pour négliger les séances de la Chambre des pairs; mais je suivis assidument celles de l'autre Chambre, où tout ce que j'entendais nourrissait de plus en plus mon aversion pour le parti dominant. Je n'exagère rien en affirmant que les violences de ce parti, dans la Chambre et hors de la Chambre, à la tribune et dans les tribunes, portant habit ou portant jupon, rappelaient trait pour trait les plus mauvais jours de la Convention nationale. Ce fut surtout à l'issue du procès de M. de la Valette que la fureur, c'est le mot propre, fut portée à son comble, et l'on peut dire que ce procès fut un véritable bonheur, en ce sens que, n'ayant coûté la vie à personne, il éclaira tout le monde, et divisa en deux camps, d'une part les jacobins de la royauté, de l'autre les hommes honnêtes et sensés, quelle que fût leur origine et la nuance de leurs opinions. Je ne dirai rien du fond même de ce procès : jamais l'iniquité ne s'est montrée plus effrontée; ni de la déposition de M. Ferrand : je n'ai jamais pu, depuis, approcher de lui sans indignation et sans dégoût. Mais, je le déclare, rien ne peut donner l'idée de la joie que causa dans tout Paris l'évasion du condamné; dans tout Paris s'entend, moins la cour et le faubourg Saint-Germain. Pour peu de chose, on aurait illuminé. Le matin, de bonne heure, je vis entrer chez moi M. de Montrond, qui me dit avec un sang-froid que lui seul savait garder en plaisantant :

— Habillez-vous; préparez-vous; armez-vous; un grand forfait vient d'être commis; M. de la Valette au mépris de toutes les lois divines et humaines, s'est échappé de sa prison dans une chaise à porteurs; et le roi, à cette nouvelle, est monté, de son côté, dans une autre chaise à porteurs; il le poursuit en toute hâte, mais on craint qu'il ne puisse l'atteindre; les porteurs de M. de la Valette ont de l'avance et il n'est pas si gros que le roi.

J'étais plutôt tenté de lui sauter au cou que de rire. M. Bresson fit, sans doute, un grand acte de générosité et de courage en recevant le proscrit dans son appartement, dans le propre hôtel des affaires étrangères; il brava la terreur blanche, comme il avait bravé la terreur rouge au procès de Louis XVI; mais j'oserais presque affirmer qu'en quelque maison que le proscrit se fût présenté, il eût été le bienvenu.

L'évasion avait été conduite avec beaucoup de prudence et de résolution. L'un de ceux qui y joua le plus gros jeu m'était bien connu et n'a pas obtenu, en cela, la part de célébrité qu'il mérite. Ce fut un jeune homme, M. de Chassenon, qui recueillit M. de la Valette dans un cabriolet où il l'attendait à cinquante pas de la Conciergerie, tandis que mademoiselle de la Valette restait dans la chaise à porteurs. Ce fut lui qui, conduisant lui-même le cabriolet, déconcerta par mille détours la meute des poursuivants. Il disait à M. de la Valette :

— *J'ai ici quatre pistolets à deux coups, chargés chacun de deux balles. S'ils nous atteignent servez vous-en.*

— *A Dieu ne plaise !* reprit celui-ci.

— *Vous seriez perdu comme moi !* Alors, ajouta Chassenon en fouettant son cheval, *c'est moi qui vous donnerai l'exemple.*

Et il l'aurait fait comme il le disait, car c'était un homme plein d'honneur et de courage, bien que sa tête fût mal réglée.

Esprit de Chassenon était fils d'un président au parlement de Bretagne, et frère de M. de Curzay, préfet de Nantes, et l'un des défenseurs de la Restauration dans la crise de 1830. Je l'avais connu dès ma jeunesse ; il venait souvent aux Ormes ; son père vivait près de Poitiers, dans une fort belle maison, entourée d'un grand jardin, orné lui-même de statues. Un jour que je m'y promenais avec lui, il me montra la statue connue sous le nom du *Rémouleur*, et me l'expliqua en ces termes : « C'était un esclave ; en aiguisant son couteau, il entendit le complot formé pas les fils de Brutus en faveur de Tarquin, et il en parla à Porcie, femme de Brutus et lui remit le couteau ; celle-ci s'en donna un grand coup dans la cuisse, et le tendit à son mari, en lui disant : *Pœte, non dolet.* »

Naturellement le fils d'un tel père n'avait pas été trop bien élevé ; mais, sans être à ce point d'érudition, il ne manquait pas de bonne opinion de lui-même. A peine majeur, il avait mangé follement tout son petit bien, et, devenu auditeur comme moi, je l'avais rencontré une première fois, intendant à Fiume, où il s'était fait une sotte querelle avec le général Bachelet ; puis une seconde fois en Pologne, où il s'était fait une querelle encore plus sotte, laquelle lui valut un coup de pistolet dont il n'a jamais bien guéri. Je l'avais perdu de vue, lorsque j'appris la part qu'il avait prise à l'évasion de M. de la Valette. Nous le retrouverons une fois ou deux dans le cours de ce récit.

Tandis que le condamné de la cour d'assises narguait ainsi, non pas la justice, à coup sûr, mais l'iniquité même dans son propre palais, le procès du maréchal Ney, déjà commencé, marchait d'incident en incident.

Le maréchal avait comparu, le 9 novembre, devant un conseil de guerre composé de maréchaux et de généraux dont la plupart avaient, comme lui, pris parti pour l'usurpateur relaps et certainement auraient épargné sa vie. Il avait récusé ce conseil, pour se livrer à la Chambre des pairs, où il ne comptait guère que des ennemis. Comment ses avocats, les deux Berryer, père et fils, comment Dupin lui laissèrent, ou lui firent commettre cette faute capitale, — capitale, c'est le mot propre, — je n'ai jamais pu le comprendre.

On sait que, le 11 novembre, c'est-à-dire le lendemain du jour où le conseil se fut déclaré incompétent, M. de Richelieu, le successeur de M. de Talleyrand, s'en vint à la Chambre des pairs, comme un furieux, tenant en main un discours écrit tout entier par M. Lainé, et demandant justice au nom de l'Europe, sommant, en quelque sorte, la Chambre d'expédier le maréchal Ney, comme s'il s'agissait d'un simple projet de loi.

On sait que la Chambre, toute mutilée qu'elle fût, toute rembourrée qu'elle fût d'excellents royalistes, entendit ce discours avec une telle indignation, que, le lendemain 12, M. de Richelieu en fit amende honorable; rien ne peut mieux témoigner de l'état des esprits, à la cour, qu'une telle équipée de la part de deux hommes, sages, modérés et humains.

La Chambre des pairs, ayant décidé qu'elle se constituerait régulièrement en cour de justice pour prononcer sur le sort du maréchal Ney, poussa le respect des formes jusqu'à ce point de s'imposer toute la série des conditions prescrites par notre Code d'instruction criminelle; elle procéda, par commissaires à l'instruction, statua par arrêt sur la mise en accusation, et fixa le 21 novembre pour l'ouverture des débats. Jusque-là, je n'avais point à m'en préoccuper; huit jours me séparaient encore de l'époque où j'aurais voix délibérative; mais l'audience du 21 novembre, ayant été, sur la demande du maréchal, remise au 4 décembre, il se trouva que j'atteignais l'époque fatale.

Que faire?

Je pouvais éviter de prendre part au jugement. J'en avais plus qu'un prétexte. Il est de règle en ustice, qu'un juge ne doit pas siéger dans une affaire déjà commencée. Mais il me répugnait de m'abriter sous ce prétexte, et je pris mon parti sans en parler à personne.

Le 4 décembre, je pris séance. J'entrai, à onze heures du matin, dans la chambre du conseil, déjà réunie. La chambre du conseil, c'est-à-dire le lieu où la Chambre délibérait, hors la présence du public; c'était la galerie de tableaux. Je vois encore d'ici la position de chacun des membres à moi connus, et la place que je pris moi-même au dernier banc. Chose inconcevable : si j'en étais requis, je prêterais serment en justice que le sujet de la délibération, c'était la question de savoir si l'on permettrait au maréchal Ney de plaider la capitulation de Paris. On sait que ce fut le tort, le grand tort, je dirai presque le crime de la Chambre des pairs, d'avoir, en ceci, fermé la bouche à l'accusé. J'entends M. Molé parler dans un sens, Lanjuinais et Porcher de Richebourg, en sens opposé; cette séance a fait époque dans ma vie; elle a fait époque dans la carrière et la destinée de la Chambre des pairs. Comment se peut-il que je me trompe? Il le faut bien, néanmoins, puisque le procès-verbal place cette séance non pour le premier, mais pour le dernier jour du procès, à l'issue des plaidoiries; mais tout en reconnaissant mon erreur, c'est ma raison qui se soumet; ma mémoire reste intraitable; et, je le répète, si je ne consultais qu'elle, je prêterais serment contre le procès-verbal. Cela fait trembler pour la justice humaine. A quoi tiennent ses décisions et le sort des accusés?

Je n'entrerai dans aucun détail sur la partie publique du procès. Tous les historiens en ont rendu compte; *le Moniteur* est dans toutes les bibliothèques. Dès le premier jour, m'entretenant avec Lanjuinais, qui siégeait à côté de moi, il m'invita à venir le soir chez lui, pour causer avec quelques collègues de l'état de l'affaire et de la conduite à tenir. J'acceptai avec empressement. La réunion ne fut pas nombreuse, car elle se réduisit au maître du logis, à M. Porcher de Richebourg et à moi; les autres, s'il y en avait eu d'autres, s'étant apparemment ravisés.

Nous nous mîmes promptement d'accord sur le résultat définitif. La condamnation étant certaine, nous convînmes de voter pour toute peine inférieure à la peine capitale, qui aurait chance de réunir le plus grand nombre de voix; la déportation, qu'il devenait facile de commuer promptement en simple exil, nous parut la plus appropriée à la personne et aux circonstances.

Mais nous ne parvînmes point à nous entendre sur le sens et le tour qu'il convenait de donner à notre vote, sur le choix et l'explication des motifs.

Lanjuinais soutint qu'il fallait se retrancher derrière la capitulation de Paris, dont la Chambre n'avait pas permis la discussion aux défenseurs, mais ne pouvait interdire l'examen aux juges.

Nous lui répondions que la capitulation de Paris ne couvrait pas le maréchal dans l'intention des signataires, lesquels d'ailleurs n'avaient pas qualité pour engager Louis XVIII, à l'égard de ses propres sujets, ce qui était vrai, à la rigueur. Lanjuinais se défendait mal; s'il nous eût dit simplement qu'en matière criminelle, il suffisait qu'un moyen de droit pût être allégué *selon sa lettre*, et quelle que fût sa valeur morale, pour profiter à l'accusé; qu'en cette matière, il fallait toujours appliquer la maxime *Favores ampliandi, odia restringenda*, il nous aurait persuadés.

Porcher insistait pour qu'on se bornât à faire valoir, en avouant le crime, la gloire du maréchal,

et les grands services qu'il avait rendus à l'État.
Cela aussi pouvait très bien se soutenir.

Quant à moi, j'avais un système que je tiens encore pour valable, mais qui n'était guère propre, j'en conviens aujourd'hui, à gagner des voix au pauvre accusé.

Je pensais, je pense encore, qu'un gouvernement, quand il est debout, et tant qu'il est debout, a le droit d'appeler à sa défense les lois, la force publique, les tribunaux, l'échafaud même dans les cas extrêmes; que, s'il succombe, c'est à l'histoire, à l'histoire seule qu'il appartient de prononcer entre les vaincus et les vainqueurs; de dire de quel côté étaient le bon droit, la justice, le véritable et légitime intérêt du pays; si les vainqueurs ont été des rebelles ou des libérateurs. Je pensais, je pense encore, que, si le cours du temps, ou le concours des événements remet sur pied le gouvernement renversé, celui-ci n'a plus aucun droit de revenir sur le passé, de rechercher ses anciens adversaires pour des faits antérieurs à son rétablissement. Frapper en pareil cas, ce n'est plus se défendre, c'est se venger et choisir ses victimes, en raison, non du crime même, mais de telle ou telle circonstance; c'est faire pis que décimer, car, au moins, le sort étant aveugle est impartial.

Je le répète, cet ordre d'idées me paraît vrai encore aujourd'hui ; mais le moyen de le faire accueillir ou simplement comprendre par une Assemblée tout animée de passions et de ressentiments ? Je ne parvins pas même à le faire approuver par mes interlocuteurs bénévoles.

Nous nous séparâmes, en restant chacun de notre avis, mais, dès le lendemain, le chancelier sembla prendre à tâche de me placer nez à nez, pour ainsi dire, en face de ma propre sottise.

Au lieu de poser la question comme il est de règle, c'est-à-dire complexe, embrassant d'ensemble le fait et le droit, au lieu de dire : « Le maréchal est-il coupable de haute trahison ? » le chancelier décomposa l'accusation ; il posa d'abord la question de fait :

— Le maréchal a-t-il lu aux troupes la proclamation ci-jointe ?

A quoi force était bien de répondre *oui*, puisque le maréchal en convenait ; puis il posa la question de droit :

— Ce faisant, le maréchal a-t-il commis le crime de haute trahison ?

La question n'était embarrassante que pour moi.

Lanjuinais s'en tira en disant *oui*, puis ajoutant que le crime était couvert, à ses yeux, par la capitulation de Paris. Porcher s'en tira en disant *oui*, et réservant son appel à la générosité de la Chambre pour le vote sur la peine, qui devait naturellement succéder au vote sur la culpabilité. Moi, j'étais au pied du mur; je n'avais à mon service ni réponse évasive ni expédient dilatoire. Durant tout le cours de l'appel nominal, qui fut long, car je venais un des derniers, j'étais perplexe et intimidé : on l'eût été à moins; c'était la première fois que j'entrais en scène et prenais la parole, et j'allais débuter par casser les vitres.

Le moment venu, je me levai, et, pour ne pas être tenté de faiblesse, en me perdant dans mes raisonnements, je répondis sur-le-champ *non* à la question. Ce *non*, répété de bouche en bouche, devint l'objet d'un chuchotement général qui me permit de donner mes raisons sans être interrompu, n'étant guère écouté.

—Point de crime, dis-je (si ce ne sont mes paroles expresses, c'en est le sens), point de crime sans une intention criminelle; point de trahison sans préméditation; on ne trahit pas de premier mouvement. Je ne vois, dans les faits très justement reprochés au maréchal Ney, ni préméditation, ni dessein de trahir. Il est parti, très sincèrement résolu de rester fidèle ; il a persisté jusqu'au dernier moment. Au dernier moment, il a cédé à l'entraînement qui lui paraissait général, et qui ne l'était que trop en effet. C'est une faiblesse que l'histoire qualifiera sévèrement, mais qui ne tombe point, dans le cas présent, sous les définitions de la loi. Il est, d'ailleurs, des événements qui, par leur nature et leur portée, dépassent la justice humaine, tout en restant très coupables devant Dieu et devant les hommes.

Je dois ce témoignage à la Chambre, que la témérité, je dirai presque, vu le temps et les circonstances, le scandale de mon premier vote, n'excita ni exclamation ni murmure ; et qu'à l'issue de la séance personne ne s'éloigna de moi et ne me fit plus fraîche mine que de coutume. Nous vivions cependant, et, en ce moment, nous délibérions sous une atmosphère d'intimidation dont le poids était étouffant. Je n'en veux citer qu'un exemple.

Parmi les anciens sénateurs conservés dans la nouvelle Chambre des pairs, se trouvait un petit général Gouvion, qui n'était pas, je crois, parent du maréchal. Je l'avais connu à Anvers, où il commandait, à l'époque où M. d'Argenson y résidait comme préfet, et je causais quelquefois avec lui.

Quelque temps avant l'ouverture de la séance, je voyais ce petit homme aller, venir, s'asseoir, se lever, comme une âme en peine. A la fin, il s'approcha de moi, et me demanda ce que je comptais faire, c'est-à-dire comment je me proposais de voter. Je le lui expliquai; il n'y comprit rien, à coup sûr, mais il me dit simplement :

— Je ferai comme vous.

— Fort bien, repris-je; alors asseyez-vous à côté de moi; nous nous encouragerons mutuellement.

Il s'assit à côté de moi; puis, quand vint le moment de voter sur la culpabilité, il dit *oui*, comme tous ceux qui l'avaient précédé; et, quand vint le moment de voter sur la peine, il dit : *La mort!* comme tous ceux qui l'avaient précédé.

Pauvre homme! il lui arrivait précisément ce qui était arrivé au maréchal Ney, sur la place de Lons-le-Saulnier.

J'ai depuis assisté, voire même pris part à une autre séance de la Chambre des pairs, pour le moins aussi solennelle, celle qui prononça sur le sort des ministres de Charles X. Nous étions en pleine émeute; la ville retentissait de la marche des trains d'artillerie et fourmillait de patrouilles; nous entendions tout autour de nous la fusillade; elle se rapprochait d'instant en instant; nous n'avions pour toute sauvegarde qu'une garde nationale qui faisait chorus avec l'émeute, et nous chargeait d'imprécations. Je ne crains pas de l'affirmer, néanmoins : l'oppression morale était beaucoup moindre qu'en 1815; si elle eût été la même, je ne sais trop ce qui serait arrivé des ministres de Charles X.

L'arrêt rendu, il fallut le signer. Plusieurs pairs qui s'étaient abstenus, c'est-à-dire qui avaient refusé de voter, refusèrent de signer. En cela, ils étaient conséquents sans doute; mais pensaient-ils à autre chose qu'à eux-mêmes, à dégager leur propre responsabilité? Je le laisse à juger.

Quant à moi, je n'hésitai pas. J'avais pris part au jugement et voté librement sur la culpabilité, sur la peine, sur tous les incidents du procès. Mon avis n'avait point prévalu; mais cela ne me dispensait pas de poursuivre régulièrement et jusqu'au bout mon rôle de juge. Je signai. Où en serait la justice, si la minorité ne se soumettait pas à la majorité?

On a dit et répété dans le temps, que, le jugement rendu, les pairs s'étaient mis à table, et que la séance s'était terminée par un bon souper, voire même par une sorte d'orgie. Il a paru des gravures clandestines, circulant sous le manteau, où nous étions représentés le verre en main, à peu près comme l'enfant prodigue dans les gravures de la Bible de Royaumont.

C'est une insigne calomnie.

Il n'y eut ni souper ni rien de pareil.

La séance ayant commencé à dix heures du matin et fini après minuit, M. de Sémonville avait fait dresser un buffet dans un cabinet : dans les intervalles de repos, chacun y pouvait venir demander soit un bouillon, soit un peu de pain, soit quelques rafraîchissements. Personne ne se mit à table, personne ne causait avec personne.

Je rentrai chez moi fort tard; je demeurais alors dans la rue Le Peletier, près du boulevard. Ne pouvant dormir, j'ouvris ma fenêtre au point du jour ; je vis passer un bataillon anglais, marchant le pas, tambour battant, musique en tête.

C'était au moment même où le corps du maréchal Ney, que le fer et le feu de l'ennemi avaient toujours respecté, tombait percé de douze balles françaises.

Le général de ces Anglais, le vrai commandant de Paris à cette époque funèbre, aurait pu d'un mot prévenir ce funèbre holocauste. Il eût mieux valu pour sa gloire faire violence au texte de la capitulation qu'à la conscience de Louis XVIII en lui imposant pour ministre un régicide terroriste.

Après le procès du maréchal Ney vint la loi d'amnistie. Comme à peu près toutes les lois de cette espèce, elle était tellement chargée d'exceptions, qu'elle avait plutôt l'air d'une table de proscription que de toute autre chose. Ce n'était rien, néanmoins, auprès des propositions nées du sein de la Chambre, et qui durent céder la place. La défense de cette loi fit quelque honneur au ministère ; son succès sur presque tous les points, un seul excepté, affermit le parti modéré et lui rallia les incertains.

Je suivis assidûment les débats de la Chambre des députés, et je me préparai à combler la mesure de mes crimes, aux yeux du parti dominant, en combattant la loi comme inconstitutionnelle, arbitraire, et dépourvue de tout principe de droit, de justice et de raison.

La Chambre des pairs, en tant que cela dépendit d'elle, m'en épargna le souci et l'odieux. Elle décida, par amour pour la paix, qu'elle ne discuterait point, et vota la loi, sans rapport, sans débat, sans l'ombre même et le simulacre d'un examen.

Je fis imprimer le discours que j'avais préparé ; je le fis distribuer, malgré les instances du préfet de police, M. Anglès, et je l'envoyai à madame de Staël.

Ce discours ne valait rien et n'aurait produit aucun bon effet. Le fond des idées, sans doute, était honnête et sensé ; mais le style était obscur, pédantesque et souvent incorrect. Madame de Staël, en me le renvoyant, me déclara qu'elle n'y avait rien compris ; l'épreuve était soulignéé de page en page, et de ligne en ligne. On peut encore la retrouver dans ma bibliothèque.

L'affaire des deux millions de madame de Staël, que nous suivions, son fils et moi, auprès du gouvernement, étant réglée, et ma présence à Paris, novice que j'étais, et dans la position que je m'étais faite, ne pouvant exercer en rien une influence salutaire, je partis pour l'Italie, où m'appelaient les intérêts les plus chers et les plus pressants.

III

1816

Aux approches de la mauvaise saison, madame de Staël avait quitté Coppet. Traversant rapidement le Piémont, les Légations, la Toscane, elle était venue s'établir à Pise, avec sa fille et M. Rocca, dont la santé déclinait de plus en plus. M. Schlegel l'accompagnait.

Nous partîmes pour Pise, Auguste de Staël et moi, vers les premiers jours de janvier 1816. J'emmenais avec moi mon frère René d'Argenson, dont la santé, moins menacée que celle de M. Rocca, donnait cependant à ses parents des inquiétudes réelles qui se sont heureusement dissipées.

Nous traversâmes, à grand'peine, le Jura encombré de neige, et nous arrivâmes à Coppet le surlendemain de notre départ, vers le milieu de la nuit.

Mon contrat de mariage fut dressé par le notaire du lieu, M. Bory, et, tandis qu'il y procédait, je fis mon début à Genève, et j'y fus présenté à tout ce qui formait alors l'honneur et l'éclat de cette glorieuse petite République.

Je connaissais déjà M. Sismondi; je l'avais souvent rencontré à Paris; je connaissais M. Pictet Diodati, membre du Corps législatif en France, et qui passait pour avoir hésité quelque temps dans le choix entre ses deux patries.

Madame Rilliet Huber me reçut avec empressement. C'était l'amie d'enfance de madame de Staël, et sa maison, tant qu'elle a vécu, n'a jamais cessé d'être la nôtre.

Je fis connaissance avec Frédéric de Chateauvieux, avec le professeur Pictet et M. Vernet, son gendre, M. Dumont, l'ami de Mirabeau, M. Bellot, l'ami de M. Dumont, et plusieurs autres personnages distingués dont j'aurai, plus tard et souvent, l'occasion de parler.

Je ne passai que deux ou trois jours à Coppet, et, pendant ces deux ou trois jours, je n'allai que deux fois à Genève; mais ce fut assez, disposé comme je l'étais, pour m'y attacher sincèrement.

M. Sismondi et M. de Chateauvieux furent les témoins qui signèrent au contrat. M. le professeur Pictet s'empara de moi avec une bonté parfaite ; il me conduisit partout, à la bibliothèque, à l'église de Saint-Pierre, dans tous les quartiers de cette ville riche en souvenirs de toute espèce.

Dès que tout fut réglé, nous partîmes.

M. Sismondi nous accompagnait. Il se rendait à Pescia en Toscane, où résidait sa mère. Il y devait trouver mesdemoiselles Allen, belles-sœurs de sir James Mackintosh. Il devait épouser l'aînée.

Nous passâmes rapidement mais péniblement le mont Cenis; entrés en Toscane par Parme et Bologne, nous ne fîmes que traverser Florence.

Arrivés à Pise, et le contrat signé, il se passa quelques jours avant que les formalités relatives aux dispenses fussent remplies à Rome, quelque diligence qu'y mît M. de Latour-Maubourg à qui la direction de l'ambassade était alors confiée.

Mon mariage fut enfin célébré, le 15 février, à Livourne, et à Pise, le 20 du même mois.

Il fut célébré à Livourne devant le consul de France, M. Miège, que j'avais connu à Varsovie, où il était attaché à la légation de M. Bignon. Il a depuis rempli les fonctions de consul à Malte, et nous lui devons une histoire de l'Ordre de Malte qui n'est ni sans mérite ni sans intérêt.

Le service catholique fut fait par un prêtre délégué à cet effet par le curé de la paroisse, et le service protestant par un ecclésiastique irlandais appartenant au culte anglican, nommé de Lacy. Il donna à mademoiselle de Staël une petite Bible anglaise que je conserve et conserverai, s'il plaît à Dieu, toute ma vie, comme l'inestimable relique de ce qui n'est plus ici-bas.

Pise, 20 *février — midi — Casa Roncioni!*
Je n'ai pas le courage d'ajouter un mot à ce peu de mots tracés sur cette Bible par une autre main que la mienne.

Nous eûmes pour témoin un Anglais très connu dans son pays, à cette époque, sous le nom familier de *Bob Smith*, autrement dit Robert Smith, le frère de Sydney Smith, très connu lui-même par ses travaux dans la *Revue d'Édimbourg*, par sa verve enjouée et sarcastique, par une foule de pamphlets enfin que Swift aurait enviés.

Robert Smith était un homme excellent dans tous les sens que ce mot comporte, un véritable Anglais, moins les défauts du caractère national; d'un esprit étendu, solide, cultivé; d'une amabilité douce, facile et toujours à l'œuvre. Il inspirait un profond intérêt par ses rares qualités et plus encore, s'il est possible, par le malheur dont ses traits portaient l'empreinte. Il était venu s'établir à Pise pour disputer, s'il se pouvait, à la mort, la dernière de ses filles, la seule qui lui restât : il la voyait dépérir rapidement, sans espoir, sans illusion. Le coup lui était d'autant plus sensible qu'il avait cherché de bonne heure, dans l'existence domestique, le refuge et la consolation des disgrâces de sa vie publique.

Il avait été le condisciple de M. Canning, dont il était resté l'ami de cœur. Durant le cours de leurs études, de leurs débuts de jeunesse, il était reconnu d'un commun aveu le supérieur de celui qui n'en reconnaissait point d'autres ; il le surpassait en éloquence comme en tout le reste, et, lorsque, à peine majeur, il entra au parlement, il était attendu comme un astre nouveau qui devait faire pâlir tous les autres. Cette attente lui fut fatale : il se leva, prit la parole, se troubla, se rassit et depuis il est resté cloué sur son siège.

Il m'a raconté lui-même cette triste scène, les larmes aux yeux, le sourire sur les lèvres, avec une simplicité charmante, pour me servir de leçon et m'exhorter à surmonter la timidité qui, disait-il, n'est que vanité.

En Angleterre, on ne se relève guère d'un semblable échec. Robert Smith, à la sollicitation de ses amis (il en avait beaucoup et des meilleurs), essaya plus d'une fois de la vie publique en dehors du parlement; il s'en dégoûta ou s'en découragea de bonne heure; ses infortunes domestiques achevèrent d'empoisonner son existence: je n'ai jamais connu d'homme plus digne d'être plaint, aimé et honoré.

On voyait encore à Pise, cet hospice des maladies de poitrine, d'autres figures anglaises se promenant mélancoliquement *Lungarno;* entre autres lady Bute, qui traversait régulièrement chaque année l'Italie à cheval, en tête de toute une cavalcade d'enfants et de serviteurs où brillait, dans toute la splendeur de la jeunesse et de la beauté, sa fille, connue depuis sous le nom de lady Sandon.

Ces Anglais, de toute condition et de caractères divers, formaient en partie, et en très grande partie, la société de madame de Staël; mais elle recevait également avec une curiosité empressée l'élite de la société de Pise et les professeurs de l'Université.

J'ai honte et j'ai regret de ne pouvoir nommer ici les personnes qui composaient l'élite de la société de Pise. Ma mémoire, ordinairement fidèle, me trahit sur ce point; mais mon impression générale est restée très favorable; il est vrai que j'avais à cette époque une excellente raison pour tout voir en beau. Mon impression générale, c'est que les hommes, dans cette société, étaient plus sérieux et les femmes plus distinguées que les uns et les autres ne m'ont paru depuis dans les deux villes d'Italie que j'ai habitées, Florence et Naples.

J'ai conservé également un bon souvenir des membres de l'Université; c'étaient des hommes instruits, modestes, réservés, ce qui est rare en Italie; le plus aimable et le plus connu était Rosini, l'auteur de *la Monaca di Monza*.

Durant le temps que nous passâmes à Pise, nous fîmes une excursion à Pescia et à Lucques.

Nous retrouvâmes à Pescia, M. Sismondi, près de sa mère, qui s'y trouvait fixée depuis plusieurs années, ayant marié sa fille à l'un des principaux habitants de cette petite ville. La mère de M. Sismondi était digne d'un tel fils : grave, austère et sereine, c'était une véritable matrone d'une République fondée par Calvin. Je m'entretins longtemps avec elle et son fils de l'avenir littéraire de celui-ci. Il venait de terminer la partie purement historique de son ouvrage sur les Républiques italiennes, et se proposait d'en rester là quant à cet ouvrage. J'insistai près de lui pour le déterminer à résumer dans un dernier volume l'histoire si variée, et par là même si confuse, de tant de petits États d'origines et de fortunes diverses, et à faire ressortir le lien d'unité qui réside au fond de leurs vicissitudes successives. Il y consentit, et ce fut un premier pas de fait. Nous examinâmes ensuite quel autre ouvrage devait succéder à celui-là, et remplir, en quelque sorte, l'autre moitié de la vie de son auteur. Il pensait un peu vaguement à l'histoire de France. Je saisis avec empressement cette idée, et nous examinâmes, dans de longues conversations, sous quel point de vue il serait bon et utile de l'envisager. De là est sorti le titre même de l'ouvrage : *Histoire des Français ;* et ce titre est la réponse même à la question que nous agitions. L'histoire de France n'avait guère été, de tous temps, que l'histoire des rois de France, de leurs principaux serviteurs et de leurs faits et gestes. Le moment était venu d'écrire l'histoire de la nation elle-même, de sa vraie origine, des développements de sa civilisation intérieure, de sa formation graduelle. C'est sur ce plan et dans ce but qu'a été conçue la grande histoire de Sismondi, histoire qu'il a conduite jusqu'au trentième volume et jusqu'au règne de Louis XV.

L'ouvrage, sans être à coup sûr exempt de reproches, est d'un mérite réel et considérable; l'érudition en est saine, exacte et variée; c'est un travail consciencieux; je dis consciencieux plutôt que vrai; car les premières parties se ressentent trop de l'animadversion qu'inspirait à l'auteur la maison de Bourbon et de l'indignation qu'excitait en lui l'état de la France, durant les premiers temps de la Restauration. Les Mérovingiens et les Carlovingiens en ont pâti plus que de raison; et nous lui disions souvent, en plaisantant, *qu'il punissait les enfants sur les pères jusqu'à la vingtième génération;* mais l'ouvrage et l'auteur ont beaucoup acquis avec les années : dans les derniers temps de sa vie, l'esprit de l'auteur était devenu plus impartial, plus étendu, plus modéré; les derniers volumes de l'*Histoire des Français* sont bien meilleurs que les premiers, et le siècle de Louis XIV me paraît presque irréprochable. C'est dommage que le style en soit toujours un peu terne, un peu incorrect, un peu *style réfugié*, pour me servir de l'expression technique.

De Pescia, nous allâmes à Lucques, où nous ne passâmes que quelques heures. C'est une petite ville qui n'offrait alors et probablement n'offre encore aujourd'hui rien de curieux que l'empreinte gardée du régime impérial comme le sable garde l'empreinte du pied. La princesse Élisa, autrement dit madame Bacciochi, l'avait modelée sur le Saint-Cloud ou le Compiègne de son frère, et telle elle l'avait laissée, telle nous la retrouvâmes en 1816, telle je l'ai retrouvée depuis en 1840. Nous trouvâmes à Lucques plusieurs personnes dignes de figurer sur un théâtre plus élevé : j'ai regret de ne pas me rappeler leurs noms.

Revenue à Pise, madame de Staël finit par s'y ennuyer un peu, et, dès le premier souffle du printemps, elle transféra son établissement à Florence.

La société était aussi brillante à Florence qu'elle était triste et sévère à Pise. Là, comme dans toutes les capitales petites ou grandes, le mouvement social, si l'on ose ainsi parler, se partageait entre les étrangers et les indigènes. Les étrangers, les Anglais surtout, à qui le continent avait été si longtemps interdit, foisonnaient en

Italie. Lord Burgersh, aujourd'hui lord Westmoreland, représentait son pays auprès du grand duc de Florence. Il était bon homme et bon musicien plus que toute autre chose. Lady Burgersh était jeune, aimable et bienveillante; elle tenait un assez grand état de maison. La légation d'Autriche venait après la légation d'Angleterre. M. et madame d'Appony préludaient au rôle qu'ils ont joué si longtemps en France. Ils étaient l'un et l'autre diplomates de profession, c'est-à-dire à peu près étrangers à tout ce qui n'était pas formalité et convention.

La légation de France comptait pour si peu, que je ne me rappelle même pas quel en était le titulaire. Je ne me souviens pas non plus du nom que portait le ministre de Russie, si tant est qu'il y eût un ministre de Russie. De Russes, il n'en manquait pas.

La société indigène se réunissait le matin, en petit comité, chez la comtesse d'Albany, et le soir était consacré aux réunions nombreuses, bals, concerts, raouts, etc.

La comtesse d'Albany, née comtesse de Stolberg, veuve du dernier des Stuarts, veuve d'Alfieri, sans l'avoir jamais épousé, liée, je ne sais jusqu'à quel degré, avec un peintre français nommé Fabre, était, malgré sa haute naissance, ses hautes alliances et ses illustres amitiés, une bonne femme assez commune, ou, pour mieux dire, une véritable commère.

Chaque jour, entre deux et trois heures de l'après-midi, elle tenait boutique de caquets et de médisances. Chaque membre du petit club y apportait le tribut des petites nouvelles de la veille, en les assaisonnant de ses petits commentaires.

N'était pas admis qui voulait dans ce cénacle. Madame de Staël le fut par exception, et moi par contre-coup; mais je n'en abusai pas : à la première fois, je me le tins pour dit. La médisance m'a toujours paru la plus puérile et la plus sotte chose du monde.

Les soirées étaient vives, gaies, animées sous toutes les formes. J'ai oublié le nom des beautés florentines qui en faisaient l'ornement. Je ne me souviens guère que des Italiennes que j'ai revues depuis sur d'autres théâtres : à Paris, à Londres, à Naples ou ailleurs.

A leur tête brillaient deux Génoises, devenues depuis à peu près Françaises, ou pour mieux dire Parisiennes, en raison du long séjour qu'elles ont fait dans notre capitale, madame Durazzo et madame de Brignole, femme de l'un de mes anciens collègues au conseil d'État. Madame Durazzo était alors dans tout l'éclat de sa beauté ; nous voyions presque chaque jour les deux sœurs, souvent accompagnées de la petite-fille de madame de Brignole ; cette petite fille est aujourd'hui madame la duchesse de Galliera, et, lorsque, après quarante-deux ans, je fixe mes regards sur elle, il me semble voir encore la petite Marinette : son visage, en vérité, n'a point changé.

Au demeurant, je n'abusais pas plus des grandes sociétés de Florence que du petit club féminin de madame d'Albany ; à Florence, la société proprement dite se composait d'étrangers, et ce que nous nommions, à Paris, des *ultras*, c'est-à-dire de vieux aristocrates encroûtés, et de transfuges du régime impérial. Les uns et les autres me déplaisaient à peu près au même degré. Je n'allais dans le monde qu'à mon corps défendant ; j'y passais pour sauvage et maussade ; je ne m'en plaignais pas, au contraire ; je me figurais, assez sottement, que c'était là de la dignité et du patriotisme. Madame de Staël, qui me supportait en cela du mieux qu'elle pouvait, avec une patience qui ne lui était pas naturelle, eut beaucoup de peine à obtenir de moi que je me fisse présenter au grand-duc et à la grande-duchesse de Toscane. Je m'y résignai de guerre lasse; je fus présenté, revêtu ou travesti de l'habit habillé que me prêta M. Corsini, que j'avais connu conseiller d'État sous l'Empire, lorsque la Toscane faisait partie de l'Empire. Le grand-duc était un petit homme, doux, poli, timide, embarrassé, mais d'un esprit très cultivé, très versé dans les sciences, connaissant à fond la littérature de tous les pays de l'Europe. Je fis connaissance avec son bibliothécaire, et, par lui, avec sa bibliothèque, la chose la plus digne d'envie qui me soit jamais tombée, non sous la main, car elle n'était qu'à l'usage du maître, mais sous les yeux. C'était une collection merveilleusement choisie des meilleurs auteurs classiques ou semi-classiques dans toutes les langues anciennes ou modernes qui possèdent des ouvrages dignes de ce nom, disposée dans un ordre parfait, reliée avec goût et simplicité, également agréable à l'œil et facile à l'usage; je ne pouvais me lasser de les feuilleter. J'y retournais sans cesse, et, de là, dans ces quatre salles du palais Pitti, qui contiennent, selon moi, plus de trésors que le Vatican, plus que le musée de Paris, plus même que la galerie de Florence, ornée de ce qu'on nomme les tribunes.

Vers la fin du carême, je fis, avec Auguste de Staël, non pas un voyage, mais une simple excurcursion à Rome, où je passai la semaine sainte. Là, échappé aux instances de madame de Staël, je me livrai sans contrainte à ma sauvagerie. Je refusai nettement de mettre les pieds à l'ambassade de France, dont le titulaire, si j'ai bonne mémoire, était alors l'évêque de Saint-Malo; je ne fus point, en conséquence, présenté au pape, et je n'en éprouvai aucun regret. J'employai mon temps à parcourir la ville, les monuments, les galeries et à suivre les cérémonies. Le lendemain de Pâques, je retournai seul à Florence, où nous restâmes trois jours, jusqu'aux premiers jours de mai.

Vers ce moment, nous nous mîmes en route, tous ensemble, pour retourner à Coppet.

Je conserve un souvenir charmant de la traversée des Apennins, au premier souffle du printemps, et, en particulier, d'un village nommé le *Mascare*, où nous passâmes une longue soirée. L'air était délicieux; les bois et les prairies étincelaient de mouches luisantes qui fourmillaient sur la verdure; le bruit monotone des ruisseaux formait comme une basse continue aux chants joyeux et harmonieux des villageois; toute la nature semblait en habit et en accents de fête.

Nous ne passâmes qu'un jour à Bologne. La ville était triste et déserte. Toute l'élite de la population avait pris part, qui plus, qui moins, à l'entreprise insensée de Murat. Chacun se sentait menacé dans son existence ou dans sa fortune; les plus compromis s'étaient éloignés; les autres, ou s'étaient retirés à la campagne, ou se tenaient renfermés dans leurs maisons. Tout rapport avec madame de Staël leur eût probablement été funeste.

Nous fîmes, en revanche, quelque séjour à Milan. Je connaissais déjà toute la partie extérieure de la ville, la cathédrale, la Brera, les principaux monuments; j'avais vu et admiré ce qui reste de *la Cène*, malheureusement bien enfumée, de Léonard de Vinci; mais, ainsi que je l'ai dit en son temps, je n'y avais vu personne. Cette fois, il en fut autrement : madame de Staël y était connue; son salon d'auberge ne restait jamais vide. J'y vis arriver, des premiers, le poète Monti, célèbre alors, peut-être même encore aujourd'hui, mais triste à cette époque, et fort décrié. La réaction du moment ne lui pardonnait pas d'avoir chanté la Révolution française, ses prouesses, et aussi ses excès en Italie. J'y vis M. Gonfalonieri, l'espoir et l'ornement du parti libéral italien, et qui depuis a payé cet honneur par une longue captivité dans les cachots du Spielberg. J'y vis l'abbé de Brême, Piémontais, alors fort connu en Italie, et très digne de l'être ; j'y vis d'autres personnages, dont le nom ne se présente pas, en ce moment, à ma mémoire, mais s'y représenteront peut-être plus tard, et selon l'occasion.

Monti, il faut bien en convenir, faisait pauvre figure. Son attitude était humble et sa conversation n'était pas brillante. Madame de Staël s'efforçait en vain de le relever à ses propres yeux et aux yeux des autres.

M. Gonfalonieri, en revanche, était beau, spirituel, animé, plein d'un généreux enthousiasme. Il n'avait point trempé dans le régime impérial, ni traîné dans les antichambres du prince Eugène ; il se préparait à la lutte dans laquelle il a succombé pour une cause digne de lui, et pour un pays qui, s'il n'a pu soutenir dignement cette cause jusqu'ici, ne l'a point abandonnée.

M. de Brême n'était abbé que de nom, et fort à

contre-cœur; il n'exerçait aucune fonction ecclésiastique; il était ouvertement libre penseur et consacrait sa vie à la philosophie, aux lettres, à la société. Il avait beaucoup d'esprit, une instruction variée, une amabilité réelle; mais déjà cette attitude d'incrédule, sous le rabat et le petit collet, m'était pénible.

C'était avec Schlegel qu'il était aux prises. Wilhelm Schlegel, dont le frère, après avoir consacré la moitié de sa vie à composer des livres panthéistes et des romans obscènes, s'était fait tout à coup catholique, Wilhelm Schlegel, dis-je, à l'époque dont je parle, semblait tout prêt à en faire autant. Il s'était pris de belle passion, passion qui n'a pas duré, pour l'extérieur du culte catholique, et ses disputes avec l'abbé de Brême étaient interminables.

Ni la thèse ni l'antithèse n'étaient soutenues par les deux interlocuteurs, à l'avantage de l'un ou de l'autre; leurs raisons n'étaient pas les bonnes, quelle que fût leur opinion, et je vis arriver avec plaisir le moment du départ qui sépara les combattants.

Madame de Staël rentra en Suisse par le mont Cenis et la Savoie, accompagnée de M. Rocca et de M. Schlegel; nous risquâmes, Auguste de Staël, sa sœur et moi, le passage du Simplon, encore encombré de neige; nous visitâmes, chemin faisant, Côme, ses lacs et ses îles. La saison, dans la montagne et dans le Valais, était encore rude, mais le printemps brillait de tout son éclat sur les bords du Léman. En passant à Cologny, nous descendîmes quelques instants dans la petite maison habitée par madame Necker de Saussure, et je lui fus présenté pour la première fois. Elle était à Nice, lorsque j'avais traversé Genève au commencement de l'année.

J'arrivai à Coppet presque au moment où la session de 1816 finissait à Paris. Je n'avais aucun motif pour retourner en France, où l'esprit de réaction, réchauffé par les événements de Grenoble, continuait à multiplier les procès politiques. Sans crédit personnel, sans autorité quelconque, étranger aux passions du moment et ne rendant qu'une imparfaite justice aux efforts du ministère qui luttait contre elles, je restai en Suisse durant tout le cours du printemps et de l'été de 1816; je ne quittai Coppet qu'au mois d'octobre.

En faisant, bon gré mal gré, trêve aux préoccupations de la politique française, je me laissai entraîner quelque peu sur le terrain de la politique helvétique et surtout de la politique genevoise. La lutte en Suisse était la même qu'en France et la même à Genève que dans le reste de la Suisse. C'était la lutte entre la contre-révolution victorieuse, et la révolution vaincue par ses propres excès, mais représentée dans sa défaite par cette élite des hommes éclairés qu'elle avait opprimés, dans ses résultats par les intérêts qu'elle avait créés. Il faut rendre à la contre-révolution helvétique et genevoise cette justice qu'elle était infiniment plus modérée que celle de France; qu'elle n'aspirait ni à répandre du sang, ni à exercer des représailles sur les adversaires qui l'avaient dépouillée, et ne voulait guère, après tout, que rétablir des vieilleries, objet de regrets aussi innocents qu'impuissants.

Je m'engageai, de tout cœur, dans l'opposition au gouvernement genevois.

J'ai déjà nommé ses chefs : Dumont; — Pictet Diodati; — Bellot; — Frédéric de Chateauvieux; — sur un plan plus avancé en libéralisme, Fazy-Pasteur; — dans une sphère où la politique avait moins de part, le célèbre naturaliste de Candolle;

— Favre Bertrand, homme du monde, érudit philologue, qui consacrait une grande fortune à l'avancement des lettres et des arts dans son pays; — enfin Constant Achard, surnommé le Chinois, et qui semblait avoir en effet contracté, dans ses voyages, une certaine ressemblance avec les habitants du Céleste Empire; homme d'esprit et de sens, sous les dehors habituels du sarcasme et de l'enjouement.

Dumont tenait le premier rang. Engagé très jeune encore dans le ministère évangélique qu'il abandonna de bonne heure; exilé de Genève, à la suite des troubles qui précédèrent, dans cette ville, la Révolution française; transplanté à Pétersbourg où il ne résida que peu de temps; appelé à voyager comme mentor de lord Lansdowne; devenu plus tard avec d'autres Genevois, Clavière, Penchaud, etc., l'un des collaborateurs de Mirabeau; auteur principal, ce dit-on, de la fameuse adresse au roi sur le renvoi des troupes; retiré enfin en Angleterre, où il était resté jusqu'à la Restauration, et s'était acquis une réputation méritée comme ami de Romilly et traducteur de Bentham, Dumont n'était rentré dans sa patrie qu'à la Révolution qui lui rendit l'existence en l'enlevant à la France.

Il y porta les fruits d'une longue expérience, les sentiments et les habitudes d'un bon Anglais, la connaissance exacte des règles et des pratiques parlementaires. Le conseil représentatif lui dut son règlement, calqué, trait pour trait, sur celui de la Chambre des communes; et cela suffit pour faire contre-poids aux conséquences et aux puérilités de la constitution donnée à la République par le parti réactionnaire. Dans un canton de 40 000 âmes, en effet, où la ville même de Genève entrait pour les trois quarts, il était à peu près impossible qu'un conseil représentatif de cent cinquante membres ne contînt pas, quelque fût le système d'élection, l'élite de la population; il n'était guère moins impossible qu'il rencontrât la moindre résistance dans un pouvoir exécutif qu'il choisissait lui-même, et, dès lors, si ce conseil délibérait selon des règles sages, équitables et protectrices de la minorité, la minorité n'avait rien à craindre des passions de la majorité; rien de sérieux s'entend, rien qui sentît la tyrannie.

Prédicateur dans sa jeunesse, Dumont était né orateur. Son exemple et ses leçons en formèrent d'autres qui bientôt l'égalèrent, s'ils ne le surpassèrent à quelques égards; Pictet Diodati était hardi et incisif, Bellot solide et vigoureux: c'était le premier avocat du barreau de Genève. Esprit droit, âme ferme et candide, M. de Candolle s'exprimait avec une lucidité merveilleuse; M. Fazy-Pasteur s'élevait, dit-on, quelquefois à la véritable éloquence. Je n'ajouterai rien à ce que j'ai dit de Frédéric de Chateauvieux, dans la notice qui figure en tête de son dernier ouvrage. En tout, le vrai but du système représentatif était atteint; les petites questions, les questions du jour et de l'heure devenaient grandes par la discussion et préoccupaient ardemment les esprits; les grandes questions, les questions fondamentales étaient respectées de commun accord.

Je voyais habituellement à Coppet les membres de l'opposition ou du moins la plupart d'entre eux, un seul excepté, M. Pictet de Rochemont, frère de M. le professeur Pictet. J'ignore par quel motif il semblait tenir rigueur à madame de Staël; je ne l'ai guère vu que chez madame Necker de Saussure, où se réunissaient le mardi quelques-uns des principaux membres du gouvernement, dont M. Pictet de Rochemont était néanmoins l'un des adversaires les plus actifs et les plus autorisés.

Madame Necker est trop bien connue, sa personne,

sa vie, son esprit, ses écrits ont été trop bien caractérisés dans la notice placée en tête de *l'Éducation progressive* pour que j'y ajoute un seul mot. Elle a porté dignement, disons mieux, elle a honoré les deux noms les plus illustres qui aient, eux-mêmes, honoré son temps et son pays. Sans égaler madame de Staël, son souvenir en est inséparable : après vingt ans de vie de famille, mon seul regret c'est de l'avoir trop peu connue.

La surdité dont elle avait été affligée de très bonne heure était devenue telle, au temps dont je parle, qu'il était impossible d'entretenir, avec elle, plus d'une demi-heure de conversation sans une extrême fatigue pour elle-même et pour son interlocuteur. Cela rendait toute intimité nouvelle presque inaccessible ; et je n'ai pu guère apprécier que par éclair l'étendue et l'élévation de son esprit, la puissance et la finesse de son jugement ; mais plus j'ai vécu avec les personnes qui l'avaient connue dès sa jeunesse, ou dès leur enfance, plus j'ai appris à la respecter et à l'admirer.

Durant le cours de cet été, trois hommes, très diversement célèbres, du moins à cette époque, fréquentaient plus ou moins Coppet : lord Byron, M. de Stein et le général Laharpe ; un quatrième, alors tout jeune et inconnu, M. Rossi, y fit une courte apparition.

Lord Byron, exilé volontaire, parvenu, non sans peine, à se faire passer auprès du beau monde de son pays, sinon pour le diable en personne, du moins pour un vivant exemplaire de Manfred ou de Lara, lord Byron, dis-je, s'était établi pour l'été dans une charmante habitation sur le côté oriental du lac de Genève. Il y vivait de compagnie avec un médecin italien nommé Polidori qui le copiait tant bien que mal. C'est là qu'il a composé plusieurs de ses petits poèmes, et qu'il s'efforçait d'inspirer aux bons Genevois la même horreur et la même terreur qu'à ses compatriotes; mais il n'y réussissait qu'à demi, et c'était pure affectation. « Mon neveu, disait Louis XIV, en parlant du duc d'Orléans, n'est qu'un fanfaron de crime. » Lord Byron n'était qu'un fanfaron de vice.

Comme il faisait état d'être nageur et navigateur, il traversait sans cesse le lac en tout sens, et venait assez souvent à Coppet. Son extérieur était agréable sans avoir rien de très distingué. Sa figure était belle, mais dépourvue d'expression et d'originalité; sa taille était ronde et courte; il ne manœuvrait pas ses jambes estropiées avec autant d'aisance et de nonchalance que M. de Talleyrand. Sa conversation était lourde, fatigante à force de paradoxes, assaisonnée de plaisanteries impies, fort usées dans la langue de Voltaire, et de lieux communs d'un libéralisme vulgaire. Madame de Staël, qui tirait parti de tout le monde, s'évertuait à le mettre en valeur sans y réussir ; en tout, le moment de la curiosité passé, sa société n'était pas attrayante, et personne ne le voyait arriver avec plaisir.

M. de Stein, qui ne fit que traverser la Suisse, se rendant en Italie, était un Allemand de grande taille, de forte et robuste corpulence, haut en couleur, l'œil vif, la parole dure et saccadée. Son regard, son langage respiraient l'indignation contre les souverains allemands petits ou grands qui prétendaient rétablir, après la victoire, le pouvoir absolu, manquer à leur parole, trahir les promesses faites à leurs peuples, et recueillir seuls les fruits d'une lutte qu'ils n'avaient ni commencée ni soutenue. Il s'exprimait avec le dernier mépris sur son propre souverain, sur la cour de Prusse, la bureaucratie allemande. Tout était perdu, disait-il, après avoir été regagné au prix de torrents de sang. L'homme de bien qui avait exposé cent fois sa vie, qui avait subi la persécution, l'expatriation, la confiscation pour ces ingrats, n'avait plus qu'à secouer la poussière de ses pieds en s'éloignant et à s'envelopper la tête dans son manteau.

Je trouvais son indignation naturelle et son ressentiment légitime; mais il me semblait que l'expression en était tout à la fois excessive et déplacée dans un pays étranger à l'Allemagne et surtout devant des Français qui pouvaient bien sans trop de malice être tentés de se réjouir des mécomptes de leurs vainqueurs.

Tout autre était le général Laharpe.

Retiré désormais du monde et des affaires, au sein de sa famille, à Lausanne, dans ce canton de Vaud dont il pouvait à bon droit se dire le libérateur, il y coulait ses derniers jours dans un repos plein de gravité et de dignité. Sa très petite maison, simple à l'extérieur, modeste au dedans, dominait d'un coup d'œil tout le théâtre des luttes de sa jeunesse, des succès et des revers de son âge mûr, tout le riant et magnifique bassin du Léman. Son large front couvert de cheveux blancs couronnait, en quelque sorte, les traits de son mâle visage. Ses yeux surmontés d'épais sourcils lançaient au besoin des flammes; sa vieille stature était restée énergique et robuste. Il racontait volontiers, sans détours et sans regret, la révolution helvétique, la part qu'il y avait prise, les violences auxquelles il avait prêté de grand cœur son nom et son bras. Il s'exprimait avec un dédain respectueux sur les souverains, les princes, les personnages dont le cours des événements et les aventures de sa vie l'avaient rapproché; mais il ne parlait qu'avec enthousiasme et les larmes aux yeux des anciens fondateurs de la liberté helvétique, oubliant que cette liberté avait précisément pris naissance dans ces petits cantons qu'il avait lui-même opprimés et dévastés au nom de l'unité directoriale.

Ces réflexions ne m'échappaient pas ; mais je ne pouvais néanmoins l'entendre sans émotion. J'allai plus d'une fois le visiter dans sa retraite. J'y étais surtout attiré par le séjour à Lausanne de mes deux amis du *Censeur*, qui, chassés de France, y avaient trouvé un refuge, mais un refuge passager ; la protection du général Laharpe ne put les y maintenir. Ils furent forcés de se retirer en Angleterre.

Je ne dirai, en ce moment, qu'un mot de M. Rossi.

A peine âgé de vingt-cinq ans, il était l'honneur et la lumière du barreau de Bologne, lors de la triste expédition de Murat. Contraint en quelque sorte par ses concitoyens à prendre parti pour ce roi de théâtre, il quitta sa patrie pour éviter la persécution, dont les menaces le suivirent à Rome et à Naples. Genève lui fut plus hospitalière que Lausanne à Comte et à Dunoyer, et Genève s'en trouva bien, comme je le rappellerai plus tard, et plus d'une fois. En 1816, il arrivait à peine et je ne fis que l'entrevoir.

Je fis enfin connaissance vers les derniers jours de cet été avec deux hommes très distingués, et dont je suis demeuré l'ami, durant tout le cours de ma vie publique, lord Lansdowne et lord Brougham.

La session du parlement d'Angleterre était close. Lord Lansdowne voyageait avec sa famille ; il parcourait la Suisse et se disposait à passer l'automne dans le midi de l'Italie. Il était lié avec madame de Staël et m'accueillit avec autant d'empressement que de bienveillance. Il était, dès lors, ce qu'il n'a jamais cessé d'être, le modèle du grand seigneur whig. Sa naissance était égale à sa fortune et sa fortune à ses lumières ; il faisait de l'une et de l'autre un usage simple et de bon goût, libéral et magnifique. Rien ne lui a manqué pour être le premier homme de son pays, que le désir d'occuper le premier rang et de s'y maintenir.

Henry Brougham, aujourd'hui lord Brougham, était alors dans tout l'éclat de sa renommée et dans toute l'énergie de ses immenses facultés. Rien n'échappait à son activité puissante et presque fébrile. Législation, jurisprudence, arts, économie politique et sociale, sciences naturelles, mathématiques, physique, il poursuivait tous les buts, tous à la fois et en tous sens; et la riche variété de sa conversation répondait à la prodigieuse diversité de vue et de points de vue de son esprit. Il s'établit à Coppet, et, durant son séjour entrecoupé de diverses excursions, je mis sa complaisance à l'épreuve, en l'interrogeant sur les règles de la procédure anglaise. J'étais alors occupé d'un grand travail sur la liberté individuelle, travail auquel je n'ai donné aucune suite, mais qu'on retrouvera dans mes papiers et dans lequel il y aurait, si je ne me trompe, quelques idées à recueillir. M. Brougham écrivit pour moi, au courant de la plume, un mémoire assez étendu sur ce sujet, et c'est de la lecture de ce mémoire, qu'on trouvera également dans mes papiers, et des conversations auxquelles il donna lieu entre nous, que je fais dater mon ardeur à étudier la législation anglaise, étude qui m'a coûté tant de peine et de temps.

Je quittai, bien à regret, la Suisse dans les premiers jours d'octobre. J'étais appelé à Paris par mes affaires privées et par le désir de m'établir à proximité de la maison qu'habiterait madame de Staël; mon beau-frère m'y accompagnait pour choisir lui-même cette maison. Presque au moment de notre départ, nous vîmes arriver de Lausanne à Coppet les deux patriarches de cette petite secte ou église mystique dont j'ai parlé à propos de Benjamin Constant et de son *quart de conversion*. L'un des deux, M. Gauthier, vieux et réellement malade, ne fit que passer. L'autre, M. de Langallerie, moins âgé, et malade, tout au plus, du bout des lèvres, nous resta quelque peu. C'était un petit homme, tout gros, tout rond, tout court, un peu vaniteux, un peu gourmand, tel à peu près que les contes grivois du dernier siècle figurent un confesseur de couvent, un directeur de dévotes. Il était difficile de ne pas sourire quand on l'entendait gémir sur son pauvre estomac, en faisant honneur au dîner, et sur ses insomnies, quand on le voyait ronfler à cœur joie dans un bon fauteuil. Son ton doucereux, insinuant, nasillard, était tout à fait impatientant; mais, dès qu'il se lançait sur des sujets de pure spiritualité, il était impossible de ne pas admirer (le mot n'est pas trop fort) la profondeur et la délicatesse de ses idées, la finesse et la justesse de ses observations, les ressources infinies, les merveilleux expédients d'une dialectique qui, tantôt s'enfonçait dans un dédale de subtilités ardues, sans s'y égarer, tantôt s'élevait à l'éloquence, et n'aurait pas été désavouée par les maîtres de la chaire. J'en puis librement parler. Je n'ai point goût au mysticisme : la vie contemplative n'a jamais eu pour moi de l'attrait. L'état d'oraison, poussé jusqu'au ravissement, jusqu'à l'extase m'a toujours paru suspect, et le dogme du pur amour, exprimé dans le langage des passions humaines, m'a toujours paru, même dans les incomparables écrits de Fénelon sur le quiétisme, même dans les lettres de direction de Bossuet, une sorte de profanation. Mais on peut comprendre les sentiments qu'on n'éprouve pas; on peut reconnaître ce qu'il y a, au fond de grandeur et de vérité, dans la doctrine du détachement complet, dans l'élan continu vers la perfection, et, sur ces deux points, les arguments du dernier disciple, peut-être, de madame Guyon et d'Antoinette

Bourignon avaient certainement quelque chose d'ingénieux et de saisissant.

Comment ces deux Élies femelles avaient, en quittant la terre, jeté leur manteau sur cet Élysée ; comment les traditions, presque ultra-catholiques, de saint François de Sales, recueillies, portées à l'extrême par des cerveaux mal réglés et propagées sur l'un des versants du Jura, avaient pénétré de l'autre côté, et s'étaient transmises, pendant plus d'un siècle, de père en fils, dans des familles de réfugiés protestants, c'est, à coup sûr, ce qu'il n'est pas facile d'expliquer historiquement : mais on conçoit aisément, en revanche, comment, en pleine philosophie du xviiie siècle, dans le sein d'un culte qui professe le libre examen, dans un pays où l'arianisme, voire même le socinianisme étaient ouvertement enseignés du haut de la chaire, des âmes naturellement pieuses, et décidées à rester chrétiennes, tout en restant de leur temps, préféraient, en fait de religion, le sentiment au dogme, et l'abnégation de la raison à l'abus de la raison.

Tel était, à peu près, l'état d'esprit de madame de Staël ; tel même celui de M. Necker, bien qu'il cherchât plutôt son refuge dans le développement exclusif de la morale évangélique. L'un et l'autre, dans leurs écrits et dans leur langage, tout en se montrant protestants sincères et chrétiens respectueux, ont toujours évité de s'engager sur les miracles et sur les mystères.

Je ne me souviens pas bien si je laissai M. de Langallerie à Coppet, ou s'il en partit avant moi; mais peu importe. En arrivant à Paris, je trouvai l'aspect des affaires tout changé. L'ordonnance du 5 septembre était intervenue; la Chambre introuvable était dissoute; le parti réactionnaire était arrêté court dans ses entreprises, et le ministère placé sur un bon pied.

N'ayant en rien concouru à cet acte mémorable, connaissant à peine jusqu'alors le ministre et le petit groupe d'hommes éclairés dont il fut l'ouvrage, je m'en réjouissais, comme tout le monde, sans bien apprécier ce qu'il avait fallu de décision, de persévérance, et de dextérité pour y parvenir. Je n'ai rendu qu'un peu plus tard pleine justice à l'acte lui-même et à ses auteurs.

Les élections suivirent de près l'ordonnance du 5 septembre; elles furent favorables au ministère; la session de 1816-1817 s'ouvrit le 4 novembre. Avant ce jour indiqué par l'ordonnance elle-même, madame de Staël était arrivée à Paris, avec sa fille, M. Rocca, et M. Schlegel.

Ce fut son dernier hiver.

Elle ressentait, depuis longtemps, les premières atteintes du mal auquel elle a succombé. Des insomnies habituelles, dont la cause, d'abord inconnue, se manifestait par une inquiétude générale dans toute la partie inférieure du corps, et l'obligeait à se relever dès qu'elle était couchée et à marcher rapidement dans sa chambre jusqu'au point du jour, prit bientôt tous les caractères d'une menace de paralysie.

Elle lutta contre l'invasion du mal, avec une impétuosité héroïque : partout invitée, allant partout, tenant maison ouverte, recevant le matin, à dîner, le soir tous les hommes distingués de tous les partis, de tous les rangs, de toutes les origines, prenant à la politique, aux lettres, à la philosophie, à la société sérieuse ou frivole, intime ou bruyante, ministérielle ou d'opposition, le même intérêt que dans les premiers beaux jours de sa première jeunesse.

La session s'ouvrit le 28 novembre, par la loi des élections, la session active et réelle, il s'entend, les premiers jours ayant été consacrés à la formation des bureaux, dans les deux Chambres, et, dans celle des députés à la vérification des élections contestées.

La loi des élections, cette loi fameuse sous le nom de loi du 5 février 1817, était, comme l'ordonnance du 5 septembre, l'œuvre de ce petit nombre d'hommes éclairés qui formaient, en quelque sorte, l'état-major du ministère, et qui devint bientôt célèbre, sous le nom de parti doctrinaire. M. Royer-Collard, M. de Serre, M. Camille Jordan, M. de Barante et M. Guizot.

Madame de Staël connaissait M. de Barante et M. Camille Jordan.

Le père de M. de Barante avait été préfet à Genève; ses égards délicats envers l'exilée de Coppet avaient entraîné sa disgrâce sous le régime impérial. Ce sont de ces souvenirs qui survivent aux événements, et qui passent de père en fils.

M. Camille Jordan avait joué, sous le Directoire, un rôle honorable et même brillant; c'était à cette époque que madame de Staël l'avait connu. Il avait un tour d'esprit un peu provincial, mais pourtant délicat, une âme tendre et généreuse, une éloquence véritable, quoique pénible et travaillée; sa conversation avait beaucoup de charme.

M. de Barante, devenu directeur général des contributions indirectes, se fit un point d'honneur de mettre madame de Staël en rapport avec M. Royer-Collard, déjà le chef et l'oracle du parti doctrinaire; je me sers de ce nom quoique ce soit par anticipation; il n'était pas encore à la mode.

L'entrevue eut lieu, à dîner, chez M. de Barante. J'étais de ce dîner. Les deux principaux personnages tombèrent facilement d'accord de tous points, et sur toutes choses; mais ou je m'abuse ou ils se convinrent médiocrement. Madame de Staël trouva M. Royer-Collard un peu pédant et un peu rogue; la vivacité de madame de Staël déconcerta tant soit peu M. Royer-Collard. Il ne vint jamais chez elle.

Je n'y ai pas vu, non plus, M. de Serre, ni M. Guizot.

IV

1817

La loi des élections, après avoir péniblement traversé la Chambre des députés, fut portée à celle des pairs, vers les premiers jours de janvier. Elle y subit l'épreuve d'une discussion ardente et laborieuse. J'avais écrit, à l'appui de cette loi, un petit discours que je lus fort mal, et qui ne fut point écouté.

Le début n'était pas brillant.

A la loi des élections succéda la loi sur la liberté individuelle. J'écrivis un second discours; je combattis cette loi. Mon second discours valait mieux que le premier; il eut un peu plus de succès. Il en eut surtout auprès du petit groupe doctrinaire dont j'ai signalé l'existence et la naissante importance. J'en reçus beaucoup d'éloges, et, s'il m'est permis de le dire, des avances assez marquées, ce à quoi je ne répondis qu'à demi.

La majorité se composait alors, dans la Chambre des députés, de deux sections, l'une, ouvertement ministérielle, et dont le groupe doctrinaire était, en quelque sorte, la tête et l'organe ; l'autre, indépendante, et plus adversaire qu'amie du ministère, ralliée à lui, mais simplement par opposition au parti réactionnaire.

Il en était de même à la Chambre des pairs, bien que sous des traits moins vifs et moins prononcés. J'appartenais à la section indépendante, dans l'une et dans l'autre Chambre, soit directement, soit par mes liaisons et relations habituelles.

J'hésitais à changer de camp.

Celui où le cours des événements m'avait placé me convenait, chaque jour, de moins en moins. Il y régnait un certain esprit court, étroit et routinier. Sans mauvaise intention, sans idées bien arrêtées, on y rentrait dans l'ornière révolutionnaire. On y croyait faire merveille en ressuscitant le jargon, les prétentions, les grands airs de nos premières assemblées; c'était bien là vraiment qu'on n'avait rien appris ni rien oublié. Rien ne convenait moins à mon caractère. J'étais dès lors, et je suis toujours resté depuis, mais avec la modération que donne l'expérience, *novateur dans l'ordre*, sans regret d'aucun passé, aspirant à l'avenir. *Pour l'avenir :* c'était la devise de mon esprit comme celle de ma famille. Aujourd'hui même encore, après tant de revers et de mécomptes, j'ai grand'-peine à me débattre contre l'espérance, et je travaille, bon gré mal gré, pour un temps meilleur.

Rien non plus ne convenait moins à mes préoccupations du moment. J'étudiais passionnément, le mot n'est pas trop fort, l'histoire, la constitution, la législation de l'Angleterre. J'étudiais, avec une affection devenue filiale, dans les écrits de M. Necker, l'histoire de notre révolution, les erreurs de l'Assemblée constituante, les crimes de l'Assemblée législative et de la Convention, les turpitudes du Directoire. J'acquérais, dans ces écrits, l'intelligence des institutions anglaises et des institutions américaines, fidèlement exposées avec une grande hauteur de vues et une grande finesse de pénétration. Plus j'avançais dans ce travail, plus je m'éloignais de mon point de départ, et plus je me sentais déplacé dans le parti qui s'appelait exclusivement libéral. Tendant au même but, nous marchions d'esprit et de direction, en sens opposé. Mais, en revanche, devenir ministériel en présence de l'occupation étrangère, et sous la tutelle effective de cinq ou six ministres étrangers, cela me répugnait extrêmement.

Je ne pris aucune part au reste de la session, qui se termina par une très vive discussion du budget.

Elle fut close le 28 mars.

J'avais, d'ailleurs, un autre et bien plus grave sujet de préoccupation. Madame de Staël était mortellement atteinte, et, chaque jour, son mal faisait des progrès. Vers la fin de février, après avoir épuisé jusqu'au bout le peu qui lui restait de force, un soir, montant l'escalier, dans l'hôtel de M. Decazes, elle était tombée dans nos bras; reportée dans sa voiture, et de sa voiture dans son lit, une attaque d'hydropisie s'était déclarée, et cette attaque activement combattue ne céda qu'en faisant place à un commencement de paralysie.

Le 1er mars, jour de la naissance de ma fille aînée, elle essaya vainement de se lever.

Peu à peu l'énergie de sa volonté reprit le dessus. On parvint à la lever, à l'habiller, à la transporter dans le salon, où elle recevait une partie de la matinée, prenant intérêt à toutes choses, et notamment à l'incident du fameux manuscrit de Sainte-Hélène, dont j'ai raconté ailleurs l'origine et la fortune. Elle donnait souvent à dîner. Ses enfants faisaient les honneurs de la table, et tenaient son salon le soir.

A l'approche de la belle saison, on la transporta de la maison qu'elle habitait rue Royale, dans une maison de la rue Neuve-des-Mathurins, où se trouvait un grand jardin. Cette nouvelle maison, je la connaissais bien ; c'était celle qu'habitait, plusieurs années auparavant, madame Gay. Ce jardin, je le connaissais bien, j'y avais passé des soirées qui se prolongeaient fort avant dans la nuit, avec nombre de gens de lettres, de gens d'esprit et une société fort mêlée et fort animée ; on y promenait maintenant l'auteur de *Corinne,* dans une chaise roulante, à demi assoupie, trop heureuse quand elle l'était tout à fait.

Le mal, un instant suspendu, reprit bientôt sa marche rapide ; la paralysie gagna des extrémités aux organes essentiels. Nous épuisâmes inutilement toutes les ressources médicales que possédait Paris, depuis le vieux Portal, ancien médecin de madame de Staël, jusqu'à Lerminier, élève de Corvisart, et médecin de l'empereur Napoléon durant la campagne de Russie. J'allais de jour en jour et de médecin en médecin, accompagné par le docteur Esparon, l'un de ceux que nous avions appelés et qui, dans son zèle généreux, consacrait une partie de son temps à me servir de guide et d'interprète auprès de la Faculté tout entière. Je retrouvai dans cette tournée le docteur Laënnec, dont j'avais été le condisciple à l'École centrale des Quatre-Nations. Il ne me reconnut pas, et je ne l'aurais pas reconnu. C'était un grand esprit dans un corps chétif; il avait besoin de se donner à lui-même ses premiers soins. Sa porte était gardée par un cerbère femelle qui ne l'ouvrait qu'à heure fixe. Nous attendîmes, le docteur Esparon et moi, pendant très longtemps, avant d'être admis dans un petit oratoire, où ne se trouvait pour tout meuble qu'un prie-Dieu et un crucifix. Laënnec nous fut de peu de secours.

La Faculté de Paris ne nous donnant aucun espoir de guérison, aucun même de soulagement, madame de Staël désira vivement se mettre entre les mains d'un médecin de Genève, M. Butini, fort célèbre à cette époque. Je partis pour Genève. M. Butini, jugeant d'un coup d'œil le mal désespéré et la catastrophe prochaine, se refusa, malgré mes instances, à risquer un voyage inutile, et qui pouvait compromettre sa santé. Il était déjà fort âgé. Un autre médecin, célèbre aussi, mais moins que M. Butini, fut moins inexorable. Je ramenai à Paris celui-ci, M. Jurine, qui se décida, par affection pour madame de Staël, plus que par tout autre motif. Il était trop tard, et son discernement ne fut pas même récompensé par une apparence de succès.

Madame de Staël recevait de jour et de nuit les soins passionnés de sa fille et ceux d'une Anglaise, établie à Genève depuis plusieurs années, et dont l'existence, semée d'orages et d'infortunes, avait tourné, s'il est permis de parler ainsi, en dévouement ardent et impétueux pour notre famille. Mademoiselle Randall et ma femme passaient alternativement la nuit au pied du lit de douleur; mon beau-frère et moi alternativement dans le salon qui ouvrait sur la chambre à coucher. Nous voyions l'instant fatal approcher d'heure en heure. L'agitation nerveuse devenait continue; l'intermittence des spasmes de plus en plus courte. Madame de Staël ne se faisait aucune illusion; sa hauteur d'âme, la vivacité de son esprit, son intérêt pour toute personne et sur toutes choses ne l'abandonnèrent pas un seul jour, pas une heure, pas une minute. Ce qu'elle craignait, c'était de ne pas se voir mourir; c'était, en s'endormant, de ne plus se réveiller.

Triste pressentiment.

Le 13 juillet, vers onze heures du soir, à l'issue d'une journée très pénible, tout semblait au repos dans la chambre de madame de Staël, elle sommeillait. Mademoiselle Randall était assise à son chevet, tenant l'une des mains de la malade dans les siennes; ma femme était couchée tout épuisée sur un lit de sangle et mon beau-frère étendu sur un canapé; je rentrai chez moi, et me jetai tout habillé sur mon lit. Vers cinq heures du matin, je fus réveillé en sursaut, je me jetai à bas de mon lit, et je courus vers la chambre de madame de Staël. Mademoiselle Randall, qui s'était assoupie, en tenant, comme je le disais, la main de la malade dans les siennes, avait trouvé en s'éveillant cette main glacée, le bras et la personne entière sans mouvement.

Tout était fini.

Le médecin ordinaire, appelé à la hâte, ne trouva plus sur le lit qu'un cadavre inanimé.

Je n'essayerai point de peindre la désolation de

cette journée. Comme je ne fais point de portraits, je ne fais point non plus de tableaux. Ce qu'était madame de Staël pour ses enfants, et pour ceux qui vivaient dans son intimité, ne sera jamais compris que par eux.

Vers la fin de la matinée, lorsque la première explosion de la douleur eut fait place à l'abattement, lorsque les tristes apprêts furent terminés, je conduisis ma femme et mon beau-frère dans l'appartement que j'occupais rue d'Anjou. M. Jacquemont, père du célèbre voyageur, qui occupait le second étage, mit son propre appartement à ma disposition. J'y installai M. Rocca, M. Schlegel, et mademoiselle Randall, et je retournai dans la maison mortuaire pour y passer la nuit.

Benjamin Constant vint m'y trouver, et nous veillâmes ensemble au pied du lit de madame de Staël.

Il était touché au vif et sincèrement ému. Après avoir épuisé les souvenirs personnels, et les regrets du passé, nous consacrâmes de longues heures aux réflexions sérieuses. Tous les problèmes qui s'élèvent naturellement dans l'âme en présence de la mort furent agités par nous et résolus dans un sens qui nous satisfaisait l'un et l'autre. Il était déiste, mais, comme je l'ai dit en son temps, déiste qui n'échappait guère au scepticisme que par le mysticisme. Mes convictions étaient tout autres et bien plus arrêtées. Le moment approche où j'aurai à les expliquer.

Madame de Staël avait ordonné, dans son testament, que son corps fût transporté à Coppet, et son cercueil déposé dans le monument élevé par madame Necker pour elle-même et pour son mari. Le corps fut embaumé; le cercueil fut transporté à petites journées sous la garde de M. de Staël accompagné de M. Schlegel. Je pris le devant avec ma femme, ma fille, mademoiselle Randall et M. Rocca.

J'eus à préparer, en arrivant, la triste cérémonie. Il y fallait quelque précaution. On savait que les restes de M. et de madame Necker, déposés dans une chambre sépulcrale, située au cœur même du monument, n'étaient point enfermés dans des cercueils. Madame Necker, préoccupée, durant les dernières années de sa vie, de la crainte des enterrements précipités, avait ordonné, dans son testament, que son corps, et plus tard, celui de son mari, fussent placés dans une cuve de marbre noir, et conservés dans l'esprit de vin.

Je fis percer, en ma présence, et par un seul

ouvrier, la porte murée du monument; j'y entrai seul; la chambre sépulcrale était vide; au milieu la cuve de marbre noir, encore à moitié remplie d'esprit de vin. Les deux corps étaient étendus, l'un près de l'autre, et recouverts d'un manteau rouge. La tête de madame Necker s'était affaissée sous le manteau; je ne vis point son visage; le visage de M. Necker était à découvert et parfaitement conservé. Je ne confiai à personne la clef de l'enclos qui entourait le monument et préposai un homme sûr en sentinelle, pour éviter toute indiscrétion curieuse.

Les obsèques furent célébrées, avec recueillement et simplicité, le lendemain du jour où le cercueil avait franchi le seuil de Coppet; toute la ville de Genève y assista. Le cortège s'arrêta à l'entrée de l'enclos. Il ne pénétra dans le monument que mon beau-frère et moi; suivis de quatre hommes qui portaient le cercueil. Il fut déposé au pied de la cuve. Je fis mûrer de nouveau la porte d'entrée qui depuis n'a plus été rouverte. J'avais obtenu de ma femme qu'elle restât renfermée dans son appartement.

D'autres soins nous appelaient. Le mariage de madame de Staël et de M. de Rocca avait été célébré par un ministre du canton de Vaud : ayant été tenu secret, il avait besoin d'être officiellement régularisé.

Il en était de même de l'acte de naissance d'Alphonse Rocca. Cet enfant, secrètement élevé chez le même ministre, était chétif et d'un état de santé déplorable. Auguste alla le chercher, le ramena et le remit entre les mains de son père. De mon côté, je me rendis à Lausanne, et je m'entendis avec M. Secretan, l'ami du général Laharpe, et le premier avocat du canton de Vaud, dans le but de faire régulariser les deux actes; ce qui eut lieu, de commun accord et sans difficulté, devant le tribunal civil qui siégeait, je crois, à Aubonne.

Cela fait, M. Rocca nous quitta; il s'établit momentanément à Genève, et se prépara à partir pour Nice, avec son fils et son frère, M. Ch. Rocca. Il n'y survécut pas longtemps à madame de Staël. Nous retournâmes à Paris, pour procéder aux affaires de la succession. Ma femme ayant Paris en grand et profond désespoir, nous profitâmes de l'invitation qui nous fut adressée par l'excellent général La Fayette, et nous nous établîmes quelque temps à La Grange.

C'était pour la seconde fois que je me trouvais

dans ce bon et beau lieu, sous le toit du meilleur des hommes. J'y avais rencontré, l'année précédente, le célèbre Bentham, l'ami, le patron philosophique de mon ami Dumont, mais dont la personne, à vrai dire, ne me convint pas beaucoup plus que son système utilitaire. J'y avais conduit un jeune Américain, M. Ticknor, recommandé à madame de Staël par Jefferson, et qui s'est acquis, depuis, dans les lettres, une réputation méritée. M. Ticknor est aujourd'hui l'honneur et l'ornement de la ville de Boston, restée, elle-même, l'honneur et l'ornement de l'Amérique du Nord. J'aurai plus d'une fois occasion de consacrer un souvenir à cet ancien et fidèle ami.

Durant mon second séjour à Lagrange, j'y rencontrai, pour la première fois, le jeune Ary Scheffer, qui promettait dès lors en tout genre ce qu'il a tenu, sans parler d'autres personnages dont le nom m'échappe en ce momont.

Les élections nous ramenèrent tous à Paris, et me conduisirent moi-même à Évreux.

C'était le coup d'essai de la loi du 5 février. Il fut heureux *ultra petita*. S'il n'introduisit dans la Chambre des députés que des hommes naturellement appelés à y figurer, si même aucun nom fâcheux ne fut prononcé parmi les concurrents écartés, le mouvement électoral fut assez vif, et les démonstrations assez bruyantes pour alarmer le roi et la cour, pour inquiéter le ministre auteur de la loi, et donner des armes à ses adversaires.

Je m'accuse d'avoir participé à ce défaut de prudence et de mesure. Les deux candidats que le parti dont j'étais, le parti libéral ou soi-disant tel, fit prévaloir, à Évreux, sur les candidats du gouvernement, étaient deux hommes honnêtes, justement considérés, modérés d'intentions, mais populaires, et enclins à la popularité. Leur nomination, précédée de réunions très animées, et suivie d'une sorte d'ovation, passa dans le pays pour un triomphe des jacobins.

Cette lune de miel du parti libéral ne profita point, du premier coup, à Benjamin Constant. Nous étions encore trop voisins des Cent-Jours. Il reparut, néanmoins, sur la scène politique, moyennant deux brochures très piquantes, et une querelle de journaux avec M. Molé, où ils se dirent l'un à l'autre quelques bonnes vérités.

Ce fut aussi le moment qu'il choisit pour publier son roman d'*Adolphe*. — Adolphe, le petit-fils de Werther, le fils de René l'Européen, le père de tous les Werther, de tous les René, de tous les Adolphe dont notre littérature a été infectée depuis lors.

Je n'ai jamais aimé les romans : les grandes beautés qui s'y rencontrent, de loin en loin, m'y semblent déplacées et dépaysées; c'est, à mon sens, un genre faux et pernicieux; il énerve les caractères sans les ennoblir; il déprave les imaginations en leur donnant le change. A l'idéal de la vie privée, qui, s'il existe, doit être, comme elle, sobre et modeste, simple et sévère, il substitue un idéal d'emprunt et de commande, où les grands traits de la poésie, travestis en jargon du jour et de l'heure, où les grands personnages de l'histoire, taillés, rognés sur le patron de notre voisin, manquant d'air pour respirer, et d'espace pour se mouvoir, cheminent terre à terre et piétinent plutôt qu'ils ne s'élèvent, où la passion dégénère en marivaudage, lorsqu'elle ne tourne pas en frénésie.

Mais, de tous les romans, ceux que j'aime le moins, ou, pour parler sincèrement, ceux qui me déplaisent le plus, ce sont les *romans confessions*, où l'auteur, sous le nom de son héros, se déshabille moralement devant le public; étale aux yeux, avec une orgueilleuse componction, les misères et les guenilles de son âme, comme les mendiants, dans les vieux romans espagnols, faisaient, à la porte des couvents, compter leurs plaies et toucher leurs ulcères. *Adolphe* est le premier, sinon en ordre de date, du moins en ordre de *genre*, le premier dis-je, de ces nouveaux Guzman d'Alfarache, de ces nouveaux Lazarille de Tormès. Il n'avait, d'ailleurs, rien de bien nouveau pour moi. Benjamin Constant en avait fait plusieurs lectures pendant les Cent-Jours, une entre autres, à laquelle j'assistai, chez madame Récamier, et qui mérite d'être rappelée ici, ne l'ayant pas été à sa date.

Nous étions douze ou quinze assistants. La lecture avait duré près de trois heures. L'auteur était fatigué; à mesure qu'il approchait du dénouement, son émotion augmentait, et sa fatigue accroissait son émotion. A la fin, il ne put la contenir : il éclata en sanglots; la contagion gagna la réunion tout entière, elle-même fort émue; ce ne fut que pleurs et gémissements; puis, tout à coup, par une péripétie physiologique qui n'est pas rare, au dire des médecins, les sanglots devenus convulsifs tournèrent en éclats de rire nerveux et insurmontables, si bien que qui serait entré, en ce moment, et aurait surpris, en cet état, l'auteur et ses auditeurs, aurait été fort en peine de savoir qu'en penser, et d'expliquer l'effet par la cause.

La session de 1817 à 1818 s'ouvrit le 5 novembre.

L'issue des élections avait changé l'état des partis. Celui auquel j'appartenais, le parti libéral, en était devenu plus arrogant et plus enclin aux espérances révolutionnaires. Des dîners périodiques furent institués, sous la présidence alternative de ceux de ses membres qui siégeaient à la Chambre des députés. J'y assistai plus d'une fois; le langage ne me plut pas, et moins encore la direction des esprits et des idées. Je me détachai, à petit bruit, des meneurs.

Le parti purement ministériel, alarmé non sans quelque raison, était devenu quelque peu rétrograde, et, par là même, m'attirait de moins en moins.

En revanche, la tête de ce parti, la petite phalange que le public avait qualifiée de doctrinaire et qui acceptait assez volontiers cette dénomination, me témoignait chaque jour plus de bienveillance et mes idées s'étaient insensiblement rapprochées de celles que je lui entendais professer. En me plaçant dans ses rangs, j'héritais tout naturellement de la situation de ma belle-mère, dans le monde, comme j'avais hérité du titre et du rang de mon grand-père dans l'État; j'entrais dans une opposition qui prétendait au pouvoir avec chance d'y parvenir. Reste à voir quel usage j'ai fait de ces avantages, où mon mérite personnel n'entrait pour rien.

FIN DU TOME PREMIER

TABLE

	Pages.
AVANT-PROPOS	I

LIVRE PREMIER. — PREMIÈRE ÉPOQUE. — 1785-1809.

I. — 1785 à 1791	1
II. — 1791 à 1800	11
III. — 1800 à 1804	34
IV. — 1804 à 1809	44

LIVRE II. — DEUXIÈME ÉPOQUE. — 1809-1813.

I. — 1809	63
II. — 1810	99
III. — 1811	113
IV. — 1812	165
V. — 1813	206

LIVRE III. — TROISIÈME ÉPOQUE. — 1814-1817.

I. — 1814	249
II. — 1815	272
III. — 1816	337
IV. — 1817	374

BOURLOTON. — Imprimeries réunies, B.

www.ingramcontent.com/pod-product-compliance
Lightning Source LLC
Chambersburg PA
CBHW071911230426
43671CB00010B/1557